# 한일
## 교류의 기억

근대 이후의 한일 교류사

# 한일 교류의 기억

## 근대 이후의 한일 교류사

| 이수경 편저

한국학술정보㈜

　최근 한국과 일본의 정치·외교 관계는 종군위안부 및 강제 연행 노동자 배상문제, 야스쿠니 참배 문제, 독도 문제 등 아직도 청산되지 않은 역사 문제로 많은 갈등을 겪고 있습니다. 2002년의 한일 월드컵 공동개최를 통해 서로 다가서기를 하면서, 2004년 이후의 '한류'문화의 부상으로 인해 한일 양국관계는 그동안 정치 외교가 미처 이루지 못한 우호적 시민 교류의 분위기가 계속되었으나, 지금은 그마저 흔들리고 있는 형편입니다. 일본에서는 일부 지각없는 이들이 과거의 전쟁을 '자존 자위'를 위한 마지못한 수단이었다고 긍정하는 주장을 펴며, 전쟁을 승리로 이끌지 못하고 패하게 한 당시의 정치가를 비난하는 논조마저 나오고 있습니다. 그러나 냉정하게 생각해 보면 '자존 자위' 주장은 범죄자가 자기 합리화를 위해 사용하는 이기적인 변명에 불과합니다. 따라서 일부 국가의 막강한 힘이 세계를 뒤흔들 수 있는 현실 속에서 우리는 두 번 다시 불행했던 지난 아픔의 시절을 겪지 말아야 하기에 국제사회의 협력이 그 어느 때보다 요구되는 시점에 있습니다.

　근대사를 돌이켜 보면, 국민의 안정된 생활을 최우선으로 생각해야 하는 정치가가 '애국심'이라는 미명 아래 전쟁을 옹호하는 정책으로 민중을 몰아세워, 자국민 300만 명 이상, 식민지의 타민족 사람들까지 2,000만 명 이상을 희생시켰다면 그 전쟁의 책임은 이루 말할 수 없는 큰 죄악입니다. 그럼에도 불구하고 '일억 총 참회론'에 의거한 전쟁 원인 분석 및 자성의 목소리보다도 도리어 재무장의 소리가 흘러나오고 있습니다. 그 때문에 전후 일본이 보여 주었던 국제적인 다양한 공헌조차도 제대로 높이 평가받지 못하는 결과를 초래하고 있습니다.

　아직도 과거 청산을 깔끔히 해결하지 못한 한일 두 사회는 전후세대의 인구가 80%에 육박하는 현재도 과거의 무거운 짐을 계속 지고 살아가고 있습니다. 모처럼 한일 우호관계가 싹트는가 싶으면 느닷없이 과거의 '대일본 제국의 영광'에 사로잡힌 일부 몰지각한 사람들이 '자국의 역사를 비판하는 것은 자학적이다.', '식민지 통치는 근대화에 공헌했다.'는 식의 발언을 내뱉어 싹을 마르게 합니다. 2004년부터 고양되기 시작한 '한류'와 같은 양국의 강한 우호관계에 역행하는 일부 세력들의 움직임도 '혐한류'라는 파도를 만들어 거세졌습니다. 그런 엉터리 자위론에 대항하기 위해 한국에서도 '혐일류'라는 엉성한 감정론으로 맞장론을 전개하여 도리어 일본의 '혐한류'를 부각시키게 되었습니다. 그런 결과, 한·일 간의 과거 역사를 청산하고 미래를 향하여 보조를 맞춰 나가는 양국의 협력관계는 점점 더 어려운 상황이 되어 가고 있습니다.

오늘날의 지구촌 사회에서는 어느 나라도 자국이나 자민족만의 힘과 자원만으로 존재하는 것이 현실적으로 불가능합니다. 다양한 국가와 민족이 서로 협력해 나가야만 진정한 국제사회에서의 인정을 받는 사회로 거듭날 수 있다는 것은 굳이 주장을 하지 않아도 잘 알고 있습니다. 내 나라 내 민족에 대한 애착을 가지는 것은 다른 나라 사람들이 그 나라에 대해 애착의 감정을 가지는 것과 같습니다. 일본의 미래를 생각하는 사람들도 제네포비아(이탈리아어로 배외주의, 외국인 혐오주의)는 이미 아나크로니즘(시대 역행)에 불과하고, 지역적 연대를 통한 협력체제를 구축하는 것만이 국제사회에서 살아남기 위한 필수적인 일이라 역설하고 있습니다.

세계는 ASEAN + 한일중, EU(유럽연합), AU(아프리카연합), BRICs(브릭스: 브라질, 러시아, 인도, 중국 등 신흥경제 4국), 중국과 러시아의 동맹 등이 연대하여 지역공동체주의를 키우고 있습니다.

먼 미래를 위해서 '동북아시아(동아시아)공동체'의 창설을 주장하는 사람들도 늘고 있고, 일본의 하토야마 수상도 동북아 공동체사회에 대한 우애의 관계를 주창하고 있습니다. 지구 온난화, 환경파괴, 원인 모를 수많은 전염병, 사회 성장 속에서 파생되는 숱한 인권문제 등 모두가 공유하는 지구촌에서 생겨나는 다양한 문제를 지구 전체가 같이 심각하게 고민하고 해결 방법을 모색해야 합니다. 그래서 한정된 자원과 과학, 정보, 통신을 공유할 방법을 모색하고 보다 가까운 나라들과의 연대를 강화하고자 하는 움직임도 일고 있습니다. 강대국이 자국의 이익만 추구하여 힘의 논리만 펼치는 세계는 결코 바람직하지 못하다는 것을 우리는 지난 역사에서 철저히 배웠습니다. 이러한 가운데 전쟁으로 인한 폐허의 고통을 경험한 한국과 일본은 지금이야말로 국제사회를 위한 평화적 공헌에 앞서야 할 때라고 생각합니다. 그러나 지금은 유감스럽게도 그것이 실천되지 못하고 있습니다.

가해국 일본은 과연 언제쯤 되면 진정 과거를 청산하고, 미화하거나 확대 해석으로 자신의 역사를 왜곡하는 행위가 미래의 불행을 초래하는 우행임을 깨닫게 될까요?

왜 지나간 과거를 과거의 역사로 밝혀서 규명하고, 청산 작업을 통한 미래의 손잡기를 하는 데 이다지도 시간이 걸리는 걸까요?

바야흐로 경제·평화대국과 IT·문화선진국으로서의 평가를 얻고 있는 한국과 일본 양국은 더 큰 발전을 위해서 우호 관계의 장해가 되고 있는 불행한 역사의 어둠에서 하루속히 빠져나와서, 아시아와 세계를 위해서 공헌해야 하는 책임 의식을 자각하지 않으면 안 됩니다. 양국은 함께 국제사회 속에서의 신뢰와 자국의 안정, 번영 그리고 국민의 평화로운 삶을 위해서 지혜와 힘을 기울여 나갈 필요가 있습니다.

그만큼 숱한 침략의 고통을 기적적으로 이겨 내고, 세계 수준의 선진 시민 의식을 갖춘 문화대국으로 인정받고, 세계에서 선망과 동경의 대상국이 되어 가고 있는 한국과 가해국 일본과의 관계는 아직도 깊은 골이 있고, 일반 시민들이 국가나 민족을 초월하여 만남을 가지는 기회가 부족합니다. 그러나 생각해 보면 우리들은 아무것도 가지지 않은 벌거숭이로 이 지구 땅에 태어나 삶을 향유하고 있습니다. 외견상으로는 천차만별이지만 지구라는 별에 사는 사람들의 몸 안에는 천편일률적인 붉은 피가 흐르고 있다는 것을 어느 누구도 부정할 수 없습니다.

그렇습니다. 이 지구촌에 숨쉬는 인종은 '사람'이라는 단 하나의 인종밖에 없습니다. 세계에는 고통과 비극을 낳는 전쟁과 폭력, 범죄로 치닫는 사람들이나 자신의 우월주의를 만족시키기 위해서 타인을 차별하면서도 수치스러움을 모르는 어리석은 사람들도 많습니다. 그들이 인정하려 들지 않는 인류보편의 진실, 그것은 자기 자신과 같은 인간이 존재하고 그들 자신과 똑같이 각자가 스스로의 인생을 걸어가고 있다는 사실입니다. 가장 기본적인 것을 잊어버리고 눈앞의 욕망이나 이익을 위해 달려가는 사람들이 결국에는 미래로 이어지는 고통을 낳게 하고 끝내는 그 자손들이 어쩔 수 없이 오랜 기간에 걸쳐 과거의 부담을 짊어져야 할 구도를 만들어 내는 것입니다.

우리들은 과거 위에 만들어진 현재를 향유하며 미래를 향해서 걸어가고 있습니다. 정보 통신기술의 발달로 점점 더 가까워진 현대 세계에 살고 있는 우리들은 날마다 심각해지고 있는 지구 자원의 보전과 지구 환경 보호에 진지하게 대응하지 않으면 안 되는 상황에 직면하고 있습니다. 우리들은 이웃과 적극적으로 협력하여 지구촌 규모의 제반 문제에 맞서서 평화적인 미래 사회를 구축할 책임을 인식하지 않으면 안 됩니다. 이미 다문화사회가 당연한 현실을 생각한다면 이젠 다른 지역의 문제라고 무시할 수 있는게 아니라, 우리가 숨 쉬고 먹고 생활하는 환경 문제와 직결되기 때문입니다.

그리고 한일 사회의 구성원인 우리들은 오랜 세월을 교류하며 비슷한 사상으로 역사를 향유하여 온 동아시아라는 같은 지붕 아래 사는 하나의 가족이며, 전쟁과 폭력이 없는 평화로운 미래의 아시아를 추구해야 할 중요한 반려자입니다. 그렇기에 근대사의 불행한 과거를 하루속히 규명하고 자성하며, 과거의 잘못된 부분을 본보기로 삼으며, 과거사를 초월하여 함께 걸어가야 할 이웃입니다. 관계가 나빠진다면 아시아뿐만 아니라 보다 광범위한 국제관계에도 악영향을 끼치게 됩니다. 한일 양국의 긴 역사 속에서 민족을 초월하여 서로 협력한 사람들의 교류를 기억함으로써 역사 인식 문제 등을 기회 삼아 서로 내뱉는 '嫌韓(혐한)', 그리고 '반일'의 움직임을 일소할 수 있지 않을까 하는 생각으로 본서를 간행하게 되었습니다.

우리는 19세기 말부터 제국주의 열강의 침략을 받았으며, 그 후 만 35년의 강압과 착취적인 일본의 식민지 지배를 경험했습니다. 제2차 세계대전 후에도 한국전쟁으로 100만 명 이상의 사람들이 희생되었습니다.

또한 폐허가 된 사회를 올바로 잡을 여유도 없이 시작된 군사정권과의 민주화 투쟁, IMF위기로부터의 극복을 위해 한결같이 숨돌릴 틈도 없이 앞을 보고 달려왔습니다. 그렇기에 한반도를 지배한 일본 사람들만을 원망하며 전후책임을 추궁하며 마음에 둘 여유를 가지기란 쉽지 않았습니다. 하지만 어두운 식민지 역사 속에서도 인간적인 교류를 통해 우정을 싹틔우고 인도적인 차원에서 그 사람을 기리는 일도 생겨났습니다. 자신은 여유가 없어도 함께 살아가는 같은 인간으로서 따뜻한 손을 내민 사람도 적지 않습니다. 일본에는 한반도에서 건너온 한국 사람들이 만들어 놓은 시설이나 사적 등이 참으로 많이 있습니다. 그런 곳을 보거나 사용하기도 합니다만 이러한 시설이 만들어진 역사적 배경은 모든 것이 감동적이거나 아름답기만 하지는 않습니다. 그러나 우리들은 이와 같은 진실로부터 눈을 돌리지 말고 진실을 진실로서 받아들일 필요가 있다고 생각합니다. 이 책의 일부 내용에서는 이러한 기억에 대해서도 서술하여 우리의 근대 한일 교류의 흔적을 기록하려고 했습니다. 그것은 국가나 민족을 초월하여 전쟁이 없는 평화로운 사회를 모색하기 위해서 '과거의 잘못'을 되풀이하지 않아야 한다는 소중함을 일깨워 줄 것입니다.

이 책에는 또 위기에 봉착한 이웃을 구하기 위해서 생명의 위험을 걸고 구조에 나섰던 한국인이나 일본인의 경우도 기술되어 있습니다. 이러한 민간인의 교류는 정치적·경제적 관계처럼 결코 화려하지는 않습니다. 그러나 인간으로서의 자연스러운 마음으로 대할 때 비로소 진솔한 감동을 줍니다. 예를 들면 한류 드라마를 계기로 많은 일본인이 한국을 방문해서 한국문화를 이해하려고 하는 것이나, 일본 가수에 매료되어 한국인이 일본의 라이브 콘서트를 찾는 것은 누가 시켜서 하는 행동은 아닙니다. 그 저변에는 서로가 공감하고 이해하는 자연 발로적 마음이 존재하기에 가능합니다. 서로의 이해를 통해서 생겨난 연대 의식으로 따스한 우정을 맺고, 대화를 통해 평화사회를 구축해 가는 게 다른 동물은 결코 할 수 없는 우리 인간 특유의 장점이자 권리일 겁니다.

우리는 이 책을 통해서 결코 화려하지 않은 풀뿌리 문화 교류와 평화를 구현하고, 사랑과 이해로 인간적인 희망을 키우며, 한일 양국의 미래의 가교를 만들어 준 선인들의 교류에 대해 새롭게 알게 되길 바랍니다. 양국 국민이 평화로운 미래를 공유할 이웃이기에 어떤 험난한 상황 속에서도 끈끈하게 이어 온 우호 관계를 직시하고, 미래를 같이 꿈꾸는 돈독한 관계가 되길 집필자 일동은 진심으로 바라고 있습니다.

이 책의 취지를 이해해 주시고 귀중한 원고를 써 주신 모든 분께 감사드립니다. 이 책은 일본에서 출판된 후, 각 대학 등에서 많은 학생들에게 읽혀져 왔습니다. 그 내용에 편자는 대폭 수정을 가하여 최근의 움직임까지 덧붙여서 번역 작업을 했습니다. 일본 원판과 다른 부분이 많습니다. 그러나 한일 근대사를 가르치는 입장이기에, 한일강제병합 100년의 해를 맞으며 근대사 관련에서 보다 더 새롭고 잘 알려지지 않은 내용들을 소개해 드리고 싶은 일념에서 가필한 것이니, 이 책을 통해서 이웃 일본과의 관계를 다시 한 번 생각해 보는 기회가 되길 바랍니다.

책이 나오기까지 1차 번역작업을 해 주신 도기연님, 나성은님의 협력에 감사합니다. 그리고 아낌없는 문헌, 자료, 정보 등을 협력해 주신 많은 분께 감사드립니다. 특히, 야마베 겐타로를 방문하여 당시의 그를 인터뷰했던 일본『圖書新聞』편집부의 다치하라 쇼이치(立原省一) 기획부장님, 편자를 늘 격려해 주신 부산 한일 친선협회의 최병대 고문님, 한국 나자레원의 송미호 원장님, 전북대학의 이한창 교수님, 고창고등학교 성산학우회 사무국, 손호연 기념사업회의 이승신 이사장님, 일본 신간사의 고이삼 사장님, 김경득 변호사의 유족분들, 민단 본부 국제국의 김유철 기자님, 주일 대한민국 대사관의 이명섭 공사님 및 황팔수 전문 조사원님, 리츠메이칸(立命館)대학교 국제평화박물관 안자이 이쿠로(安齋育郎) 명예관장님, 마츠모토시 아즈미(松本市安曇) 자료관 지역자료실의 귀중한 자료를 서슴없이 제공해 주신 야마모토 노부오(山本信雄) 님, 치벤가쿠인(智辯學園) 나라(奈良)고등학교, 안중근 의사 숭모회, 가고시마의 제15대 심수관 님, K리그 부산 아이파크팀 및 삼성 블루윙즈 팀, 큐슈대학교 이재만 조교님, 가지무라 히데키 유족 마스미(梶村眞澄) 님, 이마이칸(今井館)교우회, 아사카와 노리타카(淺川伯敎)·巧(다쿠미)형제 추모회, 일본 묘죠(明星)식품, 국제문화 포럼, 필자를 위해 다방면으로 자료 수집을 도와주시고 응원해 주신 도쿄가쿠게이(東京學藝)대학교 정보처리센터의 다카하시 류이치로(高橋隆一郎) 님, 윤동주 기념사업회 관계자 여러분께 그리고 이 책의 취지를 이해하고 흔쾌히 출판에 응해 주신 한국학술정보(주) 출판사업부 여러분을 비롯해 응원해 주신 모든 분께 지면을 통해 깊은 감사를 드립니다.

이 책이 근대사의 불행을 청산하기 위한 소재의 하나가 되길 바라고, 많은 한일 독자들이 이 책을 통하여 미래/현재/과거를 생각하는 계기가 되어, 서로 만남의 장을 마련할 수 있다면 하는 간절한 바람을 해 봅니다.

2010년

질곡의 과거를 기억하고

희망과 우호의 100년을 맞이하며

도쿄 가쿠게이 대학교 캠퍼스에서

집필자 대표 이수경 올림

[범례]

1. 이 책에 나오는 모든 인물의 고유명사에 대한 경칭은 생략함.
2. 이 책의 고유명사 표기는 현지에서 사용하는 발음을 우선하고 있음.
3. 이 책은 다양한 교류를 통한 한일 교류사적 내용을 담으려고 많은 필자들이 참가하고 있으며, 집필자에 따라서는 '한일', '일한'이란 표현을 사용하고 있음. 또한 당시 상황을 이해시키기 위해 분장 속에서「조신」혹은「조선인」이라는 표현을 사용하기도 했음.
4. 집필은 원칙적으로 1차 자료 및 참고 문헌을 중시하고 있지만 항목의 내용 및 특성에 따라서는 인터넷 기사 및 통계 자료 등을 활용하고 있음.
5. 중·고등학교의 학습교재로도 활용할 수 있도록 '생각해 봅시다' 난을 만들거나 집필자에 따라서는 내용을 알기 쉽게 전달하기 위한 간단한 과정표와 활용 예를 도입하고 있음.

**목 차**

# 제**1**부

## 일본 사회에 영향을 준 한국 사람들

# 일본 최고의 절경 가미코우치(上高地)의 개척과 한국인 노동자

한국과 일본은 오랫동안 교류를 해 왔으며, 우호관계도 다져 왔습니다. 하지만 일본이 한반도를 침략 지배하면서 불거진 감정의 응어리는 한일 양국 교류의 큰 장벽으로 남아 있습니다. 아직까지 청산되지 않고 있는 '강제 노동자' 문제 등도 그중 하나입니다. 그들은 타국에서의 가혹한 노동 조건 속에서 힘겨운 날들을 살아가며 때로는 열악한 환경과 착취 등으로 목숨을 잃기도 하였습니다. 전쟁을 치르면서 여러 형태의 전쟁 희생자가 나왔습니다. 전쟁 가해국 일본의 자국민 희생자만 300만 명 이상, 당시 한반도와 중국, 인도네시아 등 아시아 각지의 식민지까지 더하면 2,000만 명 이상이 일본이 일으킨 전쟁에 휘말려 희생되었습니다. 이와 같은 상황에서 전쟁의 막바지 총력전 때는 부족한 노동력을 메우기 위해 식민지의 숱한 사람들이 착출까지 당해야 했습니다. 그들이 겪어야 했던 고통과 슬픔을 단순히 과거 역사 속의 희생양으로 돌리지 말고, 그들의 땀과 눈물, 목숨이 현재의 일본 사회 안에 배어 있음을 인식해야 할 것입니다. 그리고 그들의 존재를 기억하는 것이야말로 역사를 짊어지고 살아가는 우리들의 몫이라고 할 수 있을 것입니다. 지금 우리들이 풍요로운 현대를 살아가고 미래를 생각할 수 있는 것은 과거의 수많은 희생이 있었기 때문입니다. 이 사회를 위해서 이름 없이 숨져 간 사람들도 적지 않습니다. 예를 들면 바쁘게 살아가는 현대인들에게 심신의 피로를 주는 (中部), 특히 가미코우치(上高地) 주변의 기간산업 정비를 위해 험한 산 속과 계곡에 격리된 채 터널이나 댐 건설에 동원되었던 조선인 노동자가 있습니다.

## (1) 일본으로 건너간 한국인 노동자

인간은 누구나 똑같은 생명을 얻고 태어나지만 시대와 태어난 사회의 상황, 가정 사정과 자라난 환경, 배경, 그리고 성별 등에 따라서 이후의 인생이 크게 달라집니다. 같은 시대를 살더라도 가난하고 약한 사람으로 태어났을 경우에는 가진 자의 고생과는 비교할 수 없는 것이 현실입니다. 더구나 전시체제의 상황이 되면 가진 자와 없는 자의 고통은 현저하게 차이가 납니다. 물론 그 속에는 요령 있게 편안한 생활을 꾸려 가는 사람들도 있지만, 대부분의 가난한 사람은 빈곤과 고통 속에서 가시밭길의 삶을 살아가야 했습니다. 한 가지 예를 들어보지요. 일본은 한반도를 강제 병합하기 직전에 '토지 조사 사업'을 명목으로 토지 신고제를 실시하였는데, 그 속셈을 제대로 간파하지 못한 한국의 농민들이 토지 소유권이나 점유권을 부정함에 따라서 결과적으로 식민지 지배의 축이 된 조선총독부의 재정기반을 구축하는 재정원이 됩니다. 이 때문에 많은 농민들이 소작농으로 전락하거나 도시빈민층을 이루게 되었습니다. 특히 생활이 어려운 사람들 중 일부는 당시 '일시동인(一視同仁)'(모든 사람을 차별 없이 평등하게 사랑함), '내선융화(內鮮融和)' 정책으로 식민지 통합을 시행하고 있던 일본(내지)으로 일을 구하러 가게 되었고, 지금의 3D업인 저임금 노동자 취급을 받으며 현지 생활을 하게 됩니다. 게다가 일본은 점차 전쟁을 옹호하는 목소리가 높아져 가는 가운데 1931년의 만주사변과 1937년의 중일전쟁 등을 거쳐서 태평양전쟁에 돌입하게 되고, 자국과 식민지 인구를 포함한 1억 인구 모두가 나란히 누워서 같이 죽자는 1억 옥쇄라는 막바지 상황에까지 쫓기게 됩니다. 그때 부족한 군사 물자와 노동력을 식민지에서 공출을 받습니다. 당시 동원법을 보면 '모집'에서 '관 알선', '반도인 노동자 이입에 관한 건'으로 이행되었으며, 시대 상황에 맞추어 집단적 강제 연행으로까지 이르게 됩니다. 결국, 1945년에는 재일동포가 240만 명으로 증가하였습니다. 군인이나 군 관련 시설에 소속되어 있는 이들 이외에도 전국 규모로 '탄광', '토건', '공장', '도로 건설', '지하 군수 기지', '댐 건설', '터널 공사' 등에 많은 한국인들이 강제적으로 연행되어 노동력을 착취당하게 되었습니다. 일본 오오쿠라쇼(大藏省) 공식 자료의 「조선인 강제 연행 노동자」의 한 예를 살펴보면 1939년부터 패전까지 동원된 숫자는 일본 국내에서만도 724,727명이나 됩니다. 그 중에는 매일같이 계속되는 가혹한 노동조건을 이겨 내지 못하고 도망치는 이들도 속출하였습니다. 그러나 탄광이나 광산 등은 관료들과 관계를 긴밀히 맺고 있었으며, 도망 방지를 위해서 감시망을 세우고 순찰원들을 두고서 삼엄한 경계를 했습니다.

사회와 차단된 공사 현장에서의 사건 · 사고도 다발하여 자국인 일본인 노동자보다도 식민지의 한국인 노동자가 투입되었습니다. 예를 들면 일본에서는 상당히 유명한 영화 '구로베(黑部)의 태양'에서 보듯이 당시 동양최대의 방수량을 자랑하던 구로베(黑部)댐의 굴착 · 발파 공사 때 발생한 수차례의 사고에서는 많은 조선인 노동자들이 희생되었고, 조선인들의 시체는 댐 밑으로 던져졌기에 무덤도 없다는 말은 이미 유명합니다. 또 혼슈(本州)와 큐슈(九州)를 잇는 관문 해저 터널이나 야마구치의 우베 장생탄광에서도 한국인 노동자들이 투입되어 많은 사람들이 목숨을 잃었습니다. 그러나 아직까지 전체 노동자의 숫자나 사망자 숫자 등은 명확하게 밝혀지지 않고 있습니다. 또 태평양전쟁 말기에 정부나 군의 주요 시설을 이전하는 과정에서 3개 산의 암반을 깎아 13킬로미터나 되는 대규모의 지하터널을 파는 작업이 이루어졌던 마츠시로 다이혼에이(松代大本營, 육해군 총사령본부와 왕족일가의 거주지 및 주요시설 포함)에는 7,000여 명의 조선인 노동자가 동원되었으며, 그들을 위해 한국 땅에서 끌려 온 종군위안부도 있었습니다.

한여름에도 추울 만큼 가혹한 겨울날씨에 바위산을 캐고, 그곳에 일본의 왕실은 물론 주요 시설 등을 옮기려고 거대한 비밀 기지를 만들 때, 인간적이지 못한 처참한 노동환경으로 인해 참으로 수많은 사람들이 희생이 되었지만, 결과적으로 일본의 패전으로 인해 이 지하 터널 도시는 사용도 못 한 채 역사의 뒤안길 속에 놓이게 되었습니다. 지금은 기상청의 지진 관측소 등으로 사용되고 있지만, 전쟁이 끝난 뒤, 당시의 일왕은 그곳을 보면서 의미 없는 터널 기지를 만들었다는 말을 뱉었다고 합니다. 어차피 패배의 전쟁임을 알고 있으면서도 자신들의 영달과 무모한 계획을 자인하는 데 주저하며 수많은 시민들을 희생시킨 사실을 자성한다면, 처음부터 다이혼에이 계획보다는 잘못된 전쟁에 대한 인정과 소중한 국민들의 희생을 막았어야 하는 것이 옳은 지도자의 용기 있는 결단이 되었을 겁니다.

이후, 한국과 일본의 연구자들에 의해서 각지에 강제 연행된 이들의 노동 실태가 속속들이 밝혀지고 있습니다만, 지금도 당시의 동원 사실이 분명하게 밝혀지지 않은 곳이 많습니다. 왜냐하면 어두웠던 과거의 흔적을 감추려고 하는 정부나 기업, 하청업자들이 서로 단합하여 당시의 명부나 공사 관계의 자료를 은폐하거나 삭제하였기 때문입니다. 그 한 예로 불과 80년 정도밖에 되지 않았지만 당시의 공사 사실을 설명해 줄 자료조차 없애 버린 가마(釜)터널이 있습니다.

## (2) 가미코우치(上高地)의 가마(釜)터널·가마가부치(釜が淵)제방에 남겨진 기억

일본이 자랑하는 산악 명승지의 하나로, 산 전체가 특별 자연 보호지구로 지정되어 있는 나가노켄(長野縣)의 가미코우치는 원시림과 호다카 연봉(穗高連峰)이 자아내는 아름다운 자연 공원입니다. 천혜의 자연환경에 매료된 많은 사람들이 4월에서 11월까지의 입산 허가 기간 중에 매년 200만 명 이상이 이곳을 방문하고 있습니다. 자연의 성지라고도 평가받고 있는 장대한 경치를 자랑하는 가미코우치에 들어가기 위해서는 수많은 터널과 협곡 사이의 좁고 험난한 산길을 통과하지 않으면 안 됩니다. 자연 보호를 위해서 일반 차량은 규제되고 있기 때문에 사완도(澤渡)에서 허가받은 저공해 버스 등의 공공수단으로 갈아타야만 가미코우치에 발을 들일 수 있습니다.

그런 깊고 험난한 산속이지만 1926년부터 가미코우치의 입구에 있는 야케다케(燒岳) 산의 분화로 인해 생겨난 다이쇼(大正) 호수의 수력을 활용하기 위해서 산 안쪽 계곡에 개발이 시작되었고, 자재 운반을 위해서 마을에서 다이쇼(大正) 호수로 이어지는 터널 공사가 진행되었습니다. 터널 공사라 하지만 암반이 다른 산보다도 단단하고, 길도 험준했기 때문에 처음에는 사람과 짐을 실은 수레만이 겨우 통과할 수 있는 자그마한 동굴과 같은 정도였습니다.

'가마터널' 이후에 몇 번의 개수 공사를 거쳐서 겨우 차가 지나갈 수 있게 되었습니다. 그러나 총길이 510.6m의 터널은 아즈미(安曇) 마을 쪽의 터널 폭이 4.72m, 높이가 4.12m였고, 가미코우치 쪽의 폭이 4.48m, 높이가 4.38m의 좁은 터널이었습니다. 때문에 편도 1차선으로밖에 통행할 수 없었을 뿐만 아니라 터널 안에는 급커브도 많고 어둡고 좁았기 때문에 2005년에 새로운 터널을 그 옆에 개통했습니다. 하지만 과학이 현저히 발달한 현대에도 갖가지 괴담이나 풍문이 끊이지 않고 전해져 오고 있습니다. 예를 들면 지금도 구 터널의 입구 주변에는 한국인의 유령이 나온다거나, 터널 안에서 사람을 부르는 한국인 목소리가 들린다거나, 사람이 갑자기 사라졌다거나 하는 여러 가지 억측이나 소문이 마을에 남아 있습니다.

많은 노동력이 동원되었을 가마터널의 공사에 관한 초기 자료는 전혀 남아 있지 않고, 당시에 가미코우치 개발을 담당하고 있던 아즈사가와(梓川) 전력으로부터 공사를 넘겨받은 도쿄 전력조차도 이 터널과 주변의 공사 규모나 노동 상황을 제대로 해명하고 있지 않은 상황입니다. 다만 가미코우치와 관련하여 『시나노 마이니치(信濃毎日) 신문』 기자인 기쿠치 토시로(菊池俊朗)가 1956년부터 오랜 기간 취재한 정보에 의하면 도쿄 전력이 이후의 터널 공사를 계속했을 때 4개의 갱구를 옆으로 이어 작업을 한 것으로 보아 굴착과 운반 외 발전소 본체 공사 등의 인해전술로 약 400~500명이 일했을 것이라고 추정하고 있습니다. 그때 터널을 뚫는 위험한 일은 한국인 노동자가 했다고 여겨지지만, 믿을 수 없을 정도로 사고 기록이 없다며 의아하다는 지적도 하고 있습니다. 가미코우치 협곡에는 유황 냄새와 온천의 연기로 신비로운 분위기를 자아내고 있으며, 계곡 안쪽으로는 눈이 녹아내려 투명한 에메랄드빛의 아즈사가와(梓川)가 흐르고 있습니다. 이 아즈사가와 지역에 자리한 수력 발전소를 보면 다음과 같습니다.

**(표 1)** 도쿄 전력 나가노켄(長野県) 아즈사가와(梓川) 지역 수력 발전소

(2003년 도쿄 전력 데이터)

| 발전소 이름 | 형식 | 최대출력(kw) | 발전기 대수 | 운전 개시일 |
| --- | --- | --- | --- | --- |
| 가스미자와(霞沢) | 수로식 | 39,000 | 3 | 1928.11 |
| 유가와(湯川) | 수로식 | 17,400 | 1 | 1997.11 |
| 사완도(沢渡) | 수로식 | 4,000 | 2 | 1936.11 |
| 아즈미(安曇) | 댐 수로식 | 623,000 | 6 | 1969. 5 |
| 미토노(水殿) | 댐 | 245,000 | 4 | 1969.10 |
| 이네코키(稲核) | 댐 | 510 | 1 | 1999. 4 |
| 류우시마(竜島) | 댐 수로식 | 32,000 | 1 | 1969. 1 |

그러나 앞서 말한 사완도 발전소의 공사에서도 무사고 · 무사망이라는 믿어지지 않는 기록이 보입니다. 가마터널의 개수 공사에 관여했던 '고바야시(小林) 건설회사'의 고바야시 쇼우이치(小林昌一)는 터널을 뚫는 데 있어서 자신들의 회사를 포함해서 가스미자와 공사를 담당하고 있던 아스카 조합에서도 상당수의 한국인 노동자를 기용했다고 합니다. 또한 이네코키(稲核)에서는 연고를 알 수

없는 조촐한 묘지가 있는데 일본인뿐만 아니라 신원을 알 수 없는 희생자들도 매장되어 있다고 합니다. 왜 그곳에 노동자들의 묘지가 있는지에 대해서는 지금은 그저 추측할 수밖에 없는 것이 역사의 풍화에서 오는 한계일지 모릅니다.

한편, 다이쇼 호수의 하류 2km 지점인 가마터널의 가미코우치 출구 근처에는 1944년에 완성된 일본 최초의 아치형 가마가부치 제방이 있습니다. 이 공사에도 역시 전쟁으로 인해 국내 노동력이 감소하자, 과반수의 많은 한국인 노동자를 기용하고 있었다는 것을 '호쿠리쿠(北陸)건설 공제회'가 명확하게 밝히고 있습니다. 다만 유감스럽게도 동원 인원이 정확하게 몇 명이었는지, 또 그들의 공사 실태에 관한 자료에 대해서는 공개되지 않고 있습니다. 하지만 지금 생각해 보더라도 얼마나 열악한 환경에서 산을 깎았는지, 겨울의 동토에서 얼마나 많은 사람들이 투입되어 고통을 받으며 낯선 이국땅에서 설움을 토했는지, 때로는 연고를 찾을 수 없는 무덤이 왜 생겨났는지를 쉬이 상상할 수 있습니다.

풍요로운 전력 자원을 사용하고 천혜의 자연환경에서 생활의 고단함을 달래고 있는 우리들을 위해서 이국에서 참담한 고통 속에서 살다간 우리들의 조상들이 있습니다. 그들이 남기고 간 소중한 유산을 어떻게 가꾸어 나가야 할지, 그리고 같은 인간으로서 그들의 고통을 어떻게 추모하고 위로해야 할지 다시 한 번 생각해 보고 기리며 그들의 넋이 헛되지 않도록 미래를 전쟁과 무력과 차별과 빈곤의 고통이 없는 평화세계로 만들어 가도록 노력해야 할 것입니다. 물질적 풍요로움이 넘치는 현대의 편리함에만 젖어 있지 말고, 내일을 맞이하며 오늘을 사는 우리들이 다시는 그런 불행한 역사로 아파하는 미래가 되풀이되지 않도록, 그들의 통한의 과거를 기억하며, 당시의 내용들을 확인하고 기록하여 그들이 남겨 준 자연환경과 자원을 내일의 후손들에게 자산으로 남겨 주어야 할 것입니다

❑ 태고의 자연이 남아 있는 가미코우치의 다이쇼 호수
(촬영 이수경)

❑ 초기 터널 개통 사진
(『아즈미(安曇)촌 개촌(開村) 130년의
발자취』에서)

## 생각해 봅시다

현대와 같이 정보·통신·과학 기술이 발달하지 않았던 당시, 지배층과 피지배층의 관계 속에서, 이국에서 혹독한 노동에 시달렸던 그들을 지켜 주었던 것은 무엇이었을까요?

연간 200만 명의 관광객이 다녀가는 일본 최고라고 자랑하는 국립공원의 아름다움을 접할 때마다, 희생된 노동자들의 아픔이 있었다는 것을 기억하는 사람들은 거의 없습니다. 비록 이웃나라의 자연이라고 하지만, 우리와 무관하지도 않은 곳입니다. 혹 여러분들이 기회가 되어서 한여름의 더위를 식히려 이곳을 방문할 기회가 있다면, 어딘가에 그들의 손길이 남아 있음을 기억하고, 그들의 희생으로 지켜진 풍요로운 자연환경을 미래의 자산으로 물려주어야 할 책임의식과 소중히 하는 마음을 잊지 말도록 합시다. 신비한 자연환경과 온천으로 이름 높은 가미코우치지만, 잦은 개발로 인해 공원이 많이 훼손되어 있습니다. 일상의 지친 삶을 치유해 주는 자연을 어떻게 보존해 가야 할지에 대해서도 생각해 보고, 인류의 재산이자 우리 조상의 손길도 닿아 있는 가미코우치 공원을 한일을 초월한 공유 재산으로 미래에 남겨지도록 노력하는 선진 문화의식도 키워 나갑시다.

## 【참고 문헌】

이수경, 「가미코우치에 방황하는 한국인 노동자」, 『월간 조선』 2006년 1월호.
이수경, 「징용 한인 수백명 희생」, 「세계일보」 2007년 8월 15일 특집기사.
이수경의 현지 증인 인터뷰 내용.
아즈미(安曇)마을 편집, 『개촌(開村)130년의 발자취』, 나가노켄(長野縣) 아즈미(安曇)
        마을 발행, 2005년 3월.
「가마(釜)터널과 가미코우치(上高地) 주변의 발자취」, 나가노켄(長野縣) 마츠모토(松
        本) 건설 사무소.
기구치 도시로(菊池俊朗), 『가마(釜)터널 가미코우치(上高地)의 쇼와(昭和)역사』, 시
        나노 마이니치(信濃每日) 신문사, 2001년.
일본 국토교통성 호쿠류쿠(北陸) 지방정비국 감수, 「휴－우 안심! 호쿠류쿠(北陸) 아
        름다운 해변을 지킨다」 제16호, 호쿠류쿠(北陸) 건설 홍제회, 2002년 7월호.
다나카 히로시(田中宏), 「강제 연행」, 『조선을 아는 사전』, 헤이본샤(平凡社), 1986년.
조선인 강제 연행 진상 조사단 편저, 『조선인 강제 연행 조사의 기록: 중국편』, 가시
        와쇼보(柏書房), 2001년.
박경식, 『8·15해방전 재일 조선인 운동사』, 산이치쇼보(三一書房), 1979년.
박경식·야마다 쇼지(山田昭次) 감수, 『조선인 강제 연행 논문집성』, 아카시쇼텐(明
        石書店), 1993년.
양태호 편저, 『조선인 강제연행 논문집성』, 아카시서점, 1993년.

(담당: 이수경)

2009년 가을에는 안중근 의사 유묵전과 '영웅'이란 제목의 뮤지컬 등 그의 행적을 기리는 다양한 문화행사가 개최되었습니다.

한국 근대사의 영웅으로 높이 평가를 받고 있는 안중근(安重根, 1879~1910) 의사. 그는 일본의 초대 수상을 역임하고 당시 한국을 지배하고 있던 통감부의 통감을 역임한 이토 히로부미(伊藤博文)를 암살한 이유로 31세의 젊은 나이에 중국의 뤼순(旅順) 감옥에서 처형당했습니다. 그에 관한 평가는 당연히 한국과 일본이 서로 다릅니다. 열사인가, 흉한인가. 이는 당시 한국과 일본이 어떠한 관계에 있었는지 각국이 처한 입장이나 사회 상황에 따라서 해석이 달라집니다. 특히, 지배와 피지배의 관계에 있었기에 그 차이는 더더욱 클 것입니다. 나라를 빼앗기고 타 민족인 일본에게 지배당한 민족 수난기인 일제 강점기 시대를 경험한 한국에서는 이와 같은 항일운동가를 의사(義士) 혹은 투사라고 평가하고 있고, 최근엔 장군이란 명칭도 부각되고 있습니다.

일본에서는 이토 히로부미를 근대 일본의 공로자이며 일본 근대사의 아버지 내지는 원훈(元勳: 나라를 위해 가장 으뜸의 공을 세운 사람)이라고 추앙을 하고 있습니다. 입장을 바꾸어 생각해 봤을 때 한국인에게 있어서 한국을 지배한 적장이며 원흉으로 취급되는 것은 쉽게 짐작할 수 있습니다. 그 때문에 죽음을 두려워하지 않고 조국을 위해서 일본의 요인을 사살하고 일본군에 의해 교수형에 처해진 안중근에 대한 평가는 한국과 일본이 정반대일 수밖에 없습니다. 그런데 1910년 3월 사형 집행 때까지 안중근은 당시 형무소의 간수나 주변 사람들과 인간적 교류를 쌓았습니다. 때문에 안중근이 사형을 당한 이후에도 그를 추모했던 이들의 인연의 끈은 지속적으로 이어져, 그가 수감당했던 형무소에서 간수로 일했던 치바 토우시치(千葉十七)와 안 의사와의 합동 추모 법요가 이루어지는 등 한·일 간의 교류의 움직임도 싹트게 되었습니다. 안중근이 뿌린 씨앗은 과연 어떠한 것이었을까요?

## (1) 안중근의 성장과정과 이토(伊藤) 암살에 이르기까지

안중근(몸에 7개의 점이 있어서 아명은 응칠)은 1879년 7월 16일, 황해도 해주에서 안태훈(安泰勳)의 장남으로 태어났습니다. 조부인 안인수(安仁壽)는 한때 관직에 몸담았고 자산도 넉넉했기 때문에 일가는 경제적으로 여유가 있었습니다. 3남인 안태훈은 명석하고 학문에 출중하여 진사가 되었는데 그의 장남인 안중근은 학문보다는 엽총을 가지고 사냥을 하는 등 활달한 성격이었습니다. 그 사이 안태훈은 국가의 정세를 우려하고 개혁의 의지를 가지고 있었는데, 반대 세력에 의해서 고향을 떠나 신천(信川)군 청계동(淸溪洞) 쪽으로 이주하였습니다. 그리고 안중근은 1894년에 일어난 갑오농민전쟁(동학혁명) 때 이에 반대하여 아버지와 함께 의병을 일으키기도 합니다. 같은 해 김아려(金亞麗)와 결혼하고 그 후 아들 2명과 딸 1명을 얻습니다. 청일전쟁 후, 일가는 프랑스인 선교사로부터 세례를 받아 가톨릭 신자가 됩니다. 그 후 1904년에 한국이 일본의 군사 지배하에 들어가자 울분을 느끼고 중국 상하이로 독립운동을 위해 떠나지만, 실패하고 1905년 12월에 귀국합니다. 그때 아버지 태훈은 이미 고인이 되었고, 안중근은 실의에 빠지지만, 다시 조국의 독립이라는 강한 의지를 품게 됩니다. 이듬해는 평안남도 진남포에서 돈의(敦義)학교와 삼흥(三興)학교를 설립하고 인재양성에 힘씁니다. 그러나 일본이 러일전쟁에서 이기면서 이제까지 표면적으로 내세웠던 한국의 주권확립과 동양 평화론을 무시하고 침략적 야심을 드러내기 시작합니다. '한·일보호조약'으로 조선의 외교권을 박탈하고 고종이 폐위되는 지경에 이르렀으며, 불평등한 5개 조약과 7개 조약이 강제적으로 체결됩니다. 그 후 기존 군대의 해산과 더불어 일본의 군용지·자원 확보를 위해 수단을 가리지 않는 횡포가 자행됩니다. 민중들은 이에 격분하여 각지에서 항일운동이 확산되고, 안중근도 분노하여 의병을 모집하기 위해서 북간도에서 블라디보스토크로 향합니다. 그곳에서 조직한 의병을 모아 함경북도로 진격하지만 패하고 맙니다. 그 후 한국의 주권을 빼앗아 한·일강제합병의 기초 공작을 수행하고, 미우라 고로(三浦梧樓) 공사의 지휘로 민비(사후에 명성황후라 칭함)가 학살당할 당시의 수상이며 한국을 억압한 전 한국 통감이었던 이토 히로부미가 하얼빈을 방문한다는 소식을 접하게 됩니다. 한국을 비참한 상황으로 몰고 간 원흉을 암살할 계획을 세운 안중근은 12명의 동지들과 죽음으로써 구국투쟁을 벌일 것을 손가락을 끊어 맹세하게 됩니다. 이 때문에 안중근의 왼쪽 약지 손가락은 새끼 손가락 정도밖에 남아 있지 않습니다. 그리고 드디어 우덕순(禹德淳)과 유동화 (劉東夏), 조도선(曺道先) 등과 함께 행동에 나서게 됩니다.

1909년 10월 26일 오전 10시, 당시 스우미츠인(樞密院: 메이지 헌법 아래 천황의 최고 고문기관)의 의장이었던 이토 히로부미가 특별 열차편으로 하얼빈 역에 도착하여 역전에서 군례를 받고 있을 때, 안중근은 암살을 감행합니다. 현장에서 곧바로 연행된 그는 하얼빈의 일본 영사관에서 심문을 받은 후 뤼순 감옥에 수감되었고, 이듬해 간토 도도쿠후(關東都督府)의 지방법원 법정에서 사형을 선고받아 3월 26일에 형이 집행되었습니다.

감옥에서 형집행을 기다리는 동안 이제까지의 인생을 적어 놓은 자서전 『안응칠(安応七) 역사』와 더불어 미완성으로 끝나 버린 「동양 평화론」을 집필하여 전쟁이 없는 조선·일본·중국 등을 공동 전선으로 한 동양의 평화 구축과 조선 독립을 강하게 주창하였습니다. 그 내용을 보면, '동양 연방 정부'를 비롯하여 '동양 평화 은행' 등의 구상도 제안하고 있는데, 그가 형장의 이슬로 사라진 지 100년을 바라보는 이 시대의 사람들이 주장하고 있는 '동북아시아 공동체'의 구상과도 맥락을 같이한다고 할 수 있겠습니다. 그는 왜 목숨까지 바쳐 가며 조국과 동양의 평화를 외쳤을까요? 인류의 발전을 왜 그토록 절실하게 염원했는지, 안타깝게도 그의 생각을 끝까지 들을 수는 없습니다만, 평화 구축과 조국의 독립에 대한 뜨거운 열정은 일본 내에서도 다각적으로 평가받고 있는 현실입니다.

## (2) 동양의 평화를 위한 염원

안중근이 이토 히로부미를 암살한 사건은 당시 아시아 전체를 뒤흔들었을 만큼의 큰 뉴스였습니다. 일본 근대정부 최고의 공신이자 메이지(明治) 유신의 원훈(元勳), 다이쿤이(大勳位) 공작이라는 칭호까지 하사받고 4번이나 일본 내각 총리대신을 한 이토 히로부미를 암살한 안중근에 대한 증오는 일본 전체를 뒤흔들었습니다. 일본의 한 고등학교 학생들은 원망과 탄식에 못 이겨, 암살한 한국인의 살점을 찢어 버리고 싶다고 할 정도로 잔인하고 극한 감정의 분노를 높였습니다. 『태양』이라는 잡지는 약 257쪽에 이르는 특별증간호를 발행하여 내용 전체를 이토 히로부미에 관한 사진과 기사로 채웠을 정도였습니다. 이 같은 예에서 살펴보듯이 안중근은 일본열도 전체에서 흉악범으로 몰려 그 누구보다 원성을 크게 샀습니다. 하지만 그의 암살 소식을 접한 한국에 있어서는 독립운동을 시작하려는 움직임의 촉매제가 됩니다. 이렇듯 일본에서 재판을 수행하는 측이나 일반인들이 안중근의 입장을 이해하는 것은 무리였다고 해도 과언이 아니었습니다. 다만,「한줌의 모래」등으로 일본의 국민 시인으로 불리는 이시카와 다쿠보쿠(石川啄木)는 『이와테(岩手)일보』에서 "나는 한국인이 진실로 가엾다는 것을 알고 있으며 조금치도 증오하지 않는다."라는 용감한 의견을 밝히고 있습니다. 또한 인류 평화와 비전을 절실히 바라고 있던 코토쿠 슈스이(幸德秋水)도 "생명을 버리고 의(義)를 구하고 육신을 살라 인(仁)을 이룬다. 안 군의 일거(一擧)는 천지를 뒤흔들었다."라고 읊고, 안중근의 사진 등을 소장하며 그의 동양 평화 기원과 충심 어린 조국애에 의거한 죽음을 높이 평가하고 있습니다.

이렇게 극히 일부에서는 안중근을 이해하는 사람도 있었지만 대부분의 일본인은 이토 측 입장에서밖에 그의 행동을 이해하려고 하지 않았습니다.

그런데 심문과 재판이 반복되는 가운데 그가 옥중의 주변 사람들에게 따뜻하고 인간적인 품성으로 대한 것이 나중에 일본인들과의 교류에도 이어지게 됩니다.

## (3) 안중근과 일본인과의 교류

안중근은 옥중에서, 1904년에 일본에서 30세라는 최연소의 나이로 변호사가 된 아키다(秋田)의 오우미야 에이지(近江谷榮次) 앞으로 동양 평화에 관한 구상과 실현을 부탁하는 서신을 보냅니다. 문예동인지 『씨 뿌리는 사람(種蒔く人)』의 창간 멤버였던 에이지의 장남인 고마키 오우미(小牧近江)가 쓴 『어떤 현대사』에 의하면, 에이지는 안중근의 입장을 바꾸어 생각하면 한국의 우국지사라 할 수 있고 그의 처지를 잘 알고 있었기 때문에 사형 전에 사람을 통해서 서신을 주고받았다고 전하고 있습니다. 고마키는 에이지에 대해서 양면성을 지닌 정치가라고 평하고 있는데, '흑룡회(우익단체)'의 우치다 료헤이(內田良平) 등과도 친교를 가지는 한편, 자유주의적인 측면이 있었기 때문에 안중근이 사형선고를 받은 날, 불단(집에 모셔두고 조상을 기리는 불상)앞에 향을 피우고 명복을 기원했다 합니다. 그 가족에게 남겨졌던 편지들은 어느 신문사가 취재를 한다고 빌려 가고선 결국 돌아오지 않았다고 유족들은 말합니다.

옥중에서 동양 평화론을 주창하고 있던 안중근은 아마도 같은 30대로서 아시아주의를 제창하고 있는 일본제국주의의 변호사에게 앞으로의 아시아와 한국의 평화를 부탁하고 싶었는지 모릅니다. 에이지는 '흑룡회'의 일원으로 한·일병탄에 깊은 관련을 가지고 있었으며, 국책 수행에 있어서도 적잖은 공적을 남긴 정치가였던 만큼 안중근의 동양과 한국의 평화에 대한 뜨거운 의지와 조국의 우국지사적 행동을 높이 샀을지도 모르겠습니다.

안중근의 옥중에서의 생활을 살펴보면 재판이나 면접을 보는 이외에는 집필과 서도에 몰두하였습니다. 자신의 사형 집행보다도 주위 사람들에게 마음을 쓰고 아시아의 정세나 조국의 안위를 걱정하였기 때문에 그와 가까이 지내던 검찰관이나 판사, 형무소장, 형무소 관할 의사, 간수 등이 깊은 감명을 받게 됩니다. 감옥의 형무소장에 해당하는 구리하라 사다기치(栗原貞吉)는 안중근의 동양 평화와 인류애의 진솔하고 굳히지 않는 자세 그리고 따뜻한 인간미에 감동하여 고등법원장인 히라이시 요시토(平石義人)와 마나베 쥬죠(眞鍋十藏) 재판관에게 그의 목숨만은 구해 줄 것을 탄원하기도 하고, 안중근이 처형당하는 당일까지 그를 위해서 차입을 하거나 세심한 마음을 써 줍니다. 안중근이 세상을 떠난 후 그와의 교류를 통해서 국가 관리로서의 한계를 느낀 구리하라(栗原)는 곧 사퇴하고 히로시마(廣島)로 귀향하여 생을 마칠 때까지 관직에 몸을 담지 않았습니다. 그리고 조선통감부의 통역관으로 간토 도도쿠후(關東都督府) 고등법원의 촉탁을 받고 일하던 소노키 스에요시(園木末喜)도 인간적 교류를 한 사람입니다. 안중근은 생전에 그의 모친이 병상에 있다는 말을 듣고 그를 위해서 휘호를 써서 전해 주면서 26세의 젊은 그를 독려하여 감동을 주었습니다.

그의 힘 있는 서체에 끌린 사람도 적지 않았습니다. 그들로부터 휘호를 의뢰받으면 평화와 우호 등의 내용을 써서 약지가 없는 왼손으로 날인을 해서 전달했습니다. 안중근이 옥중에서 쓴 휘호는 200여 점에 이릅니다만 현재는 70점 정도밖에 확인되지 않고 있습니다. 그중에서도 간수로서 안중근의 사형 직전에 휘호를 받았던 치바 토우시치(千葉十七)는 고향의 미야기켄(宮城縣)으로 귀향해서 안중근의 유묵과 유영을 앞에 두고 명복을 비는 일을 계속하였습니다. 그 후 서울에서 안중근 탄생 100주년 행사가 거행되었을 때 치바의 가족들에 의해서 유묵이 기증되고, 치바 부부의 묘소가 있는 미야기켄(宮城縣)의 다이린지(大林寺)에 안중근과 치바의 교류를 기념하는 추모비가 세워졌습니다. 그리고 1992년 9월 6일에는 안중근과 치바 토우시치의 합동 법요가 행해졌습니다. 이 법요에는 두 사람의 인간적 교류에 감복하여 그들의 명복을 빌고자 한·일 양국에서 많은 사람들이 참석하였으며, 전쟁이 없는 평화로운 사회와 한·일 친선을 기원하고 다짐하는 기회로 삼았습니다. 국경을 초월한 이 같은 인적 교류는 전쟁이나 분쟁이 끊이지 않는 현대의 지구촌에 평화가 얼마나 절실한지를 전달해 줄 또 하나의 시민 연대로서 커 나가고 있습니다.

### 생각해 봅시다

　　일본이 한국에 근대화를 가져왔다고 주장하는 사람도 있습니다. 만약 일본이 타 민족에게 보호국으로서 강압적으로 지배를 받거나, 식민지 개발을 당했다고 한다면 순수하게 근대화의 도움을 받으며 성장해 왔다고 할 수 있을까요? 근본적으로 이웃 나라를 침범하려는 무모한 야심이 전쟁이 끝난 지금도 해결되지 않은 문제로 남아 있습니다. 서로의 국민을 전쟁이나 무력행위에 끌어들이지 않고, 우호적인 교류를 위해 지혜를 짜 모으는 일이 먼 장래의 양국 국민을 위한 길입니다.

　　한국과 타이완의 한센병 환자나 중국의 생화학 무기 처리, 그 피해자들에 대응하는 일도 일본의 전후 처리문제의 한 예에 지나지 않습니다. 과거의 전쟁이 얼마나 한·일 관계의 장벽이 되고 있는지, 전쟁이 없었다면 어떻게 되었을지에 대해서 양쪽의 입장에 서서 생각해 봅시다.

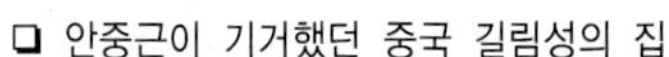

❏ 안중근이 기거했던 중국 길림성의 집　　　　❏ 남산의 안중근 의사 기념관

(촬영　이수경)

❏ 순국 96주기 추모회에서 헌화하는 일본인(안중근 의사 숭모회 제공)

## 【참고 문헌】


이수경, 「안중근의 옥중서간은 어디에?」, 『서울문화투데이』 2009년 12월 26일.
이수경, 「안중근의사 새로운 사료 옥중서간의 행방은?」, 『세계한인신문』 2009년 12월 29일.
이수경, 『제국의 틈속에서 살았던 한·일 문학자』, 료쿠인쇼보(綠蔭書房), 2005년.
이마노 켄죠(今野賢三), 『전기 오우미야 세이도(近江谷井堂)』(비매품 오우미야 고마키(近江谷駒)발행, 1971년), pp.78〜79.
가스야 켄이치(糟谷憲一), 「안중근」, 『조선을 아는 사전』, 헤이본샤(平凡社), 1986년.
김정훈, 「소세키(漱石)의 『문(門)』에 투영된 국가 이데올로기의 그림자」, 『사회문학』 제23호, 일본 사회문학회, 2006년.
고대승(高大勝), 「이시카와 타쿠보쿠(石川啄木) 한·일합병에 이의를 제기했던 부드러운 감성」, 『36인의 일본인 한국·조선을 향한 눈길』, 아카시 쇼텐(明石書店), 2005년.
고마키 오우미(小牧近江), 『어떤 현대사』, 호세이(法政)대학 출판국, 1965년.
「히로부미 기념관 임시 증간 이토 히로부미(伊藤博文)공」, 『태양』 제15권, 제15호, 메이지(明治) 42년, 11월 10일, 히로부미 기념관.
미토 쥬조(三戸十三) 편, 『(觀樹將軍豪決錄)』, 니혼쇼인(日本書院), 1918년.
太林人, 「안중근의 죽음과 최후의 진술」, 『자유조선』 3, 4월호, 동우사, 1948년.
*New York Tribune weekly*, 1895년 10월 16일/10월 23일/10월 30일 원지.
안중근 의사 기념관 http://www.patriot.or.kr/
안중근 연구소URL http://www.ahnjewngkeun.com/welcome.html
http://kr.news.yahoo.com/service/news/shellview.htm?linkid=33&newssetid=470&articleid=20050623101130817324
http://ddb.libnet.kulib.kyoto−u.ac.jp/exhibit/ishin/jinmei/Ito.html
http://www.asahi−net.or.jp/〜VR3K−KKH/seoulprison/6anmuseum/prison6anmuseum.htm
http://www.h7.dion.ne.jp/〜bankoku/nkb/gyoji/gyoji_angishi.html
http://wwwi.netwave.or.jp/〜go−kumon/an.htm


(담당: 이수경)

## 전쟁을 피하고 평화로운 일본을 절실히 염원했던 박무덕/도고(東郷)

지금의 큐슈 가고시마의 사츠마(薩摩)에서 도공의 자손으로 태어나 4세까지 박무덕(朴茂德)이라는 한국 이름을 사용하였고, 세상을 마치는 그날까지 일본의 장래를 걱정하고 일본을 더없이 사랑하였던 도고 시게노리(東郷茂德: 1882～1950), 그는 일본이 미국과의 전쟁을 개시했을 때와 종전 때 두 차례에 걸쳐 외무대신 자격으로 제2차 대전에 관여하여 막중한 임무를 수행한 역사적 인물입니다. 패전이 임박했을 때는 천황제 유지를 GHQ(제2차 대전 후 연합군이 일본을 점령했을 당시 설치한 총사령부)에 제안하기도 하였습니다. 전쟁이 끝난 후에는 A급 전범으로서 금고형 20년의 판결을 받아 형무소에서 옥사했습니다. 한국의 문화가 감도는 사츠마(薩摩)의 도예 마을에서 태어나 독일에서 유학을 하고, 그곳에서 얻은 지식과 견식으로 국제 사회의 정세를 명확히 읽어 냈으며, 일본의 패전 당시 대미 외교전략을 수행하는 등 종전에 깊이 관여한 그는 현재 야스쿠니(靖國)신사에 안장되어 있습니다. 그의 혼령이 현대 사회를 바라본다면 과연 어떤 말을 할까요?

### (1) 도고 시게노리(東郷茂德)의 성장 과정

가고시마켄(鹿兒島縣) 히오키군(日置郡) 히가시 이치키쵸 미야마(東市來町美山)에는 그의 생애를 소개하고 있는 '도고 시게노리(東郷茂德) 기념관'이 있습니다. 이 기념관에는 종전이라는 큰일에 주역을 맡아 일본과 일본 국민을 구한 공적을 기려 추모비가 세워져 있습니다. 기념관이 있는 가고시마켄 히오키군은 사츠마 도자기로 유명한 곳이기도 합니다.

지금부터 400여 년 전 임진왜란/정유재란 때(일본에서는 분로쿠·게이초(文祿·慶長)의 역(役)으로 칭함) 사츠마한(藩)의 시마즈 요시히로(島津義弘)가 일본으로 데리고 온 약 80여 명의 조선 도공들 가운데, 일부가 이쥬인쿄(伊集院鄕) 나에시로가와(苗代川)로 이주하여 사츠마 도기를 처음으로 선보였습니다.

시마즈 문중은 그들의 예술성을 높이 평가하고 사츠마 도기를 소중하게 여겼기 때문에, 나에시로가와 지역은 일본의 그 어느 곳보다 한국의 전통적 문화와 풍습이 짙게 남아 있는 지역이었습니다. 그곳에서 1882년 박무덕은 도예기술을 인정받으며 외국상인들과도 활발한 교류를 하던 해외 지향적인 박수승(朴壽勝: 1855~1936)과 도메(다른 박씨 성의 자손)의 장남으로 태어났습니다. 일가는 경제적으로도 윤택하였지만, 메이지 유신의 소용돌이에 휘말리게 되었습니다. 메이지 정부가 중앙집권을 위해 전국 261개의 한(藩)을 폐지하고 후켄(府縣)을 둔 얼마 동안은 사츠마(薩摩) 도기를 보호해 주었지만 새로운 행정구역인 켄(縣) 운영제도가 본격화되면서 이제까지의 사족(士族: 무사계급에게 주어지는 칭호) 대우에서 평민으로 전락하게 됩니다. 1880년 마을의 남자들 364명이 서명하여 가고시마켄청에 사족 편입을 호소하는 탄원서를 제출하지만 무시당하고 맙니다. 그리고 6년 후 1886년에도 같은 탄원서를 내지만 역시 기각당하고, 결국에 무덕의 조부인 박이구(朴伊駒)와 아버지 박수승(朴壽勝)은 하급 사족(士族)의 성 (姓)을 사서, 도고(東鄉)라고 바꿉니다. 그리고 당시 5세였던 박무덕은 도고 시게노리(東鄉茂德)로 개명하게 됩니다. 1889년에는 시모이쥬인(下伊集院) 촌립 (村立) 진죠(尋常)초등학교에 입학하고 사설 교육기관의 과외지도도 받으면서 가고시마 제일중학교에 입학합니다. 당시 성적을 보면 항상 톱클래스였는데 한국인라는 이유로 고독과 싸우면서 명문 가고시마 제7고등학교에 입학합니다. 그곳에서 그는 독일문학과 처음 접하면서 3년간 계속 1위 자리를 지켰습니다. 그리고 1904년 관료가 되길 기대하는 부모의 기대를 저버리고 도쿄제국대학(현, 도쿄대학) 문과대학의 독일문학과에 진학합니다. 그러나 주임교수의 큰 기대에도 몸이 아프다는 이유 등으로 수업에 출석하지 않는 일이 많았습니다. 졸업 후에는 메이지(明治)대학의 독일어 강사와 몬부쇼(文部省)에서 사료 편찬의 아르바이트를 하면서 1912년 10월에 외교관 시험에 합격하여 외무성에 들어갑니다. 아버지 박수승은 이 기쁨을 마을 사람들이 모인 잔치에서 함께하며, 아들의 장래를 위해서 '나에시로가와'와는 결별하고 '가고시마시 니시센고쿠쵸(西千石町)'로 본적을 옮길 뜻을 전합니다. 비록 재산은 많지만 한국인 혈통이 많이 거주하는 히오키 출신이라고 차별받을 가능성이 높았기 때문입니다. 아들의 장래를 걱정한 아버지의 극단적인 애정이 300년 이상 조상 대대로 살아온 정든 고향을 떠나게 하는 어쩔 수 없는 선택을 하게 합니다.

## (2) 외교관에서 외상으로 — 전쟁을 피하기 위한 필사적인 노력

외교관으로서 첫 해외 근무지는 1913년 8월 중국의 봉천(奉天)이었습니다. 총영사관의 영사관보를 거쳐서 1923년에는 구미국의 제1과장, 3년 후에는 워싱턴 1등 서기관, 그리고 1929년에는 주독일 대사관의 참사관으로 승진하는 등 해외 생활은 8년 정도 계속됩니다. 그 사이 1920년경에 베를린의 하숙집에서 만난 독일 여성 에디 드 라몬드(도고 에디, 33세, 에디의 전 남편은 조선총독부 설계자)와 사랑에 빠집니다. 1922년 2월에는 딸 이세를 낳습니다. 그 후 1937년에 주독일 대사를 역임하고 이듬해에는 주소련 대사로 승진하는데, 중국 동북부와 몽골국과의 접경 지역인 '노몬한'에서 일본군과 몽골군이 충돌하여(노몬한 사건), 그 정전 협정이 체결된 1940년 말에 일본으로 귀국합니다. 그러나 일본은 이미 미국과 영국과의 전쟁을 앞둔 폭풍전야였으며, 강경책을 펴는 군부에 의해 전략이 세워지고 있었습니다. 1941년 10월 17일에 열린 중신회의에서 주전론을 주장하여 고노에 후미마로(近衛文磨) 내각을 퇴진시킨 도죠 히데키(東條英機)가 수상으로 지명되면서 시게노리의 탁월한 외교 수단과 국제적 식견을 높이 평가하여 그를 등용시키려고 합니다. 도죠 수상으로부터 입각을 요청받은 시게노리는, "육군이 중국 주둔군에 대해서 종래와 같은 강경 태도를 고수한다면 외교 교섭은 불가능하기 때문에 외상직은 받아들일 수 없다."고 고사하였습니다. 그때 도죠는 중국 주둔군 및 미국과의 교섭문제의 재검토, 육군과의 합리적 토대 위에서의 협력을 확답하였기 때문에 외상 취임을 수락하게 됩니다. 중일전쟁이 시작된 지 4년이 지나면서 전쟁이 장기화되자 민심도 전쟁을 반대하는 분위기로 돌아섰고 물자 공급에서 여유가 없어지기 시작했습니다. 그즈음 정부 내에서는 미국과의 대전론을 맹렬하게 주장하는 군 지휘부에 맞서서 외부대신과 탁무대신을 겸직하던 시게노리와 재무대신 가야 오키노리(賀屋興宣)만이 전쟁을 반대하고 외교 교섭에 의한 평화론을 주장합니다. 그리고 난국을 헤쳐 나가면서 미국과의 타협안을 미국 측에 제시하면서 외교 교섭을 계속해 나갑니다. 그런데 이즈음 일본 수뇌부에서는 평화에 대한 어떠한 언급도 거론되지 않은 채, 같은 해 11월 18일의 임시의회에서 시마다 토시오(島田俊雄) 의원이 미국과 영국과의 전쟁을 서둘러야 한다는 과격 연설을 하고, 이것이 미국의 각 매스컴에 보도됩니다. 그리고 점차로 흥아 동맹원들에 의한 미국 토벌 연설 등이 공공연히 이루어졌으며, 결과적으로는 진주만 공격이라는 미국과의 전쟁과 종국에 일본의 패전으로 이어집니다. 최첨단의 군장비와 병력으로 무장한 미국과 맞서서 식민지 사람을 포함한 일억 인구를 벼랑 끝으로 내몰게 됩니다. 그리고 드디어 일본의 운명이 결정되는 1945년 4월 9일, 스즈키 칸타로(鈴木貫太郎) 수상은 이미 패전을 예견하여 종전 처리를 맡길 수 있는 인물은 도고 시게노리밖에 없다고 판단하여 다시금 그를 외무대신으로 발탁합니다.

4월 7일 밤 스즈키 수상은 가루이자와(輕井澤)에서 일시 귀경한 도고와의 회견에서 외무대신 겸 대동아대신을 부탁합니다. 이를 수락한 도고는 4월 10일 기자회견을 열어 제국의 염원은 동아시아에 있어서의 자주독립의 달성과 파괴가 아닌 건설이라고 연설합니다. 때는 이미 오키나와(沖繩)가 미군의 공습으로 초토화된 상태였습니다. 가미가제(神風)특공대가 오키나와 동쪽에 주둔한 적들의 기동부대로 돌진하지만, 패전의 그림자는 그들을 죽음으로 내몰고 있었습니다. 이와 같은 정세에서 《아사히(朝日)신문》 등은 '도고 외상에게 거는 기대'라는 사설을 통해서 그의 외교력과 닥친 현황의 문제를 보도하였습니다.

그리고 같은 해 8월 6일에 히로시마(廣島)에 원자폭탄이 투하되고 3일 후에는 소련까지 참전한 뉴스를 전해 들은 시게노리는 일본에 닥칠 피해를 최대한으로 막고자 신속하게 포츠담 선언(미·영·소에 의한 일본의 무조건 항복)을 수락하여 전쟁을 막아야 한다고 호소합니다. 그러나 육군대신이었던 아나미 코레치카(阿南惟幾)는 일억 명의 일본 국민 전원이 죽을 각오로 싸울 것을 주장하고 패전 처리에 고심하는 스즈키와 도고에게 결사항전할 것을 요구합니다. 그러나 결국 아나미는 8월 15일에 할복자살을 하고 맙니다.

일본의 정세는 이미 일본 전역에 쏟아지는 미군의 공습과 8월 6일의 히로시마(廣島), 8월 9일의 나가사키(長崎) 원폭투하로 기울어질 대로 기울어졌으며 선택의 여지가 없는 상태였습니다. 도고 시게노리는 천황제 유지라는 단 하나의 조건만으로 항복할 것을 교섭해야 한다고 주장합니다. 이에 결사 항전도, 많은 조건을 내세운 항복도 불가능하다고 간파한 기도 코이치(木戶孝一)와 고노에 후미마로(近衛文麿) 등이 상황을 지켜보며 조언하는 가운데 9일 밤 11시 50분

어전회의에서 시게노리의 '조건 하나만을 내세운 항복'을 쇼와(昭和) 일왕이 받아들이게 됩니다. 그리고 도고 시게노리는 강경책을 주장하는 군부의 암살 기도나 협박 속에서도 최후까지 일본의 장래를 위해서 패전 처리를 위해 고군분투하였습니다.

전쟁이 끝난 후 1946년 4월, 그는 극동군사재판에서 A급 전범으로 기소되어 1948년에 '침략전쟁 공동 모의죄' 및 중국, 미국, 영국, 네덜란드에 대한 침략전쟁죄로 금고 20년의 판결을 받고 스가모(巢鴨) 형무소에 수감됩니다.

참고로 고세이쇼(厚生省: 보건복지부에 해당)의 통계에 의하면 태평양전쟁에 징용된 조선인 군인 및 군속은 24만 2,241명에 달하는데, 이들 중 연합국에 의해서 148명이 전쟁재판에서 유죄판결을 받았습니다.

냉정하게 현실을 직시하고 상대를 파악하여 일본에게 가장 유리한 방향으로 이끌고자 고심하였으며, 천황제 유지의 조건을 제안하고, 일본 국내에서의 결사항전의 길을 끝끝내 피하고자 전력을 다했던 도고 시게노리는 1950년 7월 23일 옥중에서 68세의 파란만장한 생애를 마쳤습니다. 공교롭게도 1개월 후에는 북한의 도발에 의한 한국전쟁이 발발합니다.

 **생각해 봅시다**

> 만일 일본 국민의 강한 정신무장을 주장하며 전 국민의 죽음을 외치며 1억 옥쇄론을 주창하던 사람들의 의견이 받아들여져 일본 국내에서 총력전이 벌어졌다면 과연 일본은 어떻게 되었을까요? 일본인은 과연 살아남을 수 있었을까요?
>
> 전쟁으로 제일 먼저 희생을 치르는 사람은 가장 약한 입장에 있는 아이들과 부녀자, 환자, 장애자, 노인입니다. 전쟁을 일으키려고 하는 사람들의 주장은 무엇일까요? 과연 전쟁만이 국익을 위한 길일까요? 시게노리가 자신의 혼신을 다해 전쟁을 피하고자 했던 노력을 다각도로 생각해 봅시다.

□ 도고 시게노리

□ 김충식의 『슬픈 열도』

【참고 문헌】

이토 쇼토쿠(伊藤正德), 『군벌 흥망사3』, 분게이슌슈신사(文芸春秋新社), 1963년.
우츠미 아이코(內海愛子), 「조선인 전범」, 『조선을 아는 사전』, 헤이본샤(平凡社).
김충식, 「천황과 일본을 구함」, 『신동아』, 동아일보사, 2005년 7월호, pp.307~319 .
고이케 타미오(小池民男), 「시간의 묘비명」, ≪아사히(朝日)신문≫, 2005년 12월 5일.
http://www.cc.matsuyama‐u.ac.jp/~tamura/tougousigenori.htm
도고 시게노리(東鄕茂德)기념관 공식 사이트
http://www.town.higashiichiki.kagoshima.jp/N_hp/sightseeing_Satsumayaki/shisetsu_002.htm
심수관(沈壽官) 옹 공식 사이트 http://www16.ocn.ne.jp/~c‐jukan/history.html
http://www.chin‐jukan.co.jp/

(담당: 이수경)

## 마츠시로(松代) 다이혼에이(大本營) 노동자 최소암의 소원

최소암(崔小岩: 1919~1991)은 자신이 체험한 마츠시로(松代) 다이혼에이(大本營: 전시 때 일본 왕 산하의 육해군을 총괄한 최고 통수부)의 공사 실태와 당시의 현장 상황을 전한 유일한 증언자로 불리는 사람입니다. 그는 1991년에 세상을 떠났지만, 마츠시로(松代) 다이혼에이(大本營)에 대해서 배우는 중학생이나 고등학생에게 한·일 간의 우호와 평화를 간절히 당부했습니다.

### (1) 마츠시로(松代) 다이혼에이(大本營)와 한국인

태평양전쟁이 끝나갈 무렵 일본 전역이 미국의 대형폭격기 B29의 위협에 노출되어 있을 때 도쿄에서 멀리 떨어진 나가노켄(長野縣)의 산중에 다이혼에이(大本營)의 이전 공사가 극비리에 진행되었습니다. 장소는 나가노켄 하니시나군(埴科郡) 마츠시로마치(松代町), 현재의 나가노시 마츠시로마치입니다.

당시 전쟁의 최고 지휘기관이었던 다이혼에이는 도쿄의 황궁(皇居: 일본 왕이 거주하던 곳)에 있었습니다. 그러나 1944년 7월의 사이판 섬 함락에 따른 연합군의 일본 본토 공격이 시간을 다투게 되면서, 육군은 다이혼에이를 비롯한 국가의 중추기관을 혼슈(本州) 내륙부의 안전한 장소로 옮기고 연합군과의 결전을 일본 본토에서 전개해 나갈 작전을 세웠습니다. 이것이 '본토 결전' 계획입니다. 이 계획은 패전을 각오하고 '국체호지(國体護持)'를 확보한 연후에 전쟁을 종결할 것을 목적으로 한 것이었습니다. '국체호지(國体護持)'란 말은 현재는 쓰지 않지만 전쟁 때에는 매우 중요한 의미를 가지고 있었습니다. 정치체제의 유지, 다시 말해서 천황제를 유지하는 의미로 사용되었습니다. 이렇게 해서 결전의 중핵으로서의 역할을 수행하던 마츠시로 다이혼에이의 건설공사는 1944년 가을부터 시작되었습니다.

이 공사는 '마츠시로 창고 공사'라고 이름 붙여져 있던 비밀 공사였지만 동원된 노동자를 보면 많은 날에는 1만여 명을 헤아리기도 했습니다. 주야 2교대의 강행군으로 진행된 공사는 1945년 8월 15일까지 계속되었습니다. 마츠시로마치의 조우잔(象山)·마이즈루야마(舞鶴山)·미나카미야마(皆神山) 3개의 산허리에 뚫어진 지하호의 총 연장은 10km 정도. 용도를 보면 정부·NHK·중앙 전화국용(1호), 다이혼에이·당시의 일왕부부용(2호), 식량 창고(3호)였습니다. 그 밖에 송신 시설·수신 시설 등 관련 시설이 건설되었으며 패전 때에는 계획의 약 80%가 이미 완공되었다고 전해지고 있습니다.

이 대공사의 주력이 된 노동자는 한국인이었습니다. 정확한 숫자는 확인되고 있지 않지만 약 7,000여 명의 한국인이 동원되었다고 합니다. 이들 중 약 반수는 전시 노동 동원으로 한국에서 강제적으로 연행된 사람들이었습니다. 나머지 반수의 한국인은 일본의 식민지 지배에 의해 토지나 일자리를 빼앗기고 할 수 없이 직업을 찾아 도일했던 사람들이었습니다. 그들은 일본 각지의 탄광, 댐, 터널 등 공사 현장에서 일하고 있었습니다만, 다이혼에이 공사를 위해 마츠시로로 데리고 온 사람들이었습니다. 최소암도 그중 한 사람이었습니다.


## (2) 다이혼에이의 공사와 최소암

최소암은 1919년 경상남도 합천군 가야면(伽倻面)의 이천리(伊川里)라는 작은 마을에서 태어났습니다. 형제 7명 중 막내였습니다. 일가는 소작이나 하루벌이로 생활을 연명하였기 때문에 아이들을 학교에 보낼 여유는 없었습니다. 최소암도 학교와는 인연이 먼 소년시대를 보냈었고, 평생 동안 읽기와 쓰기도 잘하지 못했습니다.

생활고 속에서 소년시대를 보낸 최소암은 16세 때 나가사키(長崎)에 사는 맏형을 의지하여 일본으로 도항합니다. 식구 입을 하나 덜기 위한 궁여지책이었습니다. 최소암은 토목 공사 현장을 전전하면서 터널 공사의 발파기술을 배웠습니다. 이때 최소암 인생의 후반부를 결정짓는 중대 사건이 일어납니다. 1944년 가을 나가노켄 마츠시로의 지하호에 관한 이야기였습니다. 당초 그다지 내키지 않았던 그도 십장의 설득으로 마츠시로행을 결심합니다. 그러나 그를 기다리고 있던 지하호 공사는 다이너마이트의 파열, 낙반 등이 끊이지 않는 난공사였습니다. 그리고 초라한 숙사와 형편없는 음식, 군인과 건설 청부회사의 삼엄한 감시, 본보기로 가해지는 잦은 폭행, 9개월에 이르는 지하호 공사는 많은 조선인 노동자들을 고통의 도탄에 빠지게 했습니다.

최소암은 조우잔 지하호의 발파 작업에 종사하였습니다. 이 작업은 착암기로 단단한 암벽에 구멍을 뚫고 다이너마이트로 발파하는 위험한 일이었습니다. 이후에 마츠시로 다이혼에이에 관해서 최소암이 가장 많이 언급한 것도 이 굴착 작업에 대해서입니다.

❏ 조우잔 지하호에 걸린 무수한 종이학(촬영 이수경)

1945년 8월, 일본은 연합국에게 무조건 항복했습니다. 공사에 동원된 한국인 노동자는 고국으로 귀국하거나 혹은 일본 각지로 흩어졌습니다. 1960년경 마츠시로에 남은 한국인은 소수에 불과했습니다. 그리고 마츠시로 다이혼에이도 시대의 흐름에 따라 무용지물로 방치되어 사람들의 뇌리에서마저 잊혀 가고 있었습니다.

최소암은 일본식 이름 '사이모토 코이와(催本小岩)'로 조우잔 지하호 근처에서 살고 있었습니다. 일자리가 없어서 어려웠던 적도 몇 차례 있었습니다만 토목 공사 등의 일거리를 찾아 생활을 해 나갔습니다. 그곳에서 일본인 여성과 결혼하여 4명의 아이들을 키웠습니다.

전쟁이 끝난 후 얼마 동안 최소암은 마츠시로 다이혼에이에 대해서는 입을 열지 않았습니다. 그런 그가 다이혼에이에 대해서 말하기 시작한 것은 한·일 정세가 변하고, 일본 내에서도 평화운동이 확대되던 1970년대부터입니다. 전후

40주년을 맞는 1985년 마츠시로 다이혼에이에 대해 "과거의 역사를 배우고 한·일 양국의 민중들의 진정한 우호와 연대를 촉구하는 평화 사적(史蹟)으로 삼자."는 나가노켄의 고등학생과 시민들의 보존운동이 시작됩니다. 이 운동이 고조되는 속에서 최소암은 자신의 체험을 많은 사람들 앞에서 말하게 됩니다. 공사에 관한 일, 숙사에 관한 일, 희생자에 관한 일 등 자신의 체험을 더듬거리는 일본어로 결코 과장하지 않고 있는 그대로를 열심히 최선을 다해서 이야기합니다. 때로는 지하호 내를 안내하기도 하고, 회중전등의 약한 불빛만 비추는 어둠 속에서 공사 때의 모습, 사고로 죽어 간 동료들에 대해서 증언하였습니다. 그의 성실한 모습은 듣는 이의 마음을 움직이고 깊은 감동을 불러일으키기에 충분했습니다.

지하호 공사 때 얻은 폐질환과 작업 중에 받았던 폭행의 후유증인 요통에 시달리면서도 마츠시로 다이혼에이의 실상을 전하고자 애쓴 최소암은 1991년 3월 17일, 질환으로 갑자기 세상을 떠나게 됩니다. 조우잔의 지하호의 일부가 나가노시에 의해 보존되고 일반에게 공개되기 불과 반년 전의 일이었습니다.

현재 최소암이 반평생에 걸쳐 이야기를 전했던 조우잔의 지하호에는 연간 12만 명을 웃도는 사람들이 견학을 옵니다.

## (3) 최소암의 염원을 계승하는 사람들

증언자 최소암의 죽음은 끝이 아니라 새로운 시작이었습니다. 그가 두 번 다시 돌아갈 수 없었던 고향 이천리. 이 작은 산골에 있는 최소암의 생가를 방문하어 부고를 전하기 위해 마츠시로의 지역민이 방한한 것은 같은 해 6월의 일이었습니다. 반세기 만에 최소암의 소식을 접한 친족들의 한탄과 슬픔, 그 후 최소암을 '사이모토 아저씨'라고 부르며 따랐던 고등학생과 보존운동에 앞장섰던 시민들이 이천리를 방문하면서 친족들과의 교류가 이어졌습니다.

한편 최소암의 친족이 마츠시로를 방문하여 최소암의 가족과 시민들이 교류를 시작한 것은 이듬해의 일이었습니다. 이렇게 해서 최소암의 죽음을 계기로 맺어진 마츠시로와 한국의 교류는 최소암의 형의 자손들이 나가노시의 단기대학에 유학하면서 한층 더 깊어졌습니다.

"앞으로 여러분은 과거와 같은 전쟁이 두 번 다시 일어나지 않도록 노력해

주세요. 지금 전쟁이 일어난다면 이전보다 훨씬 더 비참해지지 않겠어요?" 하고
중학생과 고등학생들에게 계속해서 이야기를 전해 주던 최소암의 염원, 다음 세
대의 젊은이들 가슴속에 면면히 이어지고 있습니다.

□ 생전 최후의 증언이 된 1991년
2월 16일의 최소암
(촬영 오비나타 에츠오)

### 생각해 봅시다

최소암이 일본으로 도항한 것은 16세 때의 일이었습니다. 당시 수많은 한국인
이 고국을 떠나 일본으로 건너가지 않으면 안 되었던 주된 이유는 뭘까요? 그리
고 일본에서 어떠한 일에 종사했으며 어떤 생활을 하고 있었는지도 알아봅시다.

또 전쟁이 끝난 후에도 한국에 귀국하지 않았던(할 수 없었던) 한국인도 많이
있었는데 그 이유가 무엇인지도 한번 생각해 봅시다.

최소암은 마츠시로 다이혼에이에 대해 이야기를 전해 주면서 한국과 일본, 일본
과 한국의 가교 역할을 하고 싶다고 염원하였습니다. 마츠시로 다이혼에이의 역사
에서 무엇을 배울 수 있을지 생각해 봅시다.

【참고 문헌】

마츠시로(松代) 다이혼에이(大本營)의 보존을 위한 모임 편,『마츠시로 다이혼에이와
    최소암』, 평화문화사, 1991년.
하야시(林) 에이다이,『마츠시로 지하 다이혼에이』, 아카이시쇼텐(明石書店), 1992년.
아오키 타카토시(靑木孝壽),『마츠시로 다이혼에이의 역사의 증언』, 신일본출판,
    1997년.
전쟁 유적 보존 전국 네트워크,『전쟁 유적에서 배운다』, 이와나미쇼텐(岩波書店),
    2003년.

(담당: 오비나타 에츠오(大日方悅夫))

# 5 민족을 초월한 '복지의 아버지' 김용성과 나자레원

## (1) 전쟁에 희생된 자들

불행한 근대사와 민족의 원성.

현대의 한국에서 잘 쓰이는 이 말은 근대사에 있어서 많은 희생자를 낳게 한 일본의 전쟁과 깊은 관련이 있습니다. 1910년의 한 · 일강제병합으로부터 35년간에 걸쳐서 주권을 빼앗기고 식민지 지배를 받아 온 사람들은 일본이 일으킨 전쟁으로 인해 부당한 인생을 보내고 희생을 강요당해야만 했습니다. 그리고 그에 대한 충분하지 못한 배상과 청산, 역사 문제, 게다가 일본의 일부 정치가가 내뱉는 망언에 대한 분노와 원한이 반일감정을 격화시키고 있습니다. 그 때문에 그 시대를 체험한 고령자나 유가족들이 일본의 문화나 교류를 있는 그대로 받아들이기는 쉬운 일이 아닙니다. 뿐만 아니라 일본이 일으킨 전쟁인데도 불구하고 식민지에서도 헤아릴 수 없이 많은 희생자를 냈습니다. 전쟁이라는 무력 행위로 인해서 일상생활이 아비규환이 된 많은 사람들 중에는 전쟁 중에 한국인과 결혼해서 한국으로 건너와 살았다는 이유로 전후 말할 수 없는 고통을 겪은 일본인 부인들이 있습니다. 당시 일본은 한국을 병참기지로 삼아 철저한 협력체제를 구축하기 위해서 여러 가지 방법으로 동화 정책을 사용하였습니다. 그 일환으로 1930년에는 민사령을 새로 개정하여 '내(内地: 일본) 선(朝鮮) 혼인'을 가능케 했습니다만, 이와테켄(岩手縣) 지사와 평안북도 지사를 역임한 이이오토우지로(飯尾藤次郎)는 민족(血)의 결합이 얼마나 한 · 일 간의 융합과 동화에 효과가 있는지를 역설하면서 '내선의 융화는 통혼에서부터'라는 슬로건까지 내겁니다. 이러한 움직임 속에서 1937년 이후에는 보다 적극적으로 '내선 혼인'이 추진되게 됩니다. 그 결과 한 · 일 간의 결혼 건수는 1944년 초, 1만 700쌍으로 증가합니다.

태평양전쟁이 격화되면서 상황은 1억 총력전을 벌이자는 쪽으로 기울고 일본군은 군사 노동력을 보강하기 위해서 철저한 내선 일체 정책을 호소합니다. 그리고 많은 한국인이 일본으로 건너오게 되었으며 한국인 남성과 연애를 하여 결혼하는 일본인 여성도 늘어났습니다. 한국어 사용을 금지하는 정책하에서 그녀들은 당연히 일본어밖에 쓸 수 없었습니다. 그러나 남편이 고향으로 귀국하게 되면서 일본과 한국이 같은 국가일 것으로 여기고 한국으로 건너온 일본인 부인들은 해방과 더불어 이방인 취급을 받으며 더구나 사회 전반의 반일 소용돌이 속에서 실로 고통스러운 나날을 살아야 했습니다. 민족을 괴롭혔던 일본인이라는 한 가지 이유로 사회와 친족으로부터 냉대를 받으며 외국인의 발음을 감추기 위해서 평생 입을 다물어야 했습니다. 이렇듯 남편을 사랑했다는 이유만으로 남편이나 아이들과 함께 한국에서 살아가려고 했던 그녀들의 인생은 한국전쟁의 발발로 인해 또다시 험준한 길을 걸어야만 했습니다.

## (2) 복지사업가와의 만남

한국전쟁은 한반도 전역을 파멸 상태에 빠지게 했으며 막대한 피해와 미증유의 희생자를 냈습니다. 일본인 부인들 중에는 자식과 집 혹은 호적을 잃어버려 전쟁 후 국가 재건이 이루어질 때 다시 한 번 어려운 곤경에 처해야만 했습니다. 그런데 이렇게 힘든 역경 속에서 살아가는 일본인 부인들에게 일본 정부나 친인척들은 조국을 버리고 떠난 사람으로 취급하여 귀국원조의 손을 뻗치려 하지 않았습니다. 전쟁 때문에 이중, 삼중의 고통을 겪으면서 살아가는 그녀들의 비참한 실상을 이해하고 노후라도 인간답게 보낼 수 있게 도와주기 위해 힘쓴 것은 두 사람의 사회복지가였습니다. 이 두 사람은 일본군에 의해 아버지를 살해당하고 일생을 복지 사업에 헌신해 온 김용성(金龍成: 1918~2003)과 일본에서 목사직을 수행하면서 동시에 이바라키켄(茨城縣)의 사회복지 법인의 이사장으로서 한국의 일본인 부인들을 위해서 일생을 바친 기쿠치 세이치(菊池政一: 1907~1990)였습니다. 그들의 인도적인 공동 작업이 없었다면 또 하나의 슬픈 역사가 세상에 밝혀지지 않았을지도 모릅니다.

1970년에 김용성 등은 한국노인시설협회의 초대로 한국을 방문한 기쿠치와 국경을 초월한 복지 활동의 연대를 의식하게 됩니다. 그리고 1972년 한국에서 살고 있는 일본인 부인들의 이야기를 신문을 통해 알게 된 기쿠치는 김용성과 함께 대전의 형무소를 찾아가 수감 중인 일본인 부인들과 면회하고 한국에서 의탁할 곳 하나 없이 괴로운 생활을 견뎌 내고 있는 그녀들을 도울 필요가 있음을 실감합니다. 그래서 당시, 한국에 거주하는 1,500여 명의 일본인 부인들의 실태 조사와 원조 활동에 주력하는 한편, 기쿠치 세이치에게 공감하여 건설자금을 지원해 준 이바라기켄(茨城縣)의 나자레 교회의 협력을 얻어 김용성 등과 함께 현지의 사립중학교를 사들이게 됩니다. 그리고 1972년 10월에 기존의 명화회(明和會) · 자선단(慈善團) 등에 경주 나자레원을 설립합니다. 경주 나자레원의 일본인 부인을 위한 구조 활동을 크게 세 가지로 나누어 보면, 우선, 나이가 든 독거노인일 경우 희망하면 귀국 원조를 해서 일본으로 돌아갈 수 있게 할 것, 둘째로, 한국에서 가족들과 마지막까지 함께 살기를 희망하지만 생활이 어려운 경우에는 주택을 원조해 줄 것, 셋째로, 의지할 곳이 없고 일본에 돌아가기보다 한국에서 생을 마치고 싶어 할 경우에는 경주 나자레원에 들어갈 수 있도록 지원하고 마지막까지 돌봐 줄 것입니다. 이 같은 원조 활동으로 200명 이상의 일본인 부인들이 나자레원에서 생활하고 있으며 150명의 일본인 부인들이 일본으로 귀국하였습니다. 지금은 80~90세를 넘은 노인들 약 30명이 나자레원에서 생활하고 있으며 100명 정도의 주택 생활자에게는 매달 얼마씩의 지원금을 보내 주고 있습니다. 근대사의 복잡한 역사적 상황에서 한국에서 살았다는 이유로 국적 문제나, 생활의 차이 등 여러 가지 어려운 고통을 겪어 내야만 했습니다만, 지금은 국내외에서의 원조 덕분에 나자레원은 그녀들의 마지막 안식처 역할을 하고 있습니다. 이러한 그녀들을 배려하고 그녀들과 같은 불행한 사람들을 위해 평생을 바쳤던 김용성은 어떠한 인물이었는지 살펴봅시다.

## (3) 한국과 일본의 '복지의 아버지' 김용성

한국과 일본에 있어서 '복지의 아버지'라 불리는 김용성은 1918년 3월 20일 현재의 북한 함경북도 웅기(雄基)에서 김덕포(金德甫)의 장남으로 태어났습니다. 그러나 4세 때 어머니를 여의고 아버지는 당시 갈수록 심해지는 일본의 탄압에서 조국을 해방시키고자 독립운동을 위해 집을 떠나 있었기 때문에 가족의 단란함을 느끼지 못하고 암울하고 비참한 환경에서 어린 시절을 보내야 했습니다. 아버지는 소련으로 망명하고 누이는 다른 집 가정부로 일했기 때문에 어린 소년은 스스로의 생계를 위해서 가혹한 노동현장에서의 일도 마다하지 않았습니다만, 11세 때에는 노동자 숙소에서 일하면서 보통학교를 졸업하였습니다.

그 후 아버지가 독립운동을 한다는 이유로 공립학교에는 진학하지 못하고 사립의 기독교 재단인 충남 공주의 영명(永明) 중학교에 입학하여 신문이나 우유 배달 등으로 고학을 계속하였습니다. 김용성이 19세 되던 해 오랜 감옥생활을 견디지 못하던 아버지가 옥사하자 만주의 대륙화학원(大陸化學院)에 재적하면서 갖은 어려움을 겪어 내며 학업을 계속하여 졸업합니다. 그리하여 힘든 처지에 있는 많은 이들에게 도움을 주기 위해 1944년 중국 동북부의 간도로 건너갑니다. 그곳에서 한국인의 농촌구제사업을 전개하면서 같은 해 3월에는 함경북도 회령에서 고아를 지원하는 '회령 보육원'을, 1947년 1월에는 '민제(民濟) 양로원'을 창설합니다. 그러나 고아들 중에는 일본인 아이들도 있었기 때문에 35년 간의 민족적 수난을 야기한 주범인 일본인의 아이를 보호하고 있다는 것에 매국적 개념의 소위 친일파 혐의가 씌워집니다. 덧붙여 반공교육을 청년들에게 시행했다는 이유로 사상범의 죄목이 더해져 체포됩니다. 김용성은 1948년 11월부터 6개월 21일간을 수감당하고 전 재산을 몰수당하는 수난을 겪습니다. 그 후 1950년 6월에 발발한 한국전쟁 때는 생지옥을 경험하고 무참하게 학살당한 사람들의 유골을 유족들에게 돌려 주기 위해서 발굴·수습하는 작업에 힘씁니다. 전쟁이 장기화되면서 그 폐해는 더 극심해져 가고 김용성은 가족과 함께 남부 지방 쪽에서 피난생활을 하면서 각 지방에서 피난민의 구호 활동을 계속하였습니다. 같은 해 12월 경주시 북부동 153번지에 자선단을 설립하고 산하시설로서 모자시설과 노인종합복지관, 아이들을 위한 시설 등을 설립합니다. 그 후 1971년에는 의사가 없어서 곤란에 처해 있던 일본 오기나와(沖縄)의 실상을 안타깝게 생각하고 '병자에게 국적은 따로 없다'는 강한 신념으로 한국 각지에 지원 요청을 구하여 14명의 의사를 파견합니다. 그 후에도 도쿄 주변이나 홋카이도(北海道)의 농어촌 지역에도 의료봉사 활동을 적극적으로 추진하는 등 김용성은 말보다도 행동으로 복지 활동을 실천하였습니다. 1972년에는 경주시 구정동에 나자레원을 설립하고 일본인 부인들의 주거지로서 나자레 요양원을 마련합니다. 그 밖에도 일반 노인의 보호시설로서 명화(明和) 요양원이나 치매노인을 위한 요양시설로서 은화(恩和)의 집 등을 설립하여 노인복지에도 힘을 쏟았습니다. 이와 같이 민족을 초월하여 한결같이 고통받는 이들을 도와주는 데 평생을 바쳤던 그의 인도적 활동은 한국과 일본의 복지 사업에 있어서 귀감이 되었으며 높이 평가받고 있습니다.

2003년 3월 15일 복지가로서의 장대한 인생을 마친 84세 김용성의 생애에 경의를 표하며 그의 뜻을 이어받아서 나자레원을 계승하여 사업을 이끌어 가고 있는 송미호(宋美虎) 원장은 대학생 시절, 나자레원으로 자원봉사를 온 것이 인연이 되어 계속해서 안팎의 살림을 정열적으로 수행하고 있습니다. 송 원장은 일본인 부인들의 일상생활은 물론이고 그녀들 중 세상을 떠났을 경우의 사후처리나 치매노인과 자리보존하고 누워 있는 노인들을 돌보는 일 등 나자레원에서의 전반적인 일을 담당하고 있습니다. 과거의 역사에 인생을 희생당한 노인들을 돌보기 위해 자신을 돌아보지 않고 애쓰고 있는 그녀야말로 '무조건적인 사랑', '박애 정신'의 실천자이며 김용성의 유지를 받들어 한국과 일본, 양국의 복지의 가교로서 지금도 열심히 뛰어다니고 있습니다.

### 생각해 봅시다

우리들은 다른 사람을 위해서 어디까지 일할 수 있을까요? 내가 아닌 다른 사람을 내 몸처럼 생각하면서 살신성인하는 정신이 희박해진 현대 사회는 참으로 삭막합니다. 사람의 존재를 소중히 여기며, 타인도 같이 살아가는 동시대 정신의 휴머니즘을 잊지 않고, 자신을 희생하면서 국경을 초월한 약자를 도우며 일생을 살았던 김용성이나 송미호의 정신이 현재 각박해지고 삭막해져 가는 사회에 얼마나 중요한가를 재확인해 봅시다.

❏ 경주 재한 일본인의 집(나자레원)(촬영 요코야마 무츠미(橫山陸美))

❏ 김용성(촬영 이수경)

비디오 자료, 『김용성 이야기 '나자레의 사랑'』, 일본 영상기획.

샤크 코뮤니케이션 편, 『자선단 53주년·나자레 25주년의 발자취』, 경주, 1997년.

이시카와 나츠코(石川奈津子), 『해협을 건너간 일본인 부인들』, 동시대사, 2001년.

김혜경, 「조선인과 일본인의 통혼 정책」, 일한 「여성」 공동 역사 교재 편찬 위원회 편.

『젠더의 시점에서 살펴본 일한 근현대사』, 나시노키샤(梨の木舍), 2005년.

貴田忠衛, 『朝野諸名士執筆 조선 통치의 회고와 비판』, 조선신문사, 1936년.

중학부 낭독극 대본, 「시공을 넘어서 김용성의 발자취」, 2002년 11월 11일판.

나자레원의 송미호 원장과 필자와의 인터뷰 내용, 2005년 8월 20일.

http://www.hoamprize.org/korean/prize/medalist/93_c_kys.htm

http://news.media.daum.net/society/region/200303/16/yonhap/v3957470.html

http://www.ne.jp/asahi/voc/j/nazare_en.htm

http://www.fesco.or.jp/winner_h11_07.html


(담당: 이수경)

## 6

# 불도저 시장 김현옥과 한국의 일본인 유골

김현옥(金玄玉: 1926~1997)은 군인 출신의 정치가로서 박정희(朴正熙) 정권시대에 부산 시장과 서울 시장, 내무부 장관을 역임하고 한국 근대사에 있어서 다대한 공헌을 남긴 인물입니다. 그리고 두 차례 시장 시절에는 인도적인 입장에서 일본이 패전 당시 본국으로 철수할 때 두고 간 무명 일본인의 유골 등을 합사(合祀: 둘 이상의 영혼을 모아 제사를 지내는 것)하여 위령비와 위패당을 짓기도 했습니다.

## (1) 한국의 도시 발전에 공헌한 일

김현옥 서울 시장은 1926년 경남 진주시에서 태어났습니다. 진주에 있는 중학교를 고학으로 졸업하고 일제 강점기 때에는 징용을 당하기도 했습니다. 전쟁이 끝난 후에는 육군사관학교 3기로서 임관하고 육군 수송학교 교장으로 재임하였습니다. 5·16군사 혁명 후 1962년에는 준장으로 예편한 후 부산 시장으로 부임했습니다. 부산에서의 공적을 인정받아 1966년에는 40세라는 젊은 나이로 서울 시장에 전격 발탁됩니다. 박 대통령은 육군사관학교의 2년 선배였는데 그 영향도 커서 김 시장은 당시 많은 일을 추진할 수 있었습니다. 특히 터널, 주요 도로, 교량 건설 등 서울의 도시 개발에 많은 공적을 남겼습니다. 그의 특출한 사업 추진력은 '불도저 시장', '정열적인 행정가'라는 별명에서도 능히 짐작할 수 있습니다.

김현옥이 정열적으로 사업을 진행하면서 서울은 급속한 발전을 거듭합니다. 그러나 1970년 김 시장이 건설한 아파트가 붕괴되는 사건이 발생하여 이에 책임을 지고 시장직을 사퇴합니다. 그러나 얼마 되지 않아 내무부장관으로 발탁되는 등 정계에서 활약을 계속하였습니다. 그 후 1980년 신군부세력이 대두하면서 또다시 부정 문제로 비판을 받아 정계를 은퇴하고 낙향합니다.

낚시를 무척이나 좋아했던 김현옥은 부산 지역 부근의 기장 앞바다에서 낚시를 즐기다가 친척이 경영하고 있던 재단의 소개로 장안중학교(長安中學校)를 인수하게 됩니다. 그리고 1988년에는 장안제일고등학교를 설립하고 그곳에 교장으로 재직하여 화제를 모으기도 했습니다. 또, 한국문인협회 수필분과의 회원이기도 하였으며 저서로는 『푸른 유산』이 있습니다.

## (2) 무명 일본인의 유골을 합사한 일

앞에서 언급한 바와 같이 김현옥은 한국 수도 서울의 기초를 쌓은 인물로서 알려져 있습니다만 또 하나의 커다란 공적을 남기고 있습니다. 그것은 무명 일본인의 유골을 모아 합사한 일입니다.

1910년 일본에 강제합병된 한반도는 일본이란 국가의 일개 지방으로 귀속하게 되었습니다. 그 때문에 당시 한반도에는 일이나 결혼 등 다양한 이유로 많은 일본인이 살고 있었습니다. 부산에는 약 5만 명의 일본인이 살았고 일본인 상공회의소에서는 일본인을 위한 생활 정보지인 『조선신보(朝鮮新報)』가 발행되는 등 바야흐로 일본인 타운이 형성되어 가고 있었습니다.

그러나 1945년에 일본이 전쟁에 패하면서 한반도에 살고 있던 대다수의 일본인이 부산항에서 출발하는 귀국선을 타고 본국으로 돌아가게 되었습니다. 그때 물품 반출의 제한을 두었기 때문에 대부분의 일본인은 입던 옷만 겨우 걸치고 떠나야만 했습니다. 당연히 선조의 유골이나 지인의 유골을 모아서 가져갈 엄두도 못낼 만큼 급박하고 혼란스러운 시대였습니다.

전쟁이 끝난 후 한국에서 도시 개발이 진행되면서 수많은 일본인의 위패, 유골, 영명부(절에서 죽은 이들의 속명(俗名)·법명(法名)·죽은 날짜 따위를 적어두는 장부) 등이 방치된 채 발견되었습니다.

부산에서는 과거 화장터였던 서구 아미동을 중심으로 위패, 유골, 영명부 등이 시내에 흩어져 있었습니다. 그리고 도시 계획에 의해 1962년 화장터가 부산진구 당감동으로 이전되었습니다. 그 당시 부산 시장으로 재직하던 김현옥은 과거 일본인이 식민지 지배를 하면서 여러 가지 악한 행위를 했다고 하더라도, 죽은 자의 유골은 반듯하게 해 주는 게 사람의 도리라는 인도적인 입장에서 시내 각지에 흩어져 있는 위패, 유골, 영명장을 한곳에 모아 '일본인 묘'라는 제대로 된 훌륭한 묘석비와 그 옆에 납패당을 세웠습니다.

또 서울에서도 1964년 전(前) 서본원사(西本願寺)에서 약 2천 구에 이르는 일

본인 유골이 발견되어, 1970년 전후에 서울 교외에 있는 벽제관에 있는 시민묘
지 한편에 합사대를 세워 안치하기도 했습니다. 그러나 당시, 심한 반일 운동으
로 그만 허물어지고 말았습니다.

위령비가 세워진 것은 그 배경에 일반인들의 요청이 있었기 때문이지만 김현
옥의 결단이 없었다면 위령비나, 그들의 명복을 기원할 납패당은 건설될 수 없
었을 것입니다. 일본과 국교를 맺기 이전의 일로 당시 반일감정이 격심한 상황
에서 시장의 이 같은 조치는 이례적인 것이었으며, 대단한 용기와 결단이 필요
했을 것이라 짐작할 수 있습니다.

### (3) 오늘날까지 계승되고 있는 김 시장의 인도적 의지

1965년에 한국과 일본의 국교가 정상화되면서 신분이 확인된 유골이나 위패
는 일본으로 반환되었습니다만 그래도 많은 유골과 위패가 한국 땅에 남아 있
었습니다.

부산의 위령비는 1988년 시의 재개발 정책으로 당감동의 화장터가 다시 이전
되게 되었습니다. 1969년부터 위령비를 관리해 오던 재한 일본 부인회 부용회
(芙蓉會) 부산 본부(전쟁 전에 한국인 남성과 결혼하여 한국으로 건너온 일본인
부인회)는 몇 번씩이나 일본 대사관과 영사관을 오가며 재원 지원을 요청하였지
만 받아들여지지 않았습니다. 왜냐하면 죽은 이들은 전쟁 전에 한국으로 건너와
자연사(自然死)한 사람들이었기 때문입니다.

그 후 재한 일본인 부인들을 지원하는 사람들이 힘을 모으는 가운데 특히 일
본 영사관에서 근무한 경험으로 부용회를 적극적으로 도와주던 부산 한 · 일
친선 협회 최병대(崔秉大) 고문이 애를 써서 토지, 이전 비용 등을 부산시가
전액 부담하기로 하고 현재 위령비가 서 있는 부산시립 공원묘지 내로 이전되
었습니다. 일본인 위령비가 세워져 있는 바로 아래에는 납패당이 있으며 근처
에는 한국 유일의 태평양전쟁 희생자 위령비가 있습니다. 이 위령비는 식민지
지배하에서 일본인으로서 전사한 한반도 출신의 군인과 군속들을 위로하기 위
한 것입니다.

또 서울에서는 부산과는 사정이 달라서 개인의 인도적인 배려로 현재 동국대
학교 혜광사(慧光寺)에 '고 재한 일본인 위령비'가 조용히 자리하고 있습니다.

위령비의 뒤쪽에는 "과거 불행했던 역사를 딛고 한·일 양국의 평화와 번영을 위하여"라고 새겨져 있습니다. 이 두 개의 위령비에는 지금도 1년에 한 번 관계자들이 모여 위령제를 지내고 있습니다. 이처럼 위령비가 현재까지 지켜져 올 수 있었던 배경에는 김현옥을 비롯하여 많은 한국인, 그리고 일본인의 인도적인 지원이 있었기에 가능했다고 할 수 있습니다. 또, 부산의 장안 기장중학교는 검도협회를 통해서 오이타켄(大分縣) 오노시(大野市)와 십수 년에 걸친 자매교류를 맺고 있습니다.

□ 부산 영락시립공원묘지의 일본인 묘(촬영 이수경)

### 생각해 봅시다

식민지에서 해방된 한국에 있어서 일본인의 유골은 어떤 존재였을까요?

또 대부분의 사람들이 과거의 지배 측에게 원성을 높이고 있을 때, 가해자 측에서 반대 의견을 제시하며 인도적인 처리로 대응했던 김현옥 시장의 행동은 주변에 어떻게 보였을까요? 우리는 과거를 청산하면서 원망과 보복을 낳아서는 안 됩니다. 그러기 위해서는 규명한 역사적 사실을 공유하며, 인간적인 미래지향과 건전한 과거 청산을 위해 서로 만남의 장을 마련하고 대화를 지속적으로 해야 합니다. 그리고 두 번 다시 불행의 반복을 해서는 안 된다는 약속하에서 다가서기를 해야 하고, 인도주의적 인간의 존엄성을 서로 확인하는 기회를 많이 만들어야 합니다. 여러분이 생각하는 역사 청산, 과거를 초월하는 방법에 대한 생각은 어떤가요?

## 【참고 문헌】


송정목, 『한국 도시60년의 이야기(1)』, 한울아카데미, 2005년.
채의석, 『99일 간의 진실』, 개마고원, 2000년.
김정형, 『역사 속의 오늘 (1)』, 생각의나무, 2005년.
최덕규, 『길이 제대로 돼야 나라가 산다』, 세창미디어, 2005년.
홍성태, 『서울에서 서울을 찾는다』, 궁리, 2004년.
중앙일보 이코노미스트 편집부, 「중앙일보 이코노미스트」 제643호, 서울: 중앙일보
　　사, 2002년.
부산 한·일 친선 협회의 최병대 씨와의 인터뷰
재부산 일본국 총령사관 http://www.busan.kr.emb－japan.go.jp/htm_j/mm06.html
부산 국제 교류 센터 http://natsukusa.com/japanhist/2.html
「아사히신문」 후코오카(福岡)·기타 큐슈(北九州)판, 2005년 6월 19일 기사
http://mytown.asahi.com/fukuoka/news.php?k_id＝41000409999991394
「서울 신문」 http://www.seoul.co.kr/news/newsView.php?id＝20050712550003
서울 600년사 http://seoul600.visitseoul.net/seoul－history/sidaesa/txt/8－2－3－2－1.html
http://seoul600.visitseoul.net/seoul－history/sidaesa/txt/8－2－3－2－1.html
http://preview.britannica.co.kr/bol/topic.asp?article_id＝k98p0435


(담당: 유노 유우코(湯野優子))

7

　　만 35년의 식민지 시대에서 해방이 되고, 1965년에는 한·일 정상화 조약이 체결되었지만 아직도 개개인의 배상 문제가 미해결 과제로 남아 있으며 한·일 관계는 끊임없이 제기되고 있는 역사 청산 문제가 많이 남아 있습니다. 그 해결방안을 모색하기 위해 양국 모두 지혜를 짜는 현실 속에서, 한국에서의 일본인 문제나 한·일 어선 문제 등 때로는 외교 문제로까지 확대될 다양한 현안을 해결하기 위해 보이지 않는 곳에서 애쓰고 있는 사람들도 많습니다. 이들을 소개하고자 할 때 특히 일본 영사관에 재직하면서 다른 한편으로 한·일 관계에 어떤 문제가 생길 때마다 누구보다도 빨리 그 문제 해결을 위해 발 벗고 나서며, 40년간에 걸쳐 재한 일본인 부인들을 지원하고 귀국 수속이나 생활 지원까지 도와주고 있는 한·일 친선 협회 고문의 최병대(崔秉大)를 잊어서는 안 될 것입니다. 그의 일생은 한국의 많은 사람들에게 일본과의 우호적인 관계의 필요성을 설득하며 정열적으로 한일 관계 우호를 위해 바쳐 온 삶이기 때문입니다. 지금도 팔순이 넘은 나이에도 불구하고 재한 일본인 생활 상담 등의 활동을 계속하고 있는 최병대는 그 공적을 인정받아 2005년 12월 12일 부산시 문화 공로상을 수상하였습니다.

## (1) 한·일 관계를 위한 버팀목 역할을 하는 부산의 최병대

　최병대는 1929년 7월 27일 경남 창원에서 태어났습니다. 1940년이 되자 히로시마켄(廣島縣) 사이죠마치(西條市)에 살고 있던 숙부와 함께 살면서 초등학교 2학년으로 편입하고 일본에서 학업을 계속하였습니다. 그 후 1945년에 일본이 패망하면서 귀국하여 마산 중학교에 편입하였습니다만 당시 중·고 6년제의 5년째에 중퇴를 합니다. 얼마간 진해에서 초등학교 교편을 잡다가 친척의 권유로 같은 곳에서 미군 통역사로 일하였습니다. 한국전쟁 중에는 사세보(佐世保) 행의 화물선을 타고 일본으로 향하던 중, 같은 배에 타고 있던 이들로부터 전쟁

중에는 위험하니까 일본에서 학업을 계속할 것을 권유받아 메이지(明治) 대학 문학부의 영문학과에 입학하여 1955년에 졸업합니다. 숙부로부터 한국은 전쟁 후의 과도기이니 돌아와서 일하는 것이 좋지 않겠냐는 의견을 받아들여 귀국합니다. 그 후 한·일 정상화의 움직임 속에서 준비 중이었던 일본 영사관에 특별 채용되어 현지 직원 제1호로서 일하게 되었습니다. 1965년에 한·일 국교 정상화가 체결되고 1966년 2월에 부산의 일본 총영사관에서 근무하면서 재한 일본인 문제, 해난(항해 중인 배의 선체, 인명, 화물 따위에 생기는 재난), 영해문제, 세관 등의 일을 두 명의 직원이 담당합니다. 적극적이고 어려운 형편의 사람들을 도와주기 좋아하는 최병대는 업무의 일환으로 재한 일본 여성의 정보 수집을 위해서 관할지역인 남부지방(경상도·전라도) 일대를 찾아다녔습니다. 그때 그녀들의 생활을 직접 눈으로 확인한 최병대는 가난과 일본인이라는 이유만으로 힘들고 차별받는 생활을 보내는 그녀들을 어떻게든 도와주려고 마음먹게 됩니다. 영해문제나 일본인 관련 문제의 해결, 비자 발급 업무 등의 영사관 업무를 수행하면서 다른 한쪽으로는 전쟁 등으로 의지할 가족을 잃고 일본으로의 귀국을 희망하는 사람들을 위해서 부산 영사관에서만 5년여에 걸쳐 300여 명의 귀국 수속을 도와주었습니다. 또 개인적으로는 일본의 식민지 지배에서 해방된 후 반일감정이 격화되면서 한국인을 피해서 산골의 오두막에 살고 있던 여성을 찾아내어 일본으로 귀국시키거나, 암에 걸려 혼수상태에 신음하는 버려진 여성을 입원시키는 등 영사관 업무 외에도 일본인 부인들을 도와주는 데 혼신을 다했습니다. 국내에서 반일 운동이 심할 때에는 '일제의 앞잡이'라는 비판도 감수해야 했습니다. 최병대는 한국과 일본의 관계 진전을 위해서는 양국 모두를 잘 알고 있는 자신이 교류와 신뢰 구축을 위해서 애써야 한다는 뜻을 굽히지 않았습니다. 1994년에 총영사관(나중에 남부지방을 총괄하기 위해서 총영사관이 됨)을 퇴직하기 전까지는 물론, 퇴직 후에도 부산 한·일 친선 협회의 부회장을 역임하면서 부산 부용회나 경주 나자레원의 고문을 맡아 재한 일본인 여성의 생활을 위해서 물심양면의 적극적인 지원을 계속하고 있는 그는 그야말로 지금의 한일 관계가 있기까지 심신을 다해 양국을 다가가게 만든 근대사의 산 증인이기도 합니다.

❑ 그의 수기 『부산항 이야기』 출판기념회에서 팔순을 맞은 최병대 고문

## (2) 부산 부용회의 지원 교류

현재 한국에는 재한 일본인 부인들의 상호 친선과 부조·협력을 목적으로 하는 '부용회(芙蓉會)'라는 단체가 서울과 부산에 본부를 두고 있으며, 각 지방에 그 지부가 있습니다. 회원의 평균 연령은 80세가 넘었으며 한국 전역에 약 2,000여 명을 헤아리던 회원들도 지금은 그 숫자가 줄어들어 500여 명 정도가 됩니다. 그녀들의 얼마 남지 않은 노후에 조금이나마 보탬이 되고자 하는 사람들이 서울이나 부산 지역에서 지원 활동을 벌이고 있습니다. 서울에서는 관광업을 하는 안양로(安洋老)와 같이 정기적으로 기부금을 내어 일본으로 고향 방문을 떠나는 부인들을 계속적으로 지원하는 사람도 있습니다. 남부지방에서는 최병대가 1996년에 개인적인 교재술을 발휘하여 부용회 회원 14명의 고향 방문을 실현시켰습니다. 그런데 부용회 창립 30주년 때의 기념 노래는 실로 그녀들이 살아온 발자취를 그대로 보여 주고 있다고 할 수 있겠습니다. 그녀들의 인생을 노래한 '망향 천리'를 다음에 소개해 보겠습니다.

망향천리(재한 일본인 부인·부용회 창립 30주년 기념노래)

(1) 해협을 날아다니는 바닷새여
     날개를 빌려주렴 나에게도
     망향 천리의 피눈물
     얼마나 얼마나 흘리며 또 참아왔던가
     (아아 - 떠나온 지 몇 해나 흘렀을까)
     세월이 흐른들 그리운 고향이여 정겨운 고향이여

(2) 전쟁의 소용돌이에 할퀴고
     뒤엉켜져 끊어진 인연의 끈
     그래도 살아있는게 다행이라고
     바람에 바람에게 미소를 지어보네 붉은 부용화
     (어머니 단 한번만이라도 당신의 따뜻한 무릎에 엎드려 울고 싶었어요
     응석부려보고 싶었어요) (후략)


한편, 1991년 10월에는 최병대 특유의 넓은 인맥과 지속적인 끈기로 부산시를 설득하여 일본 패전 후 일본인들이 철수할 때 놓고 간 유골이나 위패를 모아 안치한 '일본인 위령비'와 묘지를 재건하게 되었습니다. 현재 그 위령비가 세워져 있는 바로 아래의 납패당에는 1,528위패가 안치되어 있으며 부산의 부용회가 청소와 관리를 맡고 있습니다.

부산을 포함한 남부지방에 살고 있는 일본인들의 버팀목이 되고 있는 최병대는 2005년 8월에 조선 통신사 문화 사업회가 개최한 '부관 항로 개통 100주년 기념'에 80~90세의 부용회 회원 7명과 함께 후원자로서 시모노세키(下關)를 방문하고 한·일 교류의 우호를 다져 나가는 데에도 힘을 기울였습니다. 이와 같은 업적이 높이 평가되어 일본에서는 2003년에, 한국에서는 2005년에 감사장과 표창을 수여받았습니다. 이제 그 자신도 젊지만은 않기에 경주 나자레원이나 부용회 회원들과 노후를 함께하는 삶을 살아가고 있다고 해도 과언이 아닙니다.

성장과정에서 남다르게 일본과 깊은 관계를 맺고 있던 최병대의 생애는 그야말로 한·일 교류의 가교로서 양국의 우호 증진을 위해 헌신을 다한 생애였다고 말할 수 있겠습니다. 지난 2009년 7월 27일 도쿄에서 열린 수기 『부산항 이야기』(기타데 아키라 저, 일본 사회평론사) 출판 기념일에서 흘린 그의 뜨거운 눈물은, 무사히 팔순을 맞이하며 몇백 명의 한일 친구들이 축하해 준 감격의 눈

물이기도 했지만, 오랫동안 반일 혐한의 구조에서 고독하게 싸워 온 응어리가 녹아내리는 벅찬 감동의 눈물이기도 했습니다. 자신의 영달보다 한일 관계에 몸 바친 최병대의 열정은 지금도 한일 문화 교류 행사 기획과 참가에 식을 줄 모릅니다.

□ 한일 신문사의 공동 기획에 의해 보도된 최병대의 활약기사

**생각해 봅시다**

정부를 통한 정치적·외교적 교류도 영향력이 크지만, 과거 불행한 역사를 뛰어 넘어 아시아 평화 공동체를 지향할 때, 민간인 풀뿌리 교류, 문화적 교류의 만남 이 얼마나 중요한지에 대해 다시 한 번 생각해 봅시다.

【참고 문헌】

최병대, 「최병대 회상록 부산 일본 총령사관에서」, 최병대 씨로부터 제공받음.
일·한 국민 교류년 기념 한국 부용회·경주 나자레원 지원 공연 팸플릿, 「마음을
    노래하는 회」.
이시카와 나츠코(石川奈津子), 『해협을 건넌 부인들』, 동시대사, 2001년.
최병대 씨와 필자와의 인터뷰 내용, 2005년 8월 18일.
≪아사히(朝日)신문≫, 2005년 6월 22일.
≪아사히(朝日)신문≫, 2005년 12월 29일.
≪요미우리(讀賣)신문≫, 2005년 8월 21일. 야마구치(山口)판.
「시리즈 일본과 한국에서 살아간 최병대라는 남자」, 『니시니혼(西日本)신문』, 2006
    년 6월 28일~7월 11일.
http://www.pusannews.co.kr/news2000/asp/news.asp?gbn=v&code=2100&key=20051207.
    22028211133
http://www.fesco.or.jp/winner_h16_321.html
http://www5e.biglobe.ne.jp/~HaruGoGo/54708034/

(담당: 이수경)

## 시인 손호연의 평화를 위한 기도

### (1) 한 · 일을 이어 주는 전쟁 없는 세상을 위한 기원

2005년 3월 역사 교과서 문제와 독도(일본에서는 다케시마로 부름) 문제 때문에 국교 정상화 40주년을 기념하여 열린 일본의 '일 · 한 우정의 해'도 시종 가라앉은 분위기였으며, 한 · 일 관계는 그야말로 험악하고 냉랭한 분위기가 되었습니다. 그리고 같은 해 6월 21일, 서울에서 한 · 일 정상회담이 열렸지만 실질적인 회담의 진전은 없었습니다. 하지만 하네다(羽田)와 김포 간의 비행기를 기존의 4편에서 8편으로 증편한다는 약속과 함께, 한국에서 '단카'(短歌: 5 · 7 · 5 · 7 · 7의 5구 31음으로 읊는 일본의 짧은 정형시)를 애호하여 즐겨 읊은 인물이 소개되어 주목을 받았습니다. 한 · 일 정상회담 후 이루어진 기자회견에서, 당시 고이즈미 준이치로(小泉純一郎) 수상은 한 · 일 양국의 우호 증진을 기원하는 단카 한 수를 소개했습니다. 그 시의 내용은 다음과 같습니다.

"切実な 望みが一つ吾れにあり 諍いのなき 国と国なれ"
(절실한 바람이 하나 내게 있으니 싸움이 없는 나라와 나라 되기를)

당시 인기를 얻고 있던 한류문화조차도 부정적인 비판론이 드리우는 가운데, 일본과의 역사 문제에 이견의 목소리를 높이는 한국과의 외교적 마찰을 어떻게든 조율해 보려는 고이즈미(小泉) 수상이 한 · 일 양국의 분쟁 없는 미래를 제안하는 메시지로서 이 '단카'를 소개한 것입니다. 이 시를 읊은 이는 매년 1월에 일본 황궁에서 열리는 우타카이 하지메(歌會始: 1998년 1월 14일에 개최된 신년 궁중 단카 낭송회)에서 한국인으로서는 처음으로 배청자로 초대된 손호연(孫戶妍)이었습니다. 천성적으로 풍부한 감성을 지니며 단카에 특별한 애정을 기울인 그녀는 1955년 이래 작품집으로 『歌集 무궁화』(講談社) 제5집까지 발간하였습니다.

또, 일본의 저명한 단카 시인들만이 수록되는 작품집으로 유명한『쇼와(昭和) 만요슈(万葉集)』에도 5수가 수록될 정도로 그 작품성은 '단카'세계에서 높이 평가받고 있습니다.

그렇다면 왜 한국인이면서 단카를 애호하고 일본 왕실의 연례 의식에까지 참석하게 되었을까요? 일제 강점기에서 해방된 이래 일본에 대한 역사 청산과 자성을 촉구하는 한국 땅에서 살아온 그녀가 '단카'를 읊게 된 연유는 무엇이었을까요? 그것은 민족이나 역사적 관점으로서가 아니라, 민족을 뛰어넘어 인간관계와 뼈아픈 전쟁시대를 견디며 살아온 사람이 갖는 공통된 인식으로, 평화에 대한 강한 열망이 그녀 안에 있었기 때문입니다. 그리고 31자의 짧은 어구 속에 삼라만상을 표현하며 살아 있는 것의 소중함을 노래하고자 한 평화에의 간절한 마음을 표출한 것이라고 할 수 있습니다.


## (2) 손호연과 '단카'

손호연은 1923년 10월 15일, 와세다(早稲田) 대학의 법과에 유학 중이던 아버지 손홍구(孫洪九)와 어머니 장복순(張福順)의 장녀로서 도쿄의 와세다 대학교 근처에서 태어났습니다. '호연(戸妍)'이란 이름은 도쿄의 중심을 흐르는 에도가와(江戸川) 강과 관련하여 붙인 이름입니다. 당시 혹독한 식민지 시대였던 상황을 생각했을 때, 경제적으로나 사회적으로나 여유가 있었던 가계였다고 추측할 수 있습니다.

태어난 지 얼마 되지 않아 양친과 함께 귀국한 손호연은 중일 전쟁의 이듬해인 1938년에 진명고등여학교에 진학합니다. 재학 중에 제2차 세계대전이 발발하자 일본은 총력전에 돌입하고, 조선어 금지, 조선의 민간지 폐간, 창씨개명, 군대 징용과 학도병 출진을 강요합니다. 그러나 같은 조선 안에서도 소위 '가진 자'의 부류에 속해 있던 손호연은 17세 때 이방자 여사의 장학금을 받아서 일본의 제국여자 전문학교(현재 사가미(相模)여자 대학의 전신)에 유학합니다. 그리고 고우키료(鴻嬉寮: 조선 왕가가 적극적으로 지원한 조선의 여자 유학생 기숙사)에서 맨 처음 스승이 될 마스토미 테루코(升富照子)와의 운명적인 만남을 갖습니다.

마스토미 테루코는 후쿠오카에이와(福岡英和) 여학원의 영어학과를 졸업하였으며, 그녀의 남편은 바로 전라북도 김제에서 마스토미 농장을 경영하면서 한편으로는 사립 오산(吳山)학교(현재의 고창 중고등학교)의 설립에 힘을 기울인 마스토미 안자에몬(升富安左衛門)이었습니다.

그런 한국과의 깊은 인연 때문에 손호연과의 만남은 전쟁 후에도 계속되었고, 손호연의 단카 스승의 한 사람인 마스토미 테루코를 한 · 일 정상화를 반대하는 반일 데모가 계속되는 1964년에 한국으로 초대합니다. 1944년 일본의 총력전이 시작되면서 한국의 농장에서 철수했던 까닭에, 남편의 마스토미 안자에몬의 생전에는 물론 그가 세상을 떠난 후에도 마스토미 농장은 그녀가 가슴 한쪽에 계속 품고 있던 추억의 장소였습니다. 당시로서는 위험을 무릅쓰고 대담하게도 서울을 출발하여 고창까지 안내하는 등 그녀는 인간관계에 있어서도 인연의 끈을 중시하는 사람이었습니다.

### (3) 만남과 '단카'의 생애

손호연에게는 생애 '단카'의 스승이 세 사람 있었습니다. 맨 처음 스승은 마스토미 테루코였습니다. 그녀는 '단카'의 매력과 함께 인간적인 따뜻함으로 대해 주었던 유학시대의 귀중한 만남이기도 했습니다. 그리고 1943년 12월 24일 마스토미 테루코의 '단카'의 스승이면서 제국예술원 회원이기도 한 사사키 노부츠나(佐佐木信綱)와의 만남으로 두 번째 스승을 얻게 됩니다. 당시 '단카'세계에서 최고봉이었던 사사키에게 사사를 받으면서 손호연은 본격적인 가도(歌道)의 길을 걷게 됩니다. 그리고 세 번째 스승이 나카니시 스스무(中西進: 현재 교토시립예술대 총장, 나라현립(奈良縣立) 만요(万葉)문화관 관장)입니다. 나카니시는 일본에 남아 있는 만요슈(万葉集) 중 많은 노래가 백제로부터 영향을 받은 것이며, 손호연에게 백제의 후예로서 열심히 단카를 짓도록 격려해 준 인물이기도 합니다. 이후 나카니시를 통해서 단카 세계에서의 인맥을 넓힐 수 있었습니다. 손호연이 세상을 떠난 후에도 나카니시를 포함한 많은 일본의 관계자들이 2005년 9월 13일의 '손호연 다큐멘터리 시사회'에 참석하여 그녀의 생애를 따뜻하게 지켜보았습니다.

1997년 6월 1일에는 일본 북쪽 지방의 아오모리켄(靑森縣) 롯카쇼무라(六ヶ所村)에 손호연의 시비가 세워졌으며 한국과 아오모리켄의 민간인 교류도 활발하게 이루어지고 있습니다.

손호연은 2003년에 80세의 생애를 마쳤지만, 정부는 그녀의 평화를 위한 노력과 문화적 공로를 치하하여 '화관 문화훈장'을 수여했습니다. 또한 일본에서도 외무대신으로부터 표창을 받아 한·일 양국에서 손호연의 문화 교류를 기렸습니다. 그녀가 60년을 통해 읊은 노래는 약 2,000수에 이릅니다. 심한 반일 운동에도 굴하지 않고 양국의 평화를 기원한 자신의 뜻을 '단카'에 함축시키며 미래를 향한 메시지로 승화시켰던 손호연의 자세는 일부 매스컴이나 정치가의 선정적인 구호에 마음을 빼앗기기 쉬운 우리들에게 시사하는 바가 큽니다.

한·일 친선이나 세계평화를 읊은 많은 노래와 수많은 사람들과의 만남은 국경과 시대를 초월하여 우리들 인간 사회의 미래를 밝게 비춰 줄 '등불'이 되어 줄 것입니다.

**생각해 봅시다**

손호연이 '단카'를 통해서 한국과 일본의 우호적 교류를 기원하고 실천한 이유는 무엇이었을까요? 사회가 혼란스러울 때 자신의 신념을 굳히지 않고 실현시키는 것, 결코 간단한 일은 아닙니다. 여러분이 가지고 있는 신념이나 이상은 무엇인지 생각해 봅시다.

□ 손호연(손호연 기념사업회 제공)

## 【참고 문헌】


『도쿄 신문』, 2005년 8월 12일.

『호쿠리쿠 츄니치 신문(北陸中日新聞)』, 2005년 8월 12일.

기타데 아키라(北出明), 『풍운의 가인』, 講談社 출판서비스 센터, 2001년.

「손호연 다큐멘터리 '싸움이 없는 나라와 나라 되기를' 시사회」, 2005년 9월 13일
　　(화) 오후 18:00～21:00, 일본 프레스 센터 빌딩 10층. 한일 친선협회 중앙회
　　주체로 개최. 손호연의 생애를 기리는 많은 일본인이 참석하였고, 필자도 초
　　대되어 동석).

아오모리켄(青森縣)홈페이지

http://www.rokkasho.jp/info/friend.htm

일본판 『조선일보』 사이트, 03년 11월 23일.

http://japanese.chosun.com/site/data/html - dir/2003/11/23/2003/123000040.html

손호연 기념 사업회 이승신(李承信) 이사장으로부터 자료 제공 등의 협력을 얻었다.
필자와 이승신 이사장과의 인터뷰 내용 포함.


(담당: 이수경)

역도산(力道山: 1924~1963)은 일본에서는 리키도우잔으로 불립니다. 일본 이름은 모모타 미츠히로(百田光浩)이고, 한국 이름은 김신락(金信洛)입니다. 지금의 북한 함남에서 태어나 일본의 스모계(相撲界), 프로 레슬링계에서 활약하면서 미국의 공습 및 원폭으로 인해 패망과 폐허를 맞이한 전후, 일본의 많은 사람들이 위축되어 있을 때, 몸 큰 서양인 레슬러와의 대전에서 승리하여 일본 사회의 지지와 갈채를 한 몸에 받은 영웅적 존재로 지금도 높은 평가를 받고 있습니다.

## (1) 역도산의 활약

일본은 1945년 미군에 의한 공습 공격과 원자폭탄 투하로 인해 미증유의 희생을 치르고 패전을 맞이하게 됩니다. 긴 전쟁에서는 해방되었지만 폐허에서의 복구와 GHQ(연합군 최고 사령관 총사령부)에 의한 극동 국제 군사 재판을 받는 등 주둔군의 통치를 받으면서 국민감정은 극도로 의기소침해지고 경제적으로나 정신적으로 힘들고 고달픈 생활을 해야만 했습니다. 사회적으로 혼란스러웠던 그때, 일본인으로서는 그다지 익숙하지 않은 레슬링의 선구자로 나타난 역도산은 체격이 무척이나 큰 서양 레슬러를 가라테(空手) 촙으로 차례차례 쓰러뜨려 위축되어 있던 국민에게 희망을 가져다주었을 뿐만 아니라 순식간에 일본인들의 마음을 사로잡는 선망의 대상이 되었습니다.

원래 역도산은 스모 선수(리키시, 力士)로서 활약을 하여 고생 끝에 세키와케(關脇)라는 높은 지위에까지 오릅니다. 그러나 1950년 9월 갑자기 스스로 상투머리를 자르고 스모계에서 은퇴한 후, 미국으로 건너가 1년여 동안 프로 레슬러로서의 수행에 몰두합니다. 그때의 대전 성적을 보면 260여 차례의 시합을 통해서 진 것은 겨우 5개 시합뿐이었습니다. 그리고 1954년에는 NWA 세계 태그 챔피언이었던 샤프 형제를 맞아 기무라 마사히코(木村政彦)와 팀을 짜서 결전을 벌여 사람들을 열광시켰습니다. 당시 일반 가정에는 텔레비전이 보급되기 전이었기 때문에 많은 사람들은 길거리나 전파사의 텔레비전 앞에서 역도산의 활약을 응원하고 지켜보았습니다. 텔레비전 중계로 일본에서는 프로레슬링 붐이 일어났고, 동경하는 사람도 급증하였습니다.

이듬해 1955년 10월에는 당시 세계 챔피언이었던 철인 루테스가 일본을 처음으로 방문하여 역도산과 대결을 벌이게 되었습니다. 결과적으로는 루테스의 승리로 끝났습니다만, 역도산이 불과 2년 만에 프로레슬링의 실력을 몸에 익힌 것은 크게 평가받을 만했습니다. 이후에도 역도산은 프로레슬러로서 계속해서 흥행과 성공을 거둡니다. 그때쯤 자이안트 바바 및 안토니오 이노키(猪木), 또 한국 최고의 프로레슬러인 박치기왕 김일(일본에서는 박치기 오오키 킨타로(大木金太郎)라는 이름으로 부름)이 도쿄(東京) 일본 프로레슬링의 문하생이 되었습니다. 시간이 흐르면서 점차 레슬러 세계에도 신인이 늘어나기 시작할 쯤, 1963년 12월 8일 역도산은 도쿄 아카사카(赤坂)의 나이트클럽에서 폭력단원과 말다툼을 벌이던 중에 그만 칼에 찔리는 사고를 당합니다. 곧바로 병원으로 옮겨져 수술을 받았기 때문에 5일 동안의 경과는 순조로웠지만, 12월 15일 아침에 갑자기 역도산의 용태가 급변하여 두 번째 수술을 받게 되었습니다. 그러나 아쉽게도 39세의 젊은 나이로 세상을 떠나고 맙니다. 사인 (死因)은 소장에 찔린 상처(刺傷)가 원인으로, 장폐색증이라고 알려졌지만, 지금도 정확한 사인은 밝혀지지 않고 있습니다.


## (2) 역도산의 출생

역도산은 지금의 북한 함경남도 홍원군의 용원(龍源)이라는 마을에서 태어났습니다. 위로 형이 2명, 누나가 3명인 6형제였으며 경제적으로 넉넉한 형편은 아니었습니다.

역도산이 태어났을 무렵 한반도는 1910년에 한ㆍ일 강제병합 조약이 체결되고 일본의 식민지 지배를 받고 있는 상태였습니다. 때문에 역도산은 한국인으로서의 호적과 일본인으로서의 호적을 둘 다 가지고 있습니다.

"본적 조선 함경남도 빈경도(浜京都) 용원면 신풍리 김신락"

"본적 나가사키켄(長崎県) 오무라시(大村市) 모모타 미츠히로(百田光浩)"

역도산의 한국에서의 본적은 현재 북한에도 남아 있습니다. 그러나 일본의 침략 전쟁이 극에 달하면서 한국인을 일본화하려는 강제정책도 심해져 갔습니다. 1939년에는 창씨개명(일본이 식민지 지배를 위해서 황민화 정책의 일환으로서 한국인 고유의 성을 빼앗고 일본식 이름으로 바꾸는 법이 1939년 11월에 공포되어 1940년 2월부터 시행됨)이 강요되고 역도산도 '카네무라 미츠히로(金村光浩)'로 개명하였습니다.

어릴 때부터 보통 아이들과 다르게 강인한 체격을 가진 역도산은 1938년 5월에 스모대회에 출전하여 3위에 입상합니다. 그리고 그의 활약이 일본의 스모 관계자인 모모타 미노기치(百田已之吉)의 눈에 들어 역도산은 일본으로 건너가게 되고, 나중에 그의 양자가 되어 모모타 미츠히로(百田光浩)라는 이름을 갖게 됩니다. 그러나 그 당시 역도산이 한국 출신이라는 것을 아는 일본인은 거의 없었습니다. 역도산은 자신이 일본인이 아니라는 것에 스스로 차별감을 느껴서 주위에는 그 사실을 알리지 않았습니다.

## (3) 역도산과 한국 · 북한과의 관계

한국과 북한은 1950년의 한국전쟁 이래 같은 민족이면서도 남과 북으로 분단되어, 사람들이 자유롭게 왕래할 수 없는 대치상태가 계속되고 있습니다. 그러나 당시 역도산의 활약은 일본은 물론, 한국과 북한에서도 영웅으로 칭송받고 있었습니다.

1963년 1월 역도산은 당시 박일경(朴一慶) 문교부장관의 초청으로 한국을 방문하여 사람들로부터 큰 환대를 받았습니다. 북한 출신이었던 역도산은 한국에서도 같은 민족 출신의 영웅으로 존경받고 있었던 것입니다. 한국과 일본이 1965년의 국교 정상화 조약 체결을 위해서 서로의 의견을 조율하고 있었던 때였습니다. 이때 역도산은 한 · 일 간의 우호관계를 개선하는 데 일조를 하였습니다. 그리고 1965년 6월에는 한 · 일 기본조약이 조인되고 양국의 국교가 회복되었습니다.

북한에서도 역도산은 영웅이었습니다. 북한의 당시 김일성 주석도 역도산의 열렬한 팬이었다고 전해지고 있습니다. 역도산이 같은 민족 출신이라는 이유와 함께, 일본인과 마찬가지로 적대시하던 미국사람을 차례차례로 쓰러뜨리는 모습을 통해서 통쾌감을 느꼈기 때문이라 할 수 있습니다. 그 환희와 대대적인 환영에 감격한 역도산은 후에 김일성의 생일에 고급 자동차를 선물했다는 일화도 있습니다. 또 '재일 한국/조선인'의 생활 상담 등에도 진솔하게 대응하는 등 역도산은 일본과 한국, 그리고 북한의 관계 개선을 위해서도 노력을 아끼지 않았습니다.

역도산이 세상을 떠난 후 그의 생전 뜻을 계승한 안토니오 이노키는 1995년에 북한을 방문하여 프로레슬링의 흥행을 성공적으로 이끌었고 그 이후에도 상황과 관계없이 스포츠 교류를 지속시키고 있습니다. 그들의 행동은 바로 역도산이 염원한 지속적 교류를 통한 다가서기를 실천한 것이고, 고향인 북한과 자라서 성장한 일본 양쪽에 애착을 가지고 있던 역도산이 일본·한국·북한의 우호 관계를 스포츠 교류로 이어 가려고 했음을 이해하기 때문입니다.

 **생각해 봅시다**

시대나 사회 상황은 다르지만 스포츠 문화 교류 등을 통해서 국경이나 민족을 초월한 사람과 사람의 만남의 기회를 만들고, 서로 이해하기 위한 기반을 만들기 위해 노력한 사람들이 많다는 것을 잊어서는 안 됩니다.

우리 주변에 어떤 사람들이 그런 실천하는 문화 가교 역할을 하고 있는지 한번 생각해 봅시다.

□ 다양한 역도산 관련 서적

## 【참고 문헌】


다나카 게이코(田中敬子), 『남편 역도산의 통곡』, 후타바사(双葉社), 2003년.
박일, 『<재일 한국인>이라는 삶』, 고우단사(講談社), 1999년.
무라마츠 토모미(村松友視), 『역도산이 있었다』, 아사히(朝日)신문사, 2000년.
모모타 미츠오(百田光雄), 『아버지 역도산』, 쇼우각칸(小學館), 2003년.
이순일(李淳馹), 『또 한사람의 역도산』, 쇼우각칸(小學館), 1996년.
이호인(李鎬仁), 『역도산의 전설』, 최순성 역, 조선 청년사, 1996년.
오카무라 마사후미(岡村正史) 편, 『역도산과 일본인』, 세이큐사(靑弓社), 2002년.
영화 '역도산' CJ엔터테이먼트 제공, sidus작, 2005년.
『세계대백과 사전』16 , 헤이본사(平凡社), 2005년.
몬마 타다오(門馬忠雄), 『일본 종단 프로레슬러 열전』, 엔터브레인, 2002년.


(담당: 고이케 미하루(小池美晴))

## 사츠마(薩摩) 도자기(燒)의 종가 심수관과 한·일 문화 교류

> 심수관(沈壽官)은 사츠마(薩摩) 도자기를 대표하는 도예가의 종가에서 대대로 전해 내려오는 이름입니다. 심수관의 가문은 조선 직계로 사츠마 도자기의 전통을 400년 이상이나 지켜 오면서 도예를 통한 한·일 문화 교류 및 친선에 공헌하고 있습니다.

### (1) '사츠마 도자기'를 꽃피우기까지

사츠마(薩摩) 땅의 번주(영주 격)였던 시마즈 요시히로(島津義弘)는 정유재란 때 약 80명의 조선 도공들을 일본으로 데리고 갔는데, 그중 약 40명 정도가 가고시마(鹿兒島)의 구시키노시(串木野市)에 도착하였습니다. 이것이 심씨 일족의 일본에서의 기나긴 역사의 시작입니다.

처음에는 신변 보호를 약속했던 시마즈 요시히로였으나 세키가하라(關ヶ原) 전투에서 패할 때까지 가고시마에는 돌아오지 않았기 때문에, 끌려 온 도공들은 아무런 보호도 받지 못하고 고통스러운 상황에 처했습니다. 그들은 익숙하지 않은 이국땅에서 의식주를 해결하는 데 힘겨운 날들을 보냈으며, 주민들로부터의 냉대와 박해로부터 도망치기 위해서 산과 들을 전전해야만 했습니다. 그러다가 수년 후 고향의 지형과 닮은 나에시로가와(苗代川)에 가마를 세우고 정착하기 시작하였습니다. 그로부터 18년 후 심수관의 초대 선조인 심당길은 사츠마 번주의 명을 받아서 박평의(朴平意)와 함께 영내에서 백토를 발견하고 오늘날의 사츠마 도자기의 기초를 다지게 됩니다. 이때 시마즈 집안은 조선의 도공들을 높이 평가하여, 모든 면에서 무사와 동등하게 대우하였습니다. 또한 그들이 만들어 낸 도자기들을 사츠마의 국명을 붙여 '사츠마 도자기'라고 명명하게 되었습니다. 그리하여 사츠마 도자기는 조선 도예의 높은 기술과 일본의 흙이 함께 어우러져 태어나게 되었습니다.

메이지 유신(明治維新)으로 사츠마 도자기는 번주의 보호를 잃게 되고 일시적으로 곤경에 처하게 되지만, 1873년 오스트리아의 빈 박람회에 12대 심수관이 대화병(大花瓶)을 출품하면서 그 이름은 널리 구미제국에까지 알려지게 됩니다. 지금은 사츠마웨어라는 용어로 일본 도자기의 대명사가 되어 있습니다. 그런데 그 직후인 1875년에는 번이 운영하는 도자기점이 폐쇄되면서 사츠마 도자기는 한층 더 큰 위기에 봉착합니다. 그래서 12대 심수관은 사재를 털어 공장 재건에 힘을 기울여 조상들이 나에시로가와에 가마를 둔 이래 200수십 년간 소중히 간직해 온 사츠마 도자기의 전통과 기술을 지켜 왔습니다. 조선의 백자와는 다른 새로운 독자적인 백자로서 다시 태어난 것입니다. 원래 사츠마 도자기는 오랫동안 번주가 소장했던 시로사츠마(白薩摩)가 널리 알려져 있었지만 야나기 무네요시(柳宗悅) 등이 제창한 민예운동의 영향으로 서민에게 애용되던 구로사츠마(黑薩摩) 특유의 소박한 아름다움이 새롭게 주목을 받으면서 전국적으로 유명해졌습니다.

1901년에는 그 공적이 인정되어 일본 정부로부터 료쿠쥬(綠綬)훈장을, 1999년에는 한국 정부로부터 은관 문화훈장을 수여받았습니다.


## (2) 전후, 조국 한국과의 교류

한국은 오래전부터 고려청자나 이조백자 등 뛰어난 도자기 문화가 발달한 나라입니다. 그러나 헤아릴 수 없을 정도의 수많은 전란과 1950년의 한국전쟁을 치르면서 그 맥은 거의 끊어지다시피 했습니다. 1966년에 심수관 종가로서 처음으로 한국 땅을 밟은 제14대 심수관은 이와 같은 사정에 무척 가슴 아파했습니다.

14대 심수관이 처음으로 한국을 방문했을 때의 모습은 작가 시바 료타로가 쓴 『고향을 어이 잊으리까』에서 소개되고 있습니다. 서울대학 학생들 앞에서 강연을 했을 때의 일입니다. "나는 한국 학생 제군들에게 바람이 있다. 한국에 와서 여러 젊은이들을 만났는데 누구나가 한결같이 입을 모아 36년간의 일본의 압정에 대해서 말을 했다. 이는 너무나 당연하고 사실이 그렇지만 이에 대해서 과도하게 말을 하는 것은 젊은 한국으로서 어떨까? 물론 말하는 것은 좋지만 도가 지나치게 되면 마음은 이미 뒷걸음질 치고 있는 것이다. 새로운 국가라면 앞으로 앞으로 나아가지 않으면 안 되는데 마음은 과연 어떠한가? 당신들이 36년을 말한다면 나는 3백 70년을 말하지 않으면 안 된다."라는 말을 전했다고 합니다. 이후 약 40년간 일본과 한국을 왕복하면서 한국의 도예가들과 힘을 합하여 한국도예의 전통을 부활시키기 위한 노력을 기울이고 있습니다.

2004년 12월 18일 가고시마켄 이부스키시(指宿市)에서의 한·일 정상회담을 마친 노무현 대통령은 히가시이치기(東市來)에 있는 가마를 처음 방문하여 심수관의 손을 잡으면서 "멀리서 한국의 핏줄을 이어받은 사람이 이처럼 훌륭한 일을 하고 있다는 것이 나라의 큰 자랑입니다."라고 감격에 차서 말했다고 합니다.

1999년 1월 15일 심수관의 이름은 이미 15대로 물려졌지만 15대 심수관 또한 한국을 '사츠마 도자기의 씨앗을 뿌린 아버지 나라' 그리고 일본은 '그 씨앗을 싹트게 해준 어머니 나라'라고 여기며 한·일 문화 교류의 가교가 되겠다는 생각을 계승하고 있습니다.

○ **과정표**

1598년(慶長 3) 사츠마한(薩摩藩)의 영주인 시마즈 요시히로(島津義弘)가 조선에서 귀환, 조선 도공들을 데리고 옴

1605년(慶長 10) 초대 심당길이 나에시로가와에 가마를 둠

1873년(明治 6) 12대 심수관이 빈 박람회에서 '비단 대화병(大花瓶)'을 출품하여 호평을 받음

1966년(昭和 41) 14대 심수관이 처음으로 한국을 방문함

1999년(平成 11) 오사코 가즈키(大迫一輝)가 15대 심수관의 이름을 계승함

❏ 제14대 심수관(심수관 옹 제공)

❏ 사츠마(盛金七玉地雪輪文) 대화병 한국
대전EXPO 출전 작품(심수관 옹 제공)

### 생각해 봅시다

15대 심수관은 전후세대로 부친과는 다르게 조선의 피가 흐른다는 이유 때문에 유년시대 주위의 일본인에게 이지메를 당한 괴로운 기억은 별로 없다고 합니다. 또 자신이 한국인인가, 일본인인가 하는 정체성의 갈등 때문에 고민한 적도 없다고 합니다. 왜냐하면 그는 '한국이라는 혼을 가지고 일본이라는 나라에서 살고 있다.'고 생각하기 때문이라 합니다. 여러분의 주위에는 심수관처럼 더블 문화와 국가에서 살고 있는 사람이 있습니까? 또 심수관의 의견에 대해서 어떻게 생각합니까? 서로 이야기해 봅시다.

## 【참고 문헌】

15대 심수관 옹과 이수경의 팩스 인터뷰내용.
'심수관 옹 공식 홈페이지' www16.ocn.ne.jp/～c－jukan/
「국가를 초월하여 기예를 이어가는 자랑」, ≪아사히(朝日)신문≫, 2005년 1월 1일.
「한국을 방문한『사츠마 도기』의 15대 심수관」, ≪조선일보≫, 2003년 6월 23일.
흙과 불꽃의 인연 ― 제14대 심수관「세계 내 마음의 여행」, NHK제작, 2002년 11월
    24일 방송.
시바 료타로(司馬遼太郎),『고향을 어이 잊으리까』, 분게이 슌쥬(文藝春秋), 1968년.

(담당: 김정애)

11



2009년에 정권을 잡은 일본의 하토야마 수상이 역설한 것은 바로 동북아시아 공동체의 우애였습니다. 그것은 바로 과거를 직시하고, 미래를 위해 서로 다가서기를 해야 한다는 의미와 연결됩니다. 그러한 동북아시아의 평화공동체에 대한 발상은 일찍이 근대사의 희생으로 일본에 살아온 재일 교포들의 염원이기도 합니다.

19세기부터 시작된 일본의 침략 전쟁에 휘말리어 식민지 한국에서 일본으로 건너온 재일 한국인은 1945년을 기점으로 240만 명을 육박했습니다. 일본이 전쟁에서 패한 후 40만 명이 귀국하지만, 이미 일본에 생활 기반이나 가족을 둔 일부 교포들은 그대로 남았습니다. 이들은 일본의 문화·사회에 중요한 구성원이 되었고, 오늘날 일본이 국제화 사회를 구축하는 데 중요한 역할을 맡아 왔습니다.

### (1) 분단 민족의 '재일 코리언' – 특별 영주자와 새로운 이주자

일본이 표방하던 동화 정책에 의해 일본인으로 살았던 그들은 1952년 샌프란시스코 강화조약이 체결되면서 국적의 선택권도 부여받지 못한 채 외국인 등록법 시행과 전쟁의 은급(恩給: 일본 정부가 군인이나 군속 또는 이들 유가족에게 지급하는 일시금 또는 연금)이나 유족연금 등의 지급도 받지 못하는 등 이민족으로서 당하는 소수민족의 고통스런 역사를 걷지 않으면 안 되었습니다. 그러다가 1965년 한국과의 국교 정상화로 한국 국적을 가진 사람들만이 영주권이 인정되었고, 1981년에는 출입국 관리 및 난민 인정법이 발효되면서 조선 국적의 사람들도 영주권이 인정되었습니다. 그리고 외국인에게만 실시되었던 지문날인 제도는 1992년에 폐지되었습니다. 그러나 이렇게 되기까지의 도정은 참으로 험난했습니다. 패전의 질곡에서 벗어나고자 경제 성장을 국가 최대의 슬로건으로 내건 일본인들에게, 소외와 일본의 사회적 배수구로 취급받으며 여러 방면에서 차별을 받아 왔습니다. 그리고 지금도 취직이나 승진, 결혼에서의 차별 등이 뿌리 깊게 남아 있습니다. 이런 그들에게 다시 한 번 큰 타격을 준 사건이 있었으니 1950년에 발발한 한국전쟁이었습니다. 전쟁으로 국토 전역은 초토화되고 1953년에는 휴전과 동시에 남북으로 분단되었습니다. 바로 어제까지만 해도 같은 동포사회였던 재일 교포 사회가 불행히도 한국과 북한이란 민족 분단이 강요되면서 마이너리티 사회는 보다 더 세분화되었습니다. 이렇게 해서 생겨난 '특별 영주자'인 재일 교포는 지금, 일제 강점기 때에 일본으로 건너간 1세는 격감했고, 대부분이 일본에서 태어난 재일 2세·3세·4세입니다. 지금은 과거에 비해 조금은 풍요로운 환경에서 살게 되었다고 할 수 있지만, 그들이 일본에서 생활 기반을 닦게 되기까지는 그야말로 가시밭길의 연속이었습니다. 특히 폐허가 된 한반도는 재기와 근대화를 위한 힘겨운 몸짓으로 재외 동포들에게까지 배려를 할 여유가 없던 상황이어서, '재일 코리언'들은 고독한 싸움을 계속하면서 정체성을 모색하며 여러 가지 사회문제와 싸워 왔습니다. 일본에 익숙하여 일본에서 살면서 일본 사회의 의견 제시자서로의 역할을 하고 있는 재일 코리언, 그들은 차별과 싸우며 동아시아의 가교 역할을 성실히 수행하고 있습니다. 그리고 각각의 조국의 정치상황에 휘둘리면서도 일본의 국제화에 중요한 일익을 담당하고 있습니다.

## (2) '재일 코리언'의 실상

최근 들어 재일 한국·조선인을 '재일 코리언'이라고 부르는 경우가 늘고 있습니다. 그러나 한마디로 '재일 코리언'이라 하더라도 모두가 전쟁 전이나 전쟁 중에 한반도에서 일본으로 건너간 사람들과 그 자손들을 일컫지는 않습니다. 지금은 그 개념을 두 가지로 생각해 볼 수 있습니다.

하나는 전쟁 전에 노동자로서 또는 일본의 '동화 정책', '一視同仁'(일시동인: 모든 사람들 차별 없이 평등하게 사랑한다는 슬로건) 등을 믿고 돈벌이를 위해 일본으로 건너와 전쟁이 끝난 후에도 계속해서 일본에서 생활 기반을 다지며 살아온 사람들과 그 자손, 즉 특별 영주자가 기존의 '재일 동포'입니다. 또 하나는 전쟁 후 많은 국가들로부터 일본 사회를 선택하여 일본으로 건너온 '뉴 커머(전후 새롭게 온 사람)'라 불리는 부류입니다. '뉴 커머'는 기존의 재일 1세와 달리 전후세대이며, 정치·경제적으로 비교적 혜택받은 환경에서 자라고 스스로가 선택해서 일본에서 살고 있는 이들입니다. 때문에 사회 곳곳에서 여러 형태의 차별과 맞서 싸워 나가는 기존의 재일 동포들과는 약간 다른 성질을 갖습니다. 재일 교포 1세의 대다수는 일본인들의 노골적인 차별행위 속에서도 일본의 민주주의를 믿고 국제화 정책을 표방하는 일본 안에서 보다 나은 사회화와 생활 향상을 기대하면서, 일본에서 태어나고 성장한 재일 동포라는 숙명을 일본 사회와 함께 지고 살아가려고 애쓰고 있습니다. 그에 비해서 최근에 일본에 온 '뉴 커머'는 국적에 얽매이기보다도 오히려 개인의 삶을 중시하며 자신이 살아가는 데 편하고 좋은 장소라면 반드시 한국이 아니어도 괜찮다는 국경을 초월하는 경향을 보입니다. 때문에 '뉴 커머'는 과거의 재일 동포들이 걸어온 길을 체험하지 않았기 때문에, 일본에서의 생활에도 저항이 적은 편이라 할 수 있습니다. 이들 중 영주권을 소유한 '뉴 커머'와 기존의 특별 영주자로 인정된 재일 동포를 포함하여 현재 일본에는 50만 명의 재일 코리언이 생활하고 있습니다. 그러나 최근 들어 매년 1만 명 전후가 일본에 귀화하고 있으며 일본인으로서 살아가는 길을 선택하고 있습니다. 그러한 가장 큰 이유는 취직차별과 결혼입니다. 취직이 되어도 재일 코리언으로 살아가는 한 아무리 노력해도 관리직으로는 승진이 되지 않거나, 일본인과 같은 대우는 받지 못하는 것이 일반적인 경향입니다. 납세의무는 일본인과 똑같지만 선거권과 다양한 복지 혜택이 없으며 사회적 폐해가 많기 때문에 스포츠 선수나 다치하라 마사아키(立原 正秋) 등의 문학가 등과 같은 적지 않은 재일 코리언들이 일본인으로의 길을 선택합니다. 기존의 재일 동포 1세보다도 여유로운 환경에서 자라난 최근의 젊은 세대들은 자연스런 삶의 영위와 그들이 체험해 온 다양한 문화를 재일 코리언의 재산으로서 소중히 지키고 키워 나가고자 하는 사람들도 나오고 있습니다.

## (3) 재일 코리언의 문화에서 세계의 문화로

한국과 일본 사이에서 살아가는 재일 코리언은 독자적인 문화를 창출하며 살아가고 있으며, 지금은 일본뿐만 아니라 한국에도 그 문화적 영향을 끼치고 있습니다. 예를 들면 일본의 일부 매스컴에서는 자랑스러운 일본의 문화인을 선전 문구로 내거는 경우가 곧잘 있습니다. 실제로 국민 가수로 불리는 사람들이나 배우·연예인·문화인들 중 많은 수가 재일 동포의 피를 이어받고 있음에도 불구하고 그런 사실은 잘 알려져 있지 않으며 일본인화하여 살아가는 모습만이 강조되는 경향이 있습니다. 그러나 이미 세계는 단일 국가주의적 편협성을 고집하며 자국의 문화만을 주장하는 것이 통용되지 않는 시대입니다. 실제로 재일교포 1세가 전쟁의 폐허 속에서 1946년 오사카(大阪)의 센니치마에(千日前)에서 꽃피운 야키니쿠(불고기) 문화는 지금은 일본을 대표하는 음식문화의 하나로 자리 잡았습니다.

원래 한국에서는 조리된 불고기를 식탁에 올리지만, 관서(關西)지방을 중심으로 14개 점포를 운영하고 있는 '식도락'의 창업자 임광식(林光植: 일본 이름은 에자키 미츠오)은 숯불 화로를 테이블에 두고 손님이 직접 고기를 구워서 먹는 스타일을 생각해 냈습니다. 또 평양 출신인 그는 평양의 명물인 냉면에도 애착을 느꼈기에 고향음식인 냉면을 야키니쿠와 함께 간판에 내걸었습니다. 이와 같은 발상이 지금은 1조 3000억 엔의 시장 규모를 자랑하는 야키니쿠 문화의 토대가 되었습니다. 특히 고기뿐만 아니라 전후의 가난한 생활 속에서 버려지는 내장부위를 상품화한 탕시오(소 혓바닥 구이)나 호르몬(내장) 구이도 같이 보급하였습니다. 그리고 비빔밥이나 냉면, 나물, 여러 종류의 샐러드 등 다양한 메뉴를 선보여 트렌드에 민감한 야키니쿠 식당이 각지에 늘어나고 있습니다. 도쿄의 마루빌딩이나 롯폰기 힐즈, 카렛타 시오도메 등과 같이 도심의 상업시설에 지점을 내고 있는 '도라지'나 젊은이들을 대상으로 저렴한 가격을 설정하여 각지에서 지점을 늘리고 있는 '규카쿠(牛角)', '규마루(牛丸)' 등의 강세는 시대의 변화와 함께 경쟁이 치열해지고 있습니다. 그리고 지금은 김치나 나물, 비빔밥 등은 일반 슈퍼마켓에서도 한 코너를 장식하며 일본 사회의 당연한 음식문화로 정착되고 있습니다.

한편, 음식문화뿐이 아니라 역도산처럼 성장 후 일본으로 건너와서 사회적으로 큰 영향을 끼친 경우도 있습니다. 70세의 야스다 요시노리(安田義憲)는 ≪아사히(朝日)신문≫의 컬럼 「목소리」에서 역도산을 추모하며 다음과 같이 역설하고 있습니다.

"(전략) 나에게 있어서 그는 '일본인의 영웅'이었습니다. 그가 조선인이라는 것을 소문으로 전해 들은 이후에도 나에게 있어서 그는 변함없이 '일본을 대표하는 영웅'이었습니다. 텔

역도산이나 야구의 장훈선수, 비디오 아티스트인 백남준, 최근의 추성훈 선수 등, 그 이름을 일일이 나열하지 않아도 많은 재일 코리언들이 문화와 경제 활동에 있어서 전후의 일본을 떠받쳐 온 버팀목이었다는 것은 부정할 수 없는 사실입니다. 이들은 앞으로도 틀림없이 일본 사회의 구성원으로서 일본을 통해 한반도는 물론 세계를 위해 활약할 것입니다.

다양한 문화를 끊임없이 전파하고 있는 '재일 코리언'은 일본 정부가 주창하는 '국제화 사회', '동북아시아 공동체'를 담당하는 소중한 시민사회층입니다. '한류'문화로 가까워진 현대의 한국이나 '납치 문제'부터 떠올리는 북한의 대극적인 부분만을 봐서는 안 됩니다.

일본 안에서 풍요로운 문화를 창조하고 키우며 향유해 온 그들이 일본에서 보다 편안하게 안주할 수 있도록, 재일 외국인에 대한 불평등을 없애고 차별의 벽을 철폐해야만 일본은 세계화 사회의 든든한 파트너를 얻을 수 있게 됩니다. 다시 말하면 재일 외국인이나 이웃 국가들과의 공생을 통해서 일본 사회가 껴안고 있는 문제 해결을 함께 모색하며, 앞으로의 동북아 공동체를 구축하는 데 진정으로 노력하는 것, 그것은 일본이 과거 아시아를 불행하게 만든 역사적 기억을 초월할 수 있도록 끌어 줄 뿐 아니라, 동북아시아의 화합을 위하고 자국의 평화사회를 이끄는 지혜이며, 패전 후 인권·문화·환경의 대국으로서 주도권을 발휘해 온 일본의 희망적인 미래를 가능하게 하는 길입니다.

　일본이 추구하는 국제화 사회, 그것은 진정으로 다문화 사회에 의한 문화적·경제적 발전을 이루는 것이라 할 수 있습니다. 전후 일본에 있어서 '재일 코리언'이 이루어 낸 문화적·경제적 공헌은 이루 말할 수 없습니다. 이런 의미에서 재일 코리언이야말로 일본이 국제화를 가능하게 만든 공로자라고 해도 과언은 아닐 것입니다.

　여러분은 '순 한국적', '순 일본적'이라는 말에 어떤 것을 생각하세요? 우리는 그것만으로 풍요로운 현대 사회를 향유할 수 있을까요?

　다양한 문화와 민족이 간단히 국경을 넘는 지구촌 사회로 급변하는 현재, '순 한국적', '순 일본적'인 것만이 한일 양국 사회, 나아가서는 아시아의 평화 사회를 유지시키게 할 수 있는지 어떤지, 한번 생각해 봅시다.

## 【참고 문헌】


이수경, 「전후사로서의 조선」, 『사회문학』, 사회문학회 제23호, 2006년.

야스다 요시노리(安田義憲), 「히로 출현 일본인에게 자신감을」, ≪아사히(朝日)신문≫, 2005년 6월 22일.

이와부치 코이치(岩渕功一), 「이웃국가에게 눈을 이웃들에게도」, ≪아사히(朝日)신문≫, 2006년 1월 16일.

박경식·윤건차, 「재일 조선인」, 『조선을 아는 사전』, 헤이본샤(平凡社), 1986년.

후지와라 아키라(藤原彰)·안자이 이쿠로(安齋育郎), 『전쟁에서 평화로』, 가모가와 출판, 1994년.

요코타 다카시(橫田孝), 「야키니쿠를 발명한 일본 안의 서울」, 『News week』, 2003년 11월 26일호.

데보라 호지슨, 「뉴커머들이 일본을 바꾼다」, 『News week』, 2003년 11월 26일호.

「특집 '재일'」, 『DAYS JAPAN』 No.8, 2004년 11월호.


(담당: 이수경)

## 12

한국에서 다니던 학교를 휴학하고 일본과의 무역관계를 포함한 다양한 문화를 배우기 위해 도쿄에서 유학 중이었던 이수현(李秀賢: 1974.7.13~2001.1.26)은 술에 취해 전철 선로에 떨어진 사람을 구하기 위해 카메라맨인 세키네 시로(關根史郎: 당시 47세)와 함께 선로로 뛰어들었습니다. 그러나 진입하는 전철의 속도를 이기지 못하고 세키네와 함께 자기희생의 위대함을 세상에 남긴 채, 돌아오지 못할 사람이 되었습니다. 그의 장례식장에는 당시 모리 요시로(森喜朗) 수상과 재일 한국대사 등 일본과 한국의 정부관계자들을 비롯한 많은 사람들이 출석하여 곤경에 빠진 사람을 구하려 했던 정의감과 용기를 칭송하며, 무념한 죽음에 애도의 뜻을 표했습니다. 그들의 행동은 자기중심적이고 타인에게 무관심한 현대 사회에 '국경을 초월하여 사람의 생명을 구하는 인도적 정신'의 소중함을 가르쳐 준 하나의 규범으로서 일본과 한국의 매스컴에 크게 보도되었습니다.

## (1) 성장에서 일본 유학까지

1974년 7월 13일에 한국의 자동차·조선 산업으로 유명한 경상남도 울산에서 아버지 이성대(李盛大)와 어머니 신윤찬(辛潤贊)의 장남으로 태어난 이수현은 그 후 항구도시 부산으로 이사합니다. 1987년 2월에 부산 낙민초등학교를 졸업하고 1990년 2월에는 부산의 온천지역으로 유명한 동래의 동래중학교, 1993년 2월에는 내성 고등학교를 졸업합니다. 1993년 3월 고려대학 무역학과에 입학 후, 얼마 지나서 휴학을 하고 병역 근무를 합니다. 1996년에는 육군을 제대하고 복학하지만 전공과목의 '지역 연구'를 수강하면서 일본의 경제나 문화, 사회 등에 흥미를 느끼게 되고 일본에 대해 보다 깊이 연구할 기회를 갖게 됩니다. 한국에서의 주요 무역대상은 영어권이거나 중국이지만 일본에 대한 세미나 발표를 거듭하면서 제2외국어로 일본어를 선택하여 1년 6개월을 공부하면서 언젠가는 일본과의 무역관계에 관련된 일을 하려고 마음먹습니다. 그리고 아시아 무역관계에서 중요한 파트너인 일본에 대해서 문화와 사회를 직접 체험하고 싶다고 생각하여 일본 어학연수를 결심합니다. 4학년 재학 중인 1999년 7월에 다시 휴학하고, 2000년 1월에 도쿄의 아라카와구(荒川區)에 있는 아카몬카이(赤門會) 일본어 학교에 입학하여 일본어 초급2과정에서 공부하게 됩니다.

또한 스포츠를 좋아하여 이듬해부터는 Mariax종합 스포츠 센터에 다니기 시작합니다. 성격이 섬세하여 기타 치는 시인과 같은 감수성이 풍부한 반면, 한 가지 목표를 향해서 집중하고 돌격하는 성격이었던 이수현은 착실하게 어학 수준을 높여 갑니다. 같은 해 4월부터는 어학 실력도 향상시킬 겸 인터넷 카페에서 아르바이트를 하면서 자전거로 후지산 등반에 도전하는 등 적극적으로 일본 사회를 체험합니다. 그리고 대학 졸업 후 좀 더 일본 사회를 심층적으로 알기 위해 일본의 대학원 진학을 계획하고 진로 상담을 위해서 2000년 12월 26일 한국에 일시 귀국합니다. 안타깝게도 1월 9일까지의 겨울 방학이 가족과 함께 지낸 마지막 추억이 되었습니다.

## (2) 선로에 떨어진 사람을 어떻게든 구해야만

2001년 1월 26일 오후 7시 15분경, 아르바이트를 끝내고 다이토구(台東區)의 아파트로 돌아가기 위해서 JR신오쿠보(新大久保) 역의 야마노테센(山手線) 내부 순환선 플랫폼에 서 있던 이수현은 술 취한 남성 한 명이 반대편 선로상에 추락하는 것을 목격합니다. 정의감이 강한 성격이었던 이수현은 곤경에 빠진 사람을 어떻게든 구해야만 한다는 심정으로 선로에 뛰어듭니다. 그와 같은 생각으로 선로에 함께 뛰어든 카메라맨 세키네 시로와 둘이서 그 남성을 홈으로 들어 올리려고 했으나 상대는 만취상태였고 두 사람의 생각만큼 쉽지 않았습니다. 그때 역으로 진입한 전철이 40미터 앞에서 급브레이크를 밟았지만, 세 사람 모두 치어 사망하고 말았습니다.

다음 날 오전 3시에 한국의 부모에게는 날벼락 같은 전철 사고의 연락이 전해지고, 27일에 부모와 가족 3명은 시신이 안치된 경시청 신주쿠(新宿) 경찰서에서 이수현과 재회합니다. 가족을 보물이라고 자신의 홈페이지에 써 놓을 정도로 효심이 지극한 외아들이었습니다. 그런 아들이 성장해 가는 모습을 뿌듯하게 생각하던 부모는 무참한 모습이 된 아들과의 재회에 쓰러지고 맙니다.

1월 28일 기자회견을 한 아버지 이성대는 "나의 아버지는 강제노동으로 일본의 탄광에서 일을 하였고, 일본에서 죽었다. 그리고 아들은 일본에 유학하여 목숨을 잃고 말았다."고 가슴 아픈 심경을 감추지 못하면서도, 아들의 정의로운 판단을 자랑스럽게 생각하고 있다고 전했습니다. 그날 저녁 이수현이 다니고 있던 일본어학교에 차려진 빈소에는 후쿠다 야스오(福田康夫) 당시 내각 관방장관을 비롯하여 JR히가시 니혼(東日本) 오츠카 무츠다케(大塚陸毅) 사장 외에도 그의 죽음을 애도하기 위해 찾아온 많은 조문객들이 줄을 이었고, 그들을 이수현의 부모는 하염없는 눈물로 응대했습니다.

다음 날 29일 정오에 일본어학교장으로 장례식이 치러졌고, 모리 요시로(森喜朗) 당시의 수상과 이부키 분메이(伊吹文明) 국가 공안위원장, 고노 요헤이(河野洋平) 외상, 가토 고이치(加藤紘一) 자민당 전 간사장, 다나카 마키코(田中眞紀子) 의원 등 일본 정부의 고관들이 대거 참례하는 이례를 보였습니다. 그 밖에 주일대사관 관계자들과 학교 친구들 외에 각지에서 온 조문객들로 장사진을 이루었습니다. 참고로 김대중 정권 당시 주일대사는 도쿄대학에서 박사학위를 취득하고 이수현이 휴학 중이던 고려대학의 교수에서 대사로 취임한 한국 평화학회, 정치학회의 회장을 역임한 최상용(崔相龍)이었습니다. 그가 이수현을 애도하는 마음 또한 많은 일본의 정부 관계자들을 움직인 한 요인으로 전해지고 있습니다.

한국과 일본의 매스컴에서 대대적으로 보도된 이 전철 사고 소식을 접하고, 각계각지에서 찾아온 조문객들에 의해 고별식이 이루어졌습니다. 그리고 이수현의 유골은 다음 날 1월 30일에 부모와 함께 부산으로 귀국하였고, 현재 부산시 영락 공원묘지 7묘원 39블록의 1106호에 안장되었습니다. 필자가 방문했던 2005년 8월 여름에도 그의 영전에는 많은 헌화를 볼 수 있었습니다. 지금도 적지 않은 사람들이 그를 기억하고 명복을 빌고 있는 것은 그만큼 그의 용기가 사회에 감동을 준 이유겠지요.


## (3) 그의 희생 후에 확대된 한국과 일본의 교류 관계

이수현의 희생은 한국과 일본의 또 다른 우호의 계기를 만들었습니다. 양국 국민에게 많은 의미를 부여한 사고였던 만큼 양국의 국민감정을 끌어당기기라도 하는 것처럼 매스컴에서는 앞 다투어 보도를 하였고, 큰 반향을 일으키면서 각지에서 다양한 추모 행사가 기획되었습니다. 그리고 많은 사람들이 그가 목숨을 바친 헌신적인 정신을 기리기 위해서 격려의 편지와 헌화, 기부금을 전달했습니다. 그가 다니고 있던 일본어 학교에서는 '이수현 군의 용기를 기리는 기금'이, 국제교류기금에서는 'LSH아시아 장학회(이수현 표창 장학회)' 등이 설립되어 '이수현 표창 장학회'에서만 아시아 각국에서 온 유학생 200명 이상에게 장학금을 전달하고 있습니다. 이들 장학금은 이수현의 거룩한 죽음의 의미를 기리고 앞으로도 유학생을 지원하는 데 활용하도록 하는 취지로 쓰이고 있습니다. 또 이수현의 공적을 치하하여 한국과 일본에서 유족들에게 전달된 각종 기부금은 이수현의 출신 초등학교에서 대학까지 각 학교에 장학금으로 활용되고 있으며 이미 많은 학생들에게 학비가 전달되었습니다.

한편 이수현을 기리는 추모식과 문화적 행사도 매년 개최되어 그와 세키네 시로의 용기 있는 행동을 잊지 않으려는 많은 참가자들에 의해 한국과 일본의 친선교류의 장이 되고 있습니다. 그 밖에 도쿄, 미에켄(三重縣) 츠시(津市), 서울, 부산 등에서 추모식과 한·일 우정의 콘서트가 연이어 열려 이수현의 희생이 많은 한국인과 일본인의 교류를 이어 주는 우호의 역할을 이루어 냈습니다. 그의 인도적인 행위를 잊지 않기 위해서 한국의 각 출신 학교에서는 추모비가 건립되었으며 기념식수가 심어지고 또 일본의 어느 기업가에 의해 출신 초등학교 내에는 이수현의 흉상이 세워지게 되었습니다. 일본에서도 미야기켄(宮城縣)에 '한·일 우호 기념비'가, 신오쿠보(新大久保) 역내와 일본어 학교의 아카몬카이(赤門會)에 추모비가 건립되어 한·일 우호에 있어서 또 하나의 상징이 되고 있습니다. 또한 그의 죽음으로부터 6년 뒤인 2007년 1월에 이수현과 세키네 시로를 추모하는 한일 합작영화 '너를 잊지 않을 거야(あなたを忘れない)'가 개봉되어 그들의 숭고한 희생정신이 더더욱 널리 알려지게 되었습니다.

이수현의 생애는 짧았지만 자기희생의 정신을 높이 기려서 일본 정부로부터는 내각 총리대신을 비롯하여 각종 훈장과 경시청 장관 등으로부터 감사장이 전달되었습니다. 한국 정부는 국민훈장을, 부산시는 제17회 '자랑스러운 시민상'의 대상을 수여하는 등 그의 죽음을 헛되이 하지 않으려는 양국의 노력을 엿볼 수 있습니다. 그에 대한 기억은 한국과 일본의 교류에 국한되지 않고 장학회 등을 통해서 폭넓게 아시아 각국의 젊은이들에게도 전달되고 있습니다.

❏ 이수현의 묘(촬영 이수경)

## 생각해 봅시다

　　이수현과 세키네 시로의 용감한 행동은 스스로 목숨을 잃은 결과가 되었지만 사회에 많은 감동을 주었습니다. 이후에도 2004년 8월에는 일본을 관광 중이던 한국인 여성이 복통으로 노상에서 신음하고 있는 것을 2년여 동안 한국어를 공부하던 나라켄(奈良県) 추와(中和) 광역 소방조합본부의 다미야 마사후미(田宮正史, 41)대원이 병원 응급실로 데려가기도 했습니다. 또 2005년 4월에는 오사카 센니치마에(千日前) 선의 선로에 추락한 노인을 구한 한국인 유학생 양현옥(梁炫玉)이, 2006년 5월에는 JR신오쿠보(新大久保) 역에서 술에 취해 선로로 떨어진 일본인 여성을 구한 한국인 유학생 신현구(申鉉龜) 등의 미화가 계속되고 있습니다. 타인에게 무관심한 사회가 되고 있는 현대 사회에서 그와 같은 행동을 하는 것은 간단한 일이 아닙니다. 여러분은 고통받고 있는 이웃이 있다면 자신과 같은 사람이란 것을 잊지 않고 손을 내미는 따뜻함을 잊지 않길 바라는 마음입니다.

## 【참고 문헌】


이수현 공식 사이트 http://www.soohyunlee.com/
≪아사히(朝日)신문≫ 인터넷판 asahi.com2001년 1월 26일~1월 30일.
한일합작영화 일본 공식사이트 http://www.korea - japan.jp/kaisetsu.html
monthly.chosun.com/reporter/writer'보아'rdread.asp?idx＝483&...&wid＝njcho
http://www.cbs.co.kr/nocut/show.asp?idx＝108435
http://japanese.chosun.com/site/data/html_dir/2001/01/29/20010129000022.html
http://japanese.chosun.com/site/data/html_dir/2004/01/13/20040113000069.html
http://japanese.chosun.com/site/data/html_dir/2004/05/14/20040514000029.html
http://japanese.chosun.com/site/data/html_dir/2004/01/10/20040110000019.html
http://japanese.chosun.com/site/data/html_dir/2001/01/29/20010129000022.html
http://japanese.chosun.com/site/data/html_dir/2005/01/03/20050103000027.html
http://japanese.chosun.com/site/data/html_dir/2006/01/27/20060127000052.html
http://www.hani.co.kr/section - 007100002/2002/01/007100002200201252223003.html
http://kr.news.yahoo.com/service/news/shellview.htm?linkid＝63&newssetid＝487&articleid
    ＝20051111091356249c4
http://kr.news.yahoo.com/service/news/shellview.htm?linkid＝33&newssetid＝470&articleid
    ＝2005110816435367380


(담당: 이수경)

## 13

## 츠시마(對馬島)의 청소 활동을 통한 이웃나라와의 교류

> 정보 · 통신 기술의 급속한 발달로 한국과 일본 간에도 정치를 넘어선 풀뿌리 교류가 활발하게 이루어지고 있습니다. 그중에는 지금까지의 문화적 교류뿐이 아니라 서로의 환경을 생각하고 지구촌의 자원을 공유하는 입장에서 환경 문제를 모색하거나 실천적 활동을 통한 교류도 적지 않습니다. 특히 최근 몇 년 전부터 시작된 대학생들에 의한 츠시마(한국에서는 한자 명칭인 대마도로 부름) 해안의 쓰레기 수거 활동은 한국과 일본 사회에서 훈훈한 화제가 되고 있습니다.

### (1) 환경 봉사 활동의 배경

부산외국어대학교는 한국의 생활 쓰레기가 해류를 따라서 나가사키켄(長崎縣) 츠시마시(對馬市)의 서해안 일대에 표착하여 지역 주민들의 고민거리가 되고 있다는 뉴스를 접하게 됩니다. 그래서 해안을 떠다니는 쓰레기 청소 활동을 통해서 한국과 일본과의 교류를 돈독히 하려는 생각으로 2003년부터 매년 봉사 활동을 계속하고 있습니다. 특히 봄과 여름의 장마철이나 태풍 등의 영향으로 집중호우가 내린 직후에는 한국에서 흘러온 생활 쓰레기로 인해 대마도 주민들이 받는 피해가 상당히 큽니다. 이것을 안 부산시 대아 고속해운사의 김재훈(金載勳)이 츠시마의 가미아가타초(上縣町)의 국제 교류원이었던 박병준(朴柄俊)과 모교의 부산외국어대학에 상의한 결과, 대학 측도 흔쾌히 그 제안을 받아들여 실행할 수 있게 되었습니다. 대학은 지리적으로 볼 때 츠시마와 가장 근접한 위치에 있으며 외국어 교육을 기치에 걸고 외국과의 문화교류관계에 기여할 수 있는 인재 양성을 목표로 하고 있는 만큼 츠시마 주민들의 불만도 해소시키고 한 · 일 교류도 이룰 수 있다는 측면에서 많은 학생들을 독려하여 활동을 시작하였습니다.

이렇게 해서 시작된 한 · 일 츠시마 해안 청소의 봉사 활동은 첫해부터 대학의 교직원 및 학생들 약 170명과 대마도의 지역주민이 대거 참여한 총 400여

명으로 구성되어 깨끗한 바다를 지키려는 한·일 연대의 움직임으로 확대되었습니다. 그리고 2005년부터는 한·일 양국의 NGO와 NPO 단체도 참가하여 대마도 쓰레기 줍기 봉사 활동은 해를 거듭하면서 대규모로 발전하고 있습니다.

## (2) 환경 봉사 활동의 진행과정

부산외국어대학은 2003년 5월 13일 '교수와 학생들이 자발적으로 참가하여 해외봉사를 한다'는 취지 아래 츠시마의 환경 봉사 활동을 위해서 일본어과와 동양어대학 소속의 학생들을 중심으로 '해외 환경 정화 원정대'를 조직하고 참가 인원에게 사전교육을 실시하였습니다. 이 연구회를 통해서 츠시마의 자연환경의 특징을 이해하고 츠시마에 왜 쓰레기 줍기가 필요한지, 쓰레기 줍기의 봉사 활동이 갖는 의의가 무엇인지에 대해서 인식할 기회를 가졌습니다. 2003년 5월 20일에는 부산 광안 해수욕장에서 관계자들이 모여 발대식을 갖고, 주변의 쓰레기 줍기를 한 후, 같은 해 5월 23일부터 26일까지의 4일간을 츠시마 가미아가타초(上縣町)의 공민관과 복지 센터 등에서 숙식을 해결하면서 봉사 활동을 시작했습니다. 이때 교통비 등 제반 비용은 학생들 자비로 충당하였습니다. 학생들은 악취나 파리 떼로 고생을 하면서도 한국과 일본의 바다에 떠다니는 페트병이나 비닐, 플라스틱 용기 등 여러 가지 쓰레기를 철거하여 모래사장을 깨끗이 하는 환경작업에 힘을 썼습니다.

츠시마에서 봉사 활동을 시작한 2003년 이전에는 한국에서 흘러온 쓰레기로 인해서 섬의 북부해안의 환경오염은 심각한 상대였다고 합니다. 츠시마 지역 주민들에 의하면 매년 해변에 쌓이는 쓰레기는 100~200톤 정도로 그 80% 이상이 부산과 경남 일대에서 흘러 내려온 쓰레기였다고 합니다. 그러나 한국의 대학생 봉사 활동이 시작된 2003년 이후부터 쓰레기 때문에 폐쇄되었던 해수욕장이 다시 개장하는 등 츠시마의 북부해안의 환경이 크게 개선되고 있습니다. 당시 가미아가타초(上縣町)의 관계자인 히로타 사다카츠(廣田貞勝)는 한국의 쓰레기가 일본에 표착하듯이, 일본의 쓰레기도 다른 지역으로 흘러갈 것이므로 한국 학생들이 매년 행하고 있는 츠시마 환경 보존 활동을 모두가 배울 필요가 있다고 높이 평가했습니다. 이와 같이 쓰레기를 없애기 위해 한국에서 온 우정 활동은 지금에 와선 츠시마의 연중행사가 되었으며, 다양한 교류 활동과도 연결되고 있습니다. 바다를 깨끗이 하고 지구 환경을 조금이라도 지키려는 한일 양국의 풀뿌리 교류는 지역 주민들과의 문화 교류 발전은 물론 국가를 초월하여 해안 오염 등의 환경 문제를 재인식하는 중요한 계기가 되었으며 한일 양국을 뛰어넘어 국제 환경 활동의 토대를 만드는 초석이 되고 있습니다.

2003년부터 2005년까지의 부산외국어대학 학생들에 의한 봉사 활동 내용은 다음과 같습니다.


○과정표

2003년 5월 23일~26일: 부산외국어대학 학생 및 교직원 170명과 츠시마 지역의 주민 80여 명이 참가하여 400톤의 쓰레기를 회수

2004년 5월 29일~31일: 부산외국어대학 학생 및 교직원 120명과 츠시마 지역의 주민 100여 명이 350톤 쓰레기를 회수

2004년 10월 9일: 대마도 '환경 서밋 츠시마 회의'가 개최되어 부산외국어대학의 사례가 발표됨

2005년 6월 24일~27일: 부산외국어대학 학생 및 교직원 123명, 츠시마 지역의 주민 250명, 한·일NGO및 NPO단체(한국 해양 구조단, 다도해 포럼, 일본JEAN/클린업 전국사무국 등)가 협조하여 600톤 쓰레기를 회수

**생각해 봅시다**

많은 국가가 육지에서 생활하면서 발생한 생활 쓰레기는 해류로 흘러 해안 등에 표착하여 자연환경을 해하는 결과가 되었습니다. 그렇다면 상호 자연환경을 지키기 위해서 한·일 양국의 연대뿐만이 아니라 좀 더 폭넓은 우호적 활동으로 확대시켜 가는 방법으로 무엇이 있을까요?

❏ 대마도 조선통신사 기념비

❏ 부산외국어대학교 학생들의 대마도 청소 활동을
보도한 일본 신문

(촬영 이수경)

## 【참고 문헌】


「대마도의 한국 쓰레기 주워요」, ≪조선일보≫, 2003년 5월 21일.
「대마도의 한국 쓰레기 주워요」, ≪조선일보≫, 2004년 4월 26일.
「대마도의 한국 쓰레기는 우리가」, ≪부산일보≫, 2003년 5월 21일.
「부산외대 봉사단 150여명 대마도에서 쓰레기 회수 활동」, ≪부산일보≫, 2004년 5
　　　월 27일.
「대마도로 간 '청소 원정대'」, ≪부산일보≫, 2004년 6월 2일.
「부산외대 대학생 대마도 청소」, ≪부산일보≫, 2004년 6월 8일.
「한·일 환경 정화 봉사단 발대식」, ≪부산일보≫, 2003년 5월 22일.
「대마도 흘러간 한국 쓰레기 이렇게 많을줄 몰랐어요」, ≪부산일보≫, 2003년 5월
　　　27일.
「한국의 쓰레기 우리가 치워 뿌듯」, ≪부산일보≫, 2005년 6월 29일.
「한국의 대학생 표착 쓰레기 청소」, ≪나가사키(長崎)신문≫, 2003년 5월 25일.
「표착 쓰레기 청소 한·일 연대」, ≪서일본 신문≫, 2003년 5월 25일.
「모국의 쓰레기 대마도에서 줍다」, ≪아사히(朝日)신문≫, 2003년 5월 25일.
「대마도의 해안 한국의 학생 150톤 회수」, ≪요리우리(讀賣)신문≫, 2003년 5월 25일.
「한국 학생들 쓰레기 회수」, ≪요리우리(讀賣)신문≫, 2005년 6월 26일.
「일본의 대마도 쓰레기 청소하겠어요」, ≪중앙일보≫, 2004년 4월 22일.
「청소 원정대 대마도 간다」, ≪문화일보≫, 2004년 5월 10일.
「부산외대 대마도 원정 청소 3년째」, ≪국제신문≫, 2005년 6월 29일.


(담당: 박경수)

## 14

## 현대 사회에 지친 마음을 치유해 주는 한류문화

2002년 월드컵을 공동으로 개최하면서 두 나라의 우호적인 분위기는 2004년 '겨울 연가'라는 드라마와 욘사마(배용준)의 출현으로 최고조에 달했습니다. 각 매스컴에서는 앞다투어 욘사마를 위한 여러 가지 기획들을 만들어 내었고 많은 일반 관광객들이 한국의 한류 드라마 촬영 현장이나 관련 장소를 찾아오게 되었습니다. 한류가 받아들여지면서 일본과 한국에서도 상호간의 이해와 교류관계가 대대적으로 보도되었으며 한국에서도 과거의 일본이 아니라 이웃나라로 강하게 인식하는 계기가 되었습니다. 역사 문제나 정치적인 관계는 아직도 원활하지 않지만 한류문화에 의한 사람들의 교류와 상호 이해의 움직임은 그 어느 때보다 밀접해지고 있습니다. 그것은 동아시아 사회가 소중히 키워 온 공통의 문화를 재발견하는 기회일 뿐만 아니라 현대 사회를 위로하는 방법으로서 한류문화를 향유하고 있기 때문이라고 말할 수 있습니다.

### (1) 안방에서의 한류문화

1990년대 후반부터 타이완이나 중국을 중심으로 인기가 확산되던 '한류(HANRYU)' 현상은 2002년의 한일 월드컵을 공동개최하면서 토대가 구축되고, 이후 NHK지상파와 BS에서 한국 드라마 '겨울 연가'가 네 차례나 재방송되면서 일본에서의 한류문화의 불을 붙이는 계기가 되었습니다. 평균 38%의 시청률을 보인 '겨울 연가'의 영향으로 한국문화가 폭발적으로 소개됩니다. 특히 2004년에는 어느 잡지나 매스컴을 봐도 한류 일색이었고 정월에는 수도권 방송국들이 정월 초하루부터 20시간 연속으로 한꺼번에 한국 드라마를 방송하는 뜨거운 열기를 보였습니다. 그러나 한쪽에서는 한류가 유행을 좋아하고 진기한 것을 쫓는 일본인들의 일시적인 문화현상에 지나지 않는다고 대수롭지 않게 생각하는 이들도 적지 않았습니다. 그러면서도 한류는 일시적인 현상을 넘어서 생활문화의 일부로 정착되어 가고 있습니다. 역사문제 등으로 양국 간의 균열을 보이고 있음에도 불구하고 지금도 계속해서 새로운 한류 드라마와 음악, 영화가 소개되고 있습니다. 2004년의 과열된 매스컴의 한류 소동으로부터 꽤 시간이 흘렀습니다만 한류 열풍은 아직도 꺼질 줄 모르고 장르나 소재를 다양하게 변화시키면서 우리들을 즐겁게 해 주는 문화요소로 자리 잡아 가고 있는 것은 부정할 수 없습니다. 지금은 한류가 일본과 중국, 타이완, 홍콩, 싱가포르, 타이, 버마(미얀마), 베트남, 이집트, 아랍 연맹, 멕시코, 그리고 유럽 등 지구의 각지에서 인기를 모으고 있습니다.

예를 들면 2005년 9월 11일에 멕시코를 방문한 노무현 대통령의 숙박 호텔 앞에는 한류 스타의 대형 브로마이드를 든 한류 팬들이 구름처럼 모여들어 한류 스타가 멕시코로 올 수 있게 해 달라고 호소하는 모습이 주목을 끌었습니다. 또한 같은 해 10월에는 중국에서 '대장금'(이영애 주연)의 시청을 둘러싸고 자살까지 시도한 어느 주부의 뉴스가 한류 열기의 뜨거움을 말해 주기도 했습니다. 2005년 11월에는 영화 '무영검'이 유럽이나 남미, 중앙아시아 등의 23개국에 배급되어 1,000만 달러의 수출 판매액을 기록하기도 했습니다. 또한 일본에서는 2005년 '내 여자친구를 소개합니다', '외출', '내 머리 속의 지우개' 등이 20~30억 엔의 흥행 수익을 기록하는 등 경제적 효과를 높였습니다. 이렇게 맹렬하게 활동하고 팬을 즐겁게 해 주는 한류문화는 현대 아시아 지역사회를 생각할 때 중요한 키워드가 되고 있습니다.

## (2) 아시아가 탄생시킨 문화와 한국의 독자적인 소재 활용

그렇다면 이렇듯 인기를 얻고 있는 한류문화의 매력이란 대체 무엇일까요? 한마디로 말하면 '삭막한 현대 사회의 마음의 치유와 윤활유 역할'이라고 할 수 있습니다. 한류문화의 소재는 실로 다양합니다. 그중에서도 한류 드라마나 영화 등에는 현대 사회가 상실해 가는 가족애나 지역사회의 따뜻한 인간애의 아름다움이 그려져 있습니다. 또한 상대에 대한 배려와 경애의 자세, 언어적 표현의 무게와 따스한 감정을 자아내고 있는 인간관계 등도 매력입니다.

그것은 시청자를 편하게 해 주며 생활에 활력도 주는 윤활유 역할을 해 주기도 합니다. 80년대 후반부터 한국은 문화 산업 정책과 IT 산업의 활성화로 다채로운 표현의 자유를 얻게 되었습니다. 남북 분단, 대입 수험과 학연·지연·

혈연이 교차하며 이뤄지는 성공 스토리 속에서 빚어낸 치맛바람, 남존여비의 폐단을 포함한 유교적 생활상은 한국적 소재라고도 할 수 있습니다. 500년 이상이나 계속된 유교 사회로 인해 기인하는 여러 가지 소재 등을 활용하고 풍자하면서 현대 사회에 있어서 희박해지고 있는 인간적 사회로의 복귀를 촉구하는 내용이 국경을 초월하여 사랑받는 결과가 되었다고 볼 수 있습니다. 예를 들면 '겨울 연가'와 같은 드라마는 잔잔한 화면 속에서 흐르는 아름다운 풍경을 부각시키는 애수적 멜로디의 배경 음악, 상대에 대한 깍듯한 예절과 정중한 표현, 한번은 들어보고 싶은 로맨틱하고 시적인 대사, 두 사람의 사랑을 둘러싼 가족과 그 주변의 따뜻한 관계는 인정미가 사라지고 있는 삭막한 현대 사회에 지친 많은 사람들을 편안하게 하며 향수를 자아내게 했습니다. 그런 저력이 일본 사회를 보다 국제화하며 한국 이해자로 자리 잡고 있습니다.

2009년 9월에 일본에서 개최된 배용준과 최지우의 방문 행사에는 5만 명의 팬들이 모였습니다. 그것은 분명 한 시대가 자아낸 일과성의 유행이 아니라, 오랜 시간 동안 숙성되며 한일 관계를 지켜 주는 교류 문화의 재산으로 성장하고 있음을 대변하는 모임이었다고 볼 수 있겠지요.


### (3) 일본 사회의 한류문화

일본의 경우 특히, 유교적 영향을 받아 온 가족사회였으나 급변하는 근대화 과정에서 핵가족화와 저출산 문제가 생겨나면서 경제적인 풍요로움 대신에 가족관계와 인간관계가 허물어지고 가정의 단란함과 순수한 애정을 잃어버리게 되었습니다. 즉 전후의 고도 경제 산업시대의 버팀목이 되었던 가정에서 어머니의 사회 진출은 소위 '열쇠 아이(빈집에 열쇠만 가지고 하교하는 아이들)' 현상을 낳았고, 부모의 부재중을 대신해 주는 TV 게임으로 위안을 삼아 온 아이들이 늘면서, 자신의 취향만 중시 여기는 개인주의와 사회에 무관심한 아이들이 증가하였습니다. 삐삐(포켓벨) 시대를 거쳐서 첨단 다기능의 휴대전화와 인터넷 시대에 돌입하며 휴대 전화와 네트워크를 사용하는 이들이 급증하고, 자기중심적이고 자신의 취향에 공감하는 공간만 향유하여 온 젊은이들이 늘어나고 있습니다. 이와 같은 사회 동향은 이른바 '초 자기중심적'이고 예의를 경시하는 젊은이들을 낳게 했고, 2003년의 프리랜서 숫자는 417만 명에 육박했습니다.

2002년의 일본 내각 자체의 통계에서 진학도 일도 하지 않고, 직업훈련도 받지 않는 15세~34세까지의 독신 젊은 층의 비노동자를 칭하는 니트족의 숫자가 85만 명에 이른다고 밝혔습니다. 특히 80년대 후반부터의 거품경제 붕괴에 따른 경제 불황과 사스(SARS: 급성 호흡기 증후군), 조류 신형 인플루엔자 등의 전염병 및 9·11테러 이후 계속되는 전쟁과 테러로 인한 불안 등이 사회 전체에 어두운 분위기를 자아냈습니다. 그런 사회에 마치 오아시스처럼 소개된 한류 드라마나 영화 등은 비록 물질적으로는 풍요롭지 않지만, 넉넉한 마음과 살아가는 목표를 갖게 해 준 사회와 가족주의의 장점을 되새기게 해줬고, 신선하면서도 향수적인 매력에 많은 사람들이 무아지경에 이릅니다.

한편, 철저한 신분 사회, 가부장 사회였던 조선왕조시대를 배경으로 한 시대극 드라마인 '대장금'이 2004년의 NHK‒BS방송에 이어 2005년 10월부터의 NHK지상파 방송에서도 방영되면서 지금까지의 현대적 드라마와는 다른 내용과 소재로 또다시 시청자들을 매료시켰습니다. 이미 알다시피 '대장금'은 『조선왕조실록』에 나오는 궁정 의녀 '장금(長今)'을 모델로 하고 있습니다. 봉건적인 유교 사회 안에서의 남존여비 사상으로 여성의 사회 진출이 국한되어 있던 조선왕조시대에 살았던 한 사람의 인물을 통해서 사회의 여러 방면에서 겪는 수난을 극복하며 성공하는 여성상을 극화한 획기적인 드라마였다고 할 수 있습니다. 엄격한 궁중예의와 16세기 조선의 문화, 화려하고 다채로운 전통의상, 한번은 먹어 보고 싶은 호화로우면서도 건강에 좋은 궁중 요리, '식(食)=약(藥)(의식동원(医食同源))'에 의거한 민간요법의 초보적 단계를 삽입하는 등 복잡한 스토리 외에도 볼거리가 만재했습니다. 특히 '대장금'은 불규칙적인 식생활로 고생하는 현대인의 일상생활과 관련이 깊은 소재를 제공했다고도 할 수 있습니다. 드라마에서 소개된 요리 중 일부는 2005년 11월 한국 부산에서 개최된 APEC에서 각국 정상들의 저녁식사에도 선을 보여 호평을 얻는 등 외교에도 한몫을 단단히 했습니다. 지금은 궁중요리를 배우려는 외국인 관광객도 늘고 있다고 합니다.

이와 같은 인기를 얻고 있는 한류문화가 빚어내는 문제점도 몇 가지 있지만, 세계 각지에 아시아 문화와 사회를 알린 공적은 높이 평가할 만하다고 할 수 있습니다. 또한 최근에는 일본 내에서 한국의 고급 화장품이나 막걸리 등이 인기를 얻고 있고, 한국 자동차 시장도 확대되고 있어서, 특정의 한 나라 수준이 아니라 국경을 초월한 국제간의 비즈니스에서도 문화 콘텐츠와의 협력이 강화되고 있습니다. 세계화라고 했을 때 지금까지는 서구에서 유입되는 것이 많았지만, 동북아시아의 평화 공동체를 구축하기 위해서도 '한류문화'를 우리 아시아 문화가 탄생시킨 하나의 재산으로서 소중히 하고, 향후 지구촌의 다양한 문화 교류와도 연결되는 태동으로서 키워 나갈 필요가 있습니다. 물론 일본 문화도 마찬가지입니다. 그런 의미에서 한류문화는 한국과 일본이 같은 아시아의 일원으로서 공생을 모색하는 데 있어서 서로 타협하고 다가설 기회를 만들어 준 가교 역할을 톡톡히 하고 있다고 할 수 있습니다. 앞으로도 보다 풍부한 내용으로 우리들 생활의 지주로서 계속해서 성장해 나가길 바라는 마음입니다.

□ 한류 상품으로 넘쳐나는 판매장에는 한류팬이 가득하다.

### 생각해 봅시다

'한국문화'라고 하면 먼저 무엇이 떠오릅니까? 한국도 일본과 마찬가지로 대입 수험 전쟁과 IT 산업의 발전, 저출산 및 고령화 사회문제, 환경 문제 등에 따른 여러 가지 사안을 껴안고 있습니다. 이러한 문제는 더 이상 한국만의 문제, 일본만의 문제라는 개별적인 국가 문제가 아니라, 서로 협력하여 그 해결 방법을 모색하는 것이 절실한 과제가 되고 있습니다. 양국의 공통된 사회적 과제는 무엇인지 생각해 봅시다.

【참고 문헌】

이수경, 「일본의 다양한 한류문화(日本の多様な韓流文化)」, 『ナショナリズムと大衆
　　文化 — 可視化されるアイデンティティ』, 東京: 青弓社, 2010.
이수경, 「'한류'는 인간사회로의 복귀를 촉구하는 아시아의 재산」, 『주간 신사회(新
　　社會)』, 2006년 1월 1일자 특집기사.
이수경, 『이 한 권으로 알 수 있는 한국어와 한국문화』, 아카시 쇼텐(明石書店),
　　2005년.
이수경, 「일본의 '한류'현상과 한·일 교류의 제반 문제」, 『도쿄가쿠게이(東京學芸)
　　대학 기요 인문사회학계』 제57집, 2006년 1월.
이수경, 「시상(時想)·한국 영화가 왜 인기인가」, ≪중국신문≫, 2004년 7월 4일.

(담당: 이수경)

## 15

## 끊임없는 노력으로 한·일 관계를 이어 주는 가수 '보아'와 배용준

일본에서는 1990년대 말부터 한국에 대한 관심이 높아지면서 2002년 한·일 월드컵 공동개최로 인해 '한류'라 불리는 태동이 일기 시작했습니다. 특히 같은 해 한국의 KBS방송국에서 제작·방송된 '겨울 연가'가 이듬해인 2003년에 일본에서 첫 방송되자 폭발적인 인기를 얻게 됩니다. 주연 배우인 배용준은 예의 바르고 성실한 이미지의 준상 역할로 '미소의 귀공자'라 불리며, '욘사마'라는 용어를 부동의 위치에 올렸고, 가족이라 불리는 열광적인 팬층을 탄생시키며 새로운 한일 문화 교류의 장을 마련하는 선도적 역할을 하게 됩니다. 그 뒤, 장동건, 이병헌, 이영애, 원빈, 송승헌, 전지현, 안재욱 등등 수많은 한류 스타들이 소개되고, 많은 사람들이 그들의 매력에 빠지게 됩니다. 한편, K팝스라 불리는 한국 가수들의 활약도 현저해지면서 한국 노래에 대한 관심도 높아집니다. 보아도 부단한 노력으로 한류 스타 가수로 부상하게 됩니다. 완벽한 일본어와 가수로서의 다재다능한 재질로 높은 인기를 모았고, 비나 세븐, 동방신기 등 한국 가수들의 위치가 일본 음악계의 절대적 존재로 떠오르게 됩니다. 그들의 숨은 노력과 전략적 이미지 관리, 팬 서비스 등은 카리스마성을 자아내며 철저하게 관리되었고, 그런 제반 요소들이 그들의 재능을 더더욱 빛을 발하게 만들었다고 할 수 있습니다.

### (1) 소년은 최고의 한류스타 욘사마로

배용준은 1972년 8월 29일 서울에서 태어났습니다. '남자는 강해야 한다'는 아버지의 교육방침으로 6살 때부터 유도와 태권도를 배우기 시작했습니다. 1979년 명일 초등학교에 입학하지만 3학년 때 아버지가 회사를 그만두면서 천안에서 목장을 시작했기에 주말에는 그곳을 방문했다고 합니다. 그러나 2년 후 아버지는 목장 경영에 실패하여 자택을 팔고 명일동의 아파트로 이사 후, 몇 번 집을 옮기게 됩니다.

1988년 배재중학교를 졸업하고 한영 고등학교에 진학하지만 중학교와 고등학교에 진학하면서 스포츠와 놀이에 즐기는 소년으로 변해 갔습니다. 대학입시에 재차 고배를 마시며 좋아하는 영화 세계에 뛰어들어 보겠다는 결심을 하고 영화사 '합동영화'를 찾습니다. 그리고 계열회사의 '시네마 패밀리'에서 무대 뒤 스태프로 일하면서 배우학교와 연기학원에 다니기도 합니다.

1994년에는 '젊은 남자' 등의 영화에 단역으로 출연하지만 인정을 받지 못해서 영화제작사를 그만두고 KBS 청춘 드라마 '사랑의 인사'의 오디션에 합격하여 주연 데뷔를 하게 됩니다. 그 후 부산방송 개국 특집 드라마 '해풍'(95년), KBS 드라마 게임 '이별하는 여섯단계'(95년)에 출연하고 '파파'(96년), '첫사랑'(96년), '맨발의 청춘'(98년), '사랑의 군상'(99년), '호텔리어'(01년), 그리고 '겨울 연가'(02년)에 출연합니다. '사랑의 군상' 이후 2년 동안 휴식을 취하며 성균관대학교의 특별 전형 시험으로 영상학과에 입학 후 디지털 영화의 제작과 사진 촬영 등에 대해서 공부하는데, 그의 사진 기술은 프로급이라고 알려지고 있습니다.

2002년 배용준이 KBS로 돌아와 윤석호 감독과 드라마를 찍은 것이 바로 '겨울 연가'였습니다. 1월 14일에 방송이 시작되자마자 같은 시간대의 대하드라마 '여인천하'의 시청률을 상회하고 인터넷 사이트 검색 순위에서도 1위에 오르는 등 커다란 반향을 일으켰습니다.

일본에서는 이듬해 2003년 4월부터 7월에 걸쳐 NHK의 BS(매주 목요일 밤 10시부터)에서 첫 방송을 했는데 시청자들의 호응으로 입에서 입으로 화제를 불러일으켰습니다. 그래서 같은 해 말부터 이듬해인 2004년 정초에 걸쳐서 BS에서 재방송되었고, 4월에 배용준의 일본 방문을 계기로 단번에 '겨울 연가'의 붐이 일어나게 되었습니다. 이후 지상파 방송에서도 재방송되면서 시청률은 계속 올라갔고, 최종회에는 도쿄지역에서만 20.6%의 시청률을 기록했습니다. 이 때문에 NHK는 같은 해 말부터 다음 해인 2005년 초반에 걸쳐서 '겨울 연가'의 완전판을 방송하게 됩니다. 작품은 드라마틱하게 전개되는 스토리와 아름다운 영상, 음악이 함께 어우러지면서 높은 시청률을 얻게 되고 마침내 사상 최고의 '겨울 연가' 붐을 일으켰습니다.

이 청순한 사랑 이야기는 시청자들, 특히 중·노년의 여성들의 마음을 사로

잡으며 한류 드라마에 새로운 캐릭터라 할 수 있는 준상 역을 연기한 배용준의 열광적인 팬을 탄생시켰습니다. 그러나 이들은 단순한 팬이 아니라 한국 사회, 문화에 관심을 갖고 한국어를 배우며 실제로 한국을 방문하는 적극적인 문화 교류 현상까지 만들었습니다.

## (2) 문화 전도사 배용준

'겨울 연가' 이후 배용준은 2003년에 영화 '스캔들 – 조선남녀상열지사'(이재용 감독)로 스크린 데뷔를 하였습니다. 17세기의 조선 왕조시대의 문예와 회화, 무예에 뛰어난 양반(귀족) 조원 역으로 이제까지의 이미지와는 전혀 다른 플레이보이를 열연하여 제24회 청룡영화제 신인남우상 등 여러 상을 수상하였습니다.

2004년 영화 '외출'(허진호 감독)에서는 유부녀와의 불륜의 사랑에 빠진 고뇌하는 남성 역을 맡아 연기의 폭을 넓히는 기회가 되었습니다. 이 영화는 2005년 일본에서 공개됨과 동시에 히트작이 되었지만, 정작 한국 내에서의 평가는 냉엄해서 앞으로의 연기 과제와 가능성에 대해 생각하게 하는 작품이 되었습니다. 이후 배용준은 대하드라마 '태왕사신기'(김종학 감독)의 출연으로 다시 큰 인기를 얻게 되고, 기존의 멜로드라마가 아닌 서사적 역사 드라마에서 터프한 주인공을 연기하면서 새로운 욘사마 스타일을 일본 사회에 선보였습니다.

배용준은 거의 1년에 한 번 정도의 페이스로 작품을 찍고 CF 출연 이외의 활동은 거의 하지 않으며 인터뷰도 극단적으로 피하는 등 자신의 이미지 관리와 팬 관리를 독지적으로 고수해 왔습니다.

또한 배용준은 그를 지켜봐 주는 팬을 '가족'이라고 부르며 소중하게 여기고 있습니다. 2004년 3월에는 '스캔들'의 프로모션을 위해서 아시아 각국을 순회하며, 4월에는 처음으로 일본을 방문했습니다. 이때 나리타(成田) 공항에는 7,000여 명이나 되는 팬들이 마중을 나왔습니다. 두 번째 방일 때는 숙박하고 있던 호텔 주변에 몰려든 팬들이 다치는 사고가 발생했습니다. 이때 몹시 마음 아파하는 배용준의 모습이 매스컴에 전해지면서 그의 따뜻한 인품이 다시 한 번 깊은 인상을 심어 주었습니다. 그런 그이기에 욘사마가 일과성의 붐이 아니라, 한일 양국을 비롯한 많은 국가와 민족을 잇는 가교 역할을 해야 하는 사명이라는 의식 속에서 다양한 문화 산업에도 참가하며 욘사마란 존재를 활용하고 있습니다. 새로운 한국의 이미지를 해외에 심은 그의 공적 등이 평가되어 2008년에는 화관문화훈장을 수여받았습니다. 2009년 9월에 다시 일본에서 배용준, 최지우가 동행한 방문 행사를 가졌을 때, 그를 그리워하던 5만 명 팬들의 열렬한 환영을 받았고, 일본 수상 부부조차도 그를 반겼습니다.

바야흐로 그는 한국을 대표하는 스타를 초월하여 '아시아를 상징하는 문화적 아이콘(우상)'이고 그가 만들어 내는 파급력, 산업적 가치는 금액으로는 쉽게 환산할 수 없는 상황입니다. 앞으로도 한국과 일본뿐만 아니라 아시아의 문화 전도사로서 그의 활약이 기대됩니다.

## (3) 노력하는 가수 '보아'

현재 한국과 일본, 미국 등에서 아시아의 가수로서 맹렬한 활동을 전개하며 2005년 부산 아시아 게임에서도 그 가창력을 과시한 '보아', 그녀의 본명은 권보아(權寶雅)로 1986년 한국의 경기도에서 태어났습니다.

2000년 13세 때 'ID: Peace B'로 한국에서 데뷔하고 이듬해 5월에는 일본에서도 그 실력을 발휘하여 'One Source Multi Use'가수로 데뷔에 성공하였습니다. 뛰어난 어학 실력으로 일본어와 영어를 자유자재로 구사하며 중국어로도 노래를 부르는 그녀는 현재 아시아 음악을 상징하는 아티스트 중 한 사람으로 기대를 모으고 있습니다. '보아'가 인기 있는 이유는 용모는 물론이고 노래와 춤을 잘 추며 다양한 외국어도 유창하게 구사한다는 데 있습니다. 왜 '보아'는 노래, 춤, 일본어까지 그 실력이 뛰어날까요? 과연 선천적으로 타고난 재능일까요? 대답은 '아니요'입니다. 그 비밀은 바로 남다른 노력에 있습니다.

'보아'는 데뷔 2년 전부터 소속 사무소에서 트레이닝을 받았습니다. 노래와 춤 레슨과 더불어 영어와 일본어 등 어학 수업을 병행하였습니다. 학교에 가야 하는 평일에는 방과 후 4~5시간, 주말에는 7~8시간의 힘겨운 트레이닝이었습니다. 데뷔 2년 전 '보아'는 겨우 초등학교 5학년이었습니다. 또한 '보아'는 학업에 있어서도 의욕적이었습니다. 예능 활동으로 바빠지면서 학교에 갈 시간이 거의 없었지만 공부도 열심히 하여 1999년에는 서울 삼육 중학교에 수석으로 입학합니다. 그러나 도중에 한국의 외국인 학교(Korea Kent Foreign School)로 전학하여 특히 영어 교육에 주력하면서 고등학교 졸업자격을 취득하였습니다.

‘보아’는 일본에서 데뷔할 당시부터 일본어로 노래를 부르고 텔레비전과 라디오 등의 일본 매스컴에 출연할 때에도 거의 일본어로 대응해 왔습니다. ‘보아’가 한국뿐 아니라 일본을 대표하는 톱 아티스트가 될 수 있었던 것은 외국인 가수로서가 아니라 일본 가수와 동등한 입장에서 경쟁한 것, 또 어린 소녀로서가 아니라 강한 프로의식을 갖춘 한 사람의 가수로서 정면 승부에 나선 것을 들 수 있습니다.

## (4) 아시아 출신의 대표 격 가수로 성장한 ‘보아’

지금까지 한국의 가수가 일본에서 인기를 모은 것은 그다지 드문 일은 아니었습니다. 이성애나 패티킴, 조용필, 나훈아, 계은숙, 김연자 등을 예로 들 수 있습니다. 그러나 지금까지 유행한 것은 주로 트로트나 가요곡이 중심이었습니다. 또 일본과 한국 어느 한쪽에서 활동하는 경우가 대부분이었는데, ‘보아’의 경우는 일본과 한국을 왕래하면서 활약하고 있습니다. 많을 때는 한 달에 절반 가까이 왕복하는 경우가 있다고 합니다. 지금은 과거와 달리 사회적 상황도 좋아졌고 과학 기술도 발달하여 한일 왕래가 쉬운 거리가 되었다고 하지만, 한 달에 두 나라를 열 번 넘게 왕복하는 것은 육체적으로도 정신적으로도 힘든 일입니다. 그리고 그 나라의 말을 아무리 잘한다고 해도 다른 문화에 익숙해지는 것은 상당한 시간이 걸립니다. 해외 출장이나 여행을 자주 해 본 사람이라면 충분히 이해를 할 겁니다. ‘보아’는 때때로 ‘일본과 한국의 가교’, ‘일본과 한국의 친선대사’ 등으로 불리는데, 일본과 한국을 이어 주는 역할을 충분히 수행해 온 것은 누구도 부정할 수 없는 사실입니다. ‘보아’는 실제로 한국과 일본을 오가면서 ‘가깝고도 먼 나라’에서 ‘가까운 이웃 나라’로 바꾸어 놓았습니다.

또 그것은 ‘보아’ 본인뿐만 아니라 일본과 한국의 팬들 사이에도 확산되어 교류가 활발해지고 있습니다. ‘보아’의 정보 교환은 물론, 한국과 일본의 커뮤니티를 겸한 것도 있어서 온라인을 뛰어넘어 오프라인에서도 팬들끼리의 교류가 활발합니다.

최근에는 ‘보아’가 ‘한류 가수의 선구자’라 불리기도 하지만 일본에서 인기를 얻을 수 있었던 것은 ‘한국의 가수’였기 때문만은 아닙니다. ‘보아’는 일본에서 한류 붐이 시작되기 전부터 인기가 있었습니다. ‘한류 가수의 선구자’라는 것은

'보아'가 열심히 하여 나중에 얻게 된 평가에 지나지 않습니다. '보아'가 일본을 대표하는 아티스트가 된 것은 그녀 자신의 피나는 노력과 성실한 태도의 결과라고 할 수 있습니다.

적극적으로 상대를 알아 가려는 자세와 신뢰관계를 구축해 가는 것이 앞으로의 한·일 관계에 있어서 필요한 우호적인 자세라는 것을 실천한 '보아'가 미래를 위해 시사하는 바는 큽니다. 끊임없는 노력으로 세계적인 무대로 넓혀 가는 '보아'는 한류의 위상을 파급시키며 아시아의 마이클 잭슨이라고 미국의 Fox - TV에서 극찬을 받은 가수 '비'나 오랫동안 일본 오리콘 차트 1위의 황태자들로 고수했던 실력파 가수들 '동방신기' 등과 함께 국경을 초월한 문화 교류의 장을 만들어 주는 우리들의 재산이라고 할 수 있습니다. 정진하는 그들의 성장과 활약에 주목하고 싶습니다.

❑ 배용준 관련 기사들

❑ 보아 관련 잡지 기사들

### 생각해 봅시다

한·일 관계를 가장 가깝게 만들어 준 '한류'문화는 이제 일과성이 아님이 증명되었습니다. 그러나 향후 세계적 문화 교류의 추세를 생각한다면, 앞으로 어떤 한 국문화의 활약 혹은 발전이 필요하다고 생각하세요? 문화 콘텐츠 산업의 현실에 대해서 생각해 봅시다.

## 【참고 문헌】


모우리 요시타카(毛利嘉孝) 편,『일본식 한류』, 세리카 쇼보, 2004년.
오구라 키조(小倉紀藏),『한류 인팩트』, 고우단샤(講談社), 2005년.
한국 퍼브릿싱,『올 어브 배용준』, 코아라 북스, 2005년.
문일석,『욘사마를 만드는 방법 — 배용준을 탄생시킨 12명의 증언』, 광제당 출판,
        2005년.
『한류 스타 STYLE』 VOL.5, 광제당 출판, 2006년.
『'보아'행복해지자』, '보아', avex주식회사, 2003년.
일본 공식 사이트 http://www.avexnet.or.jp/'보아'/index.html
SM ENTERTAINMENT(한국) http://'보아'.ilikepop.com/
일본판 ≪조선일보≫ 2005년 5월 25일 인터넷 뉴스.
http://japanese.chosun.com/site/data/html_dir/2005/05/25/20050525000000.html
http://epg.epg.co.kr/star/profile/index.asp?actor_id=4843
http://media.daum.net/entertain/view.html?cateid=1033&newsid=20091114152908472&p
        =newsen
http://'보아'.giveu.net/


(배용준 담당: 오카노 유키에(岡野幸江), 보아 담당: 유노 유우코(湯野優子))

## 16

# 윤동주를 통해 만나는 세계의 시민들

한일 양국을 초월하여 세계의 평화적 상징으로 부상되고 있는 시인 윤동주, 물론 우리가 자랑할 만한 수많은 유능한 문인들도 많고, 작품들도 많지만 중국 길림성에서 태어나 북한의 평양과 서울을 거쳐 도쿄와 교토에 유학하다 억울한 유학의 꿈을 빼앗긴 채, 고향땅이 가까운 후쿠오카의 형무소에서 고종 사촌 송몽규와 무력의 희생이 되어 버린 그의 특수한 행적은 그의 작품은 물론, 삶 자체를 평화의 상징으로 기리며 그를 기억하려는 움직임으로 일고 있습니다.

## (1) 27세의 죽음은 인류 평화의 상징으로 되살아나다

윤동주는 1917년 12월 30일, 당시 만주 북간도의 명동에서 태어났습니다. 고종사촌 송몽규(1917~1945)와 같은 해 같은 곳에서 태어났고, 그 뒤에 명동소학교와 은진중학교, 평양숭실중학교와 광명중학교를 졸업하고 서울의 연희전문학교(현재의 연세대학교)에 유학을 하게 됩니다.

❏ 고향인 명동과 그의 묘비

❏ 중국 용정의 윤동주 묘

❏ 용정중학교에 세워진 그의 시비 (촬영 이수경)

윤동주는 의학부 진학을 강력히 원했던 아버지의 반대를 무릅쓰고 송몽규와 같이 연희전문에 입학 후, 교내에서 문학 활동도 하지만 좀 더 문학적 심화를 위해서 1942년에 일본 유학행에 오릅니다. 윤동주는 교토로 가기 전에 일단 도쿄의 릿쿄대학에 입학하였으나 학교에 정을 붙이지 못하고 도호쿠 제국대학에 진학시험을 보면서 갈등을 하다가 결과적으로 1942년 9월에 중학교 시절부터 문학적 영향을 받아 온 정지용의 모교이기도 한 도시샤대학교 문학부 영어영문학(선과)과에 입학합니다. 당연히 먼저 와서 교토 제국대학에 재학 중이던 고종사촌 송몽규와의 만남이 잦게 되고, 중국에서 독립운동가들과 행동을 같이 하다 일본 경찰로부터 요시찰 인물로 올라 있던 송몽규와 만났던 1943년 7월 14일에 치안유지법 위반의 사상범이란 혐의로 교토 시모가모 경찰서(下鴨署)에 검거됩니다.

윤동주와 송몽규가 "쇼와 16년(1941년) 12월 8일에 대동아전쟁이 발발하자 전쟁의 구극에 의해 일본의 패전은 필지라는 망언을 하고, 일본의 국력을 쇠퇴시킬 기회를 이용하여 조선독립의 여론 환기를 위해 민중을 봉기시키며 일시에 독립을 완수하려는 의도로 재교토 조선인 학생 몇 명을 목표로 움직여서 동지의 획득에 힘을 쓴 결과, 제3고등학교 학생인 고희욱을 획득하여 쇼와 17년 10월경부터 올해 7월경까지 사이에 교토시내 각지에서 3명이 회합을 만들어 민족의식의 고양 혹은 구체적 운동 방침 등에 대해 협의를 계속하였다."는 이유로 검거되어 송국되었고, 그 결과, 사건명 '치안유지법 위반 피고사건(조선독립운동)'이란 판결하에서 치안유지법 위반을 이유로 1944년 3월 31일, 징역 2년(구형 3년, 미결구류 120일)의 판결을 받았습니다. 송몽규도 재교도 조선인 학생 민족주의 그룹사건 책농의 중심인물이란 죄명으로 같은 해 4월 13일에 징역 2년(구형 3년)이 되었고, 고희욱은 불기소 처분이 되었습니다.

윤동주와 송몽규는 교토에서 후쿠오카 형무소로 이송되고, 본격적으로 미군 공습이 시작되는 1945년 2월 16일에 윤동주가, 3월 10일에 송몽규가 후쿠오카라는 이국땅의 찬바람 속에서 20대의 생을 마치게 됩니다. 당시의 큐슈대학 의학부에서는 미군의 생체실험이 행해졌다는 목격 증언 등이 나오고 있고, 윤동주나 송몽규도 생체실험을 어떤 형태로든 당하지 않았나 하는 해석이 유력해지고 있습니다.

전후 64년이 지나 과거를 청산할 때도 되었건만 당시의 사건이나 사정을 아는 관계자의 증언이나 자성적 양심의 제시는 볼 수 없는 게 안타깝습니다. 그만큼 큰 권력 혹은 비밀 명령이 있었을 거라는 추측은 당시의 관계자들의 침묵만으로도 알 수 있습니다.

## (2) 민족을 초월한 평화의 시인으로 부활

윤동주의 죽음을 안타깝게 생각하던 주변 사람들의 자발적 움직임과 도시샤 교우회의 협력으로 윤동주 사후 50년에 해당되는 1995년 2월 16일, 도시샤 캠퍼스 내에 기념시비가 세워졌습니다. 그 명판에는 그의 대표적인 시 「서시」의 한글판이 새겨져 있고, 그 옆에는 정지용의 시비가 세워져 있습니다.

또, 윤동주를 추모하며 기념하기 위해 모교인 은진중학교가 통합된 지금의 용정중학교와 서울의 연세대학교 교정에도 그의 시비가 건립되어 있습니다.

□ 청운공원의 윤동주 시인

그 외에 윤동주가 교토에서 거주했던 다케다(武田) 아파트가 있었던 현재의 교토 조형예술대학교에도 기념비가 세워져 있으며, 2009년 7월에는 윤동주 문학사상 선양회(박영우 대표)와 종로구의 협력에 의해 그의 연고가 있던 인왕산 청운동에도 「서시」가 새겨진 시비가 세워져 윤동주를 기리며 문학을 통한 평화 교류의 장을 정비하였습니다.

□ 도쿄 가쿠게이 대학 및 릿쿄 대학의
추모제 행사

또한 일본의 릿쿄 대학교에서도 윤동주를 기억하는 릿쿄의 모임이 OG의 야

나기하라 야스코(楊原泰子)를 중심으로 활성화되어 윤동주 추모제는 물론 윤동주 연극 등 다양한 행사를 개최하고 있습니다.

또한 2009년 2월에는 136년의 역사를 가진 교원양성대학인 도쿄 가쿠게이(東京學藝) 대학교가 국립대학법인으로서는 처음으로 윤동주 추모 전야제를 개최하여 그를 기리는 다채로운 행사가 열렸습니다.

한편, 교토에서도 2009년 7월경에 리츠메이칸 대학교 국제 평화뮤지엄 안자이 이쿠로(安濟育郎) 명예관장 등이 앞장서서 '윤동주 시비 건립'을 위한 1만 명 서명운동을 전개하고 있다는 소식이 전해졌습니다. 그들은 윤동주가 1942년 5월경에 도시샤 대학의 친구들과 방문했던 우지강의 아마가세 흔들다리(宇治川の天ヶ瀬吊り橋) 주변에 윤동주를 기념하는 '기억과 화해의 기념비'를 세우려는 시민운동으로 이어지고 있습니다. 그 외 도시샤의 시비를 방문하여 시 낭독을 즐기거나, 윤동주를 추모하려는 움직임은 일본 각지에서 일어나고 있습니다.

이 같은 국경을 초월한 시민연대의 움직임으로 발달한 배경에는 단순히 윤동주의 작품이나 그의 죽음에 대한 동정만이 존재하는 것은 아닐 겁니다. 오히려 그의 생애나 작품에 나타난 정신세계를 통해서, 무력침략이 없는 '평화사회'를 구축하는 시금석으로서 윤동주의 맑고 고고한 뜻을 새기려는 바람과 사회의 폭력이나 무력에 반대하는 비폭력 정신을 고무시키려는 시민의식이 내재되어 있다고 볼 수 있습니다. 그러한 의식의 공유를 통해서 지구촌 시민들의 연대와 국제교류의 필요성이 시대적 과제임을 인식하고, 전 지구촌 규모로 함께 의식을 나눠야 할 무력 저지와 평화 사회 구현 촉진의 움직임으로 생각하는 사람들이 다수 참가하고 있음을 간과해서는 안 됩니다. 그렇기에 윤동주는 한일사회에 널리 알려졌을 뿐만 아니라 그의 시적 재능이나 그의 죽음, 윤동주를 통해서 평화를 추구하려고 하는 움직임은 광양시에서도, 대륙을 넘어서 워싱턴에서도 윤동주 시비 건립의 움직임으로 발전하고 있습니다.

모두가 평화적 공생에 인류적 가치가 있다고 생각하기 시작한 다문화 사회, 우리는 윤동주를 통하여 미래는 결코 불행한 아픔을 반복해서는 안 된다는 약속을 확인하고 있는지 모릅니다. 두 번 다시 무력 침탈을 용서해서도, 있어서도 안 되는 사회이기에 우리는 윤동주를 통해서 별을 헤는 평화로운 밤을 맞기를 염원하는 겁니다.

　다른 문학청년들처럼 사상적인 정치 활동을 해 온 사람은 아니지만 진실이 왜곡되고, 모국어 사용이 반역적 행위라고 처벌받던 시대에 살면서 모국어로 주옥의 서정시를 표현하였기에 조용한 '저항의 시인'의 길을 걸었다고 평가받는 윤동주. 그의 유학에의 의지가 억울한 죽음으로 사라진 지 64년이 되었으나 그의 작품이나 죽음의 의미를 기리는 다채로운 윤동주 행사가 국경을 초월하여 개최되고 있습니다. 여러분은 문화적 교류를 통하여 혹은 문학 작품을 통하여 무력의 불행에 항거한 인물이나 작품이라고 하면 누구를 떠올리나요?

【참고 문헌】

이수경, 「若く死したる多喜二と尹東柱」, 『いま中國によみがえる小林多喜二の文學』,
　　　도쿄, 東銀座出版社, 2006년.
이수경, 「무력에 저항하며 평화를 염원한 젊은 문학가들; 윤동주, 고바야시 다키지,
　　　츠루 아키라, 마키무라 코를 중심으로(武力に抵抗し、平和を希求した若き文
　　　學者たち: 尹東柱、小林多喜二、鶴彬、槇村浩を中心に)」, 『동아시아에 있
　　　어서의 평화적 공생의 모색(東アジアにおける平和的共生の模索)한일 공동 학
　　　술 세미나 요지집』, 경원대학교 편집, 2009년.
이수경, 「군국주의의 무력행위에 저항한 문학청년 고찰」, 경원대학교 아시아 문화연
　　　구소 편, 『아시아문화연구』 제17집, 2009년.
이수경이 기획담당한 윤동주 추모전야제 및 중국 길림성 윤동주 관련 지역 답사, 윤
　　　동주 관계자 인터뷰와 윤동주 평전 서평 등을 통해 얻은 내용 포함.

(담당: 이수경)

17

　현재 한국과 일본의 관계는 과거 역사에 대해 어떠한 역사 인식을 갖고 있는가가 앞으로의 두 나라 관계를 보다 우호적으로 발전시켜 가는 데 중요한 과제가 됩니다. 당연히 일제 강점기를 통해 지배와 피지배의 상반되는 관계를 가져왔던 양국이기에 그 역사 인식은 반드시 일치할 수는 없습니다. 그러나 막연히 당한 피해자의 입장을 이해하고 가해자로서의 자성과 사실 규명을 공유하며 서로에 대한 역사 인식과 이해를 깊이 하는 것만이 과거의 불행을 반복하지 않는 지혜이기에 과거 역사의 진상 연구와 다가서기를 위한 여러 가지 교류가 이루어지고 있습니다. 여기서는 대표적인 몇 가지를 소개해 보겠습니다.

## (1) 한·일 합동 역사 교과서 연구회(일본에서는 일한 역사 교과서 연구회) 주최의 심포지엄

　독일·폴란드의 역사 교과서 개선을 위한 양국 간 협의를 모델로 일본의 후지사와 호에(藤澤法暎)와 한국의 이태영(李泰永)이 중심이 되어 1991년 3월부터 1992년 10월까지 반년에 한 번씩 도쿄(東京)와 서울에서 교대로 4번의 공개 심포지엄을 개최해 왔습니다. 대상을 근대 한·일 관계사로 규정하고 양국 모두 특히 일본의 고등학교 역사 교과서의 문제점, 개선점을 검토해 왔습니다. 이 심포지엄에는 양국의 50명 이상의 역사 연구자·교육자가 참가하여 적극적으로 역사에 대한 토론의 장을 벌였습니다. 비록 전체적인 제언이나 통일 교과서에 관해 상세한 제시까지는 안 되었지만, NHK에 심포지엄이 소개되는 등 커다란 반향을 불러일으켰을 뿐만 아니라 한·일 공동연구에 있어서 중요한 장을 마련했다고 할 수 있습니다.

## (2) 역사교육 연구회에 의한 역사 교과서 심포지엄

　1997년부터 일본의 역사교육 연구회와 한국의 역사교과서 연구회 간의 한·

일 역사교과서 심포지엄이 열리고 있습니다. 이 심포지엄은 한·일 합동 역사 교과서 연구회에서 발전된 것으로 역사 교과서에 대해서 토론하면서 한·일 역사 공통 교재를 만드는 것을 목표로 하고 있습니다. 일본 측 사무국을 도쿄가쿠게이(東京學芸) 대학에, 한국 측의 사무국을 서울시립대학교에 두고, 1년에 두 차례씩 심포지엄을 개최하고 있습니다. 양국의 사무국이 있는 대학 교원이나 대학원생, 고등학교 교원을 중심으로 각각 30명 정도가 참석하는 소규모의 심포지엄이지만 연구회에서 이미 2권의 책이 출판되었으며 교수와 학생 간의 교류와 함께 계속되고 있습니다. 그리고 2007년에는 10년간의 역사연구 성과를 집필한 공동역사교재인『한일 교류의 역사(日韓交流の歷史)』가 한일 동시출판이 되어 많은 화제를 모으고 있습니다. 특히 선사시대부터 근현대까지의 공통인식을 위한 역사적 접근이 한일 양국의 많은 연구자들이 산통을 느낀 부분인 만큼 다양한 평가가 나오고 있고, 앞으로도 이러한 취지에서 계속 연구를 하여 역사적 사실의 공통 인식을 위한 노력을 한다고 그들은 전합니다.

### (3) 비교사(比較史)·비교 역사 교육 연구회 주체의 심포지엄

비교사·비교 역사 교육 연구회는 1983년에 개최된 미국과 일본의 역사학 회의를 준비하기 위해서 요시다 고로(吉田悟郎)를 중심으로 조직된 것이 시작이라 할 수 있습니다. 그 후 1984년 8월에 일본·한국·중국의 참가자들에 의해서 동아시아 역사 교육 심포지엄이 열리고 역사 교육에서의 자유사와 세계사를 어떻게 취급할 것인가에 대한 토의가 이루어졌습니다. 아시아 공통의 역사교과서 작성이 목표가 아니라, 민간 차원에서 대화가 이루어져야 한다는 입장을 취하고 있는 것이 특징이라고 할 수 있습니다. 4번째의 심포지엄을 이미 마쳤으며 앞으로도 세계 각국에서 참가하는 심포지엄 개최를 목표로 하고 있는 연구회입니다.

### (4) 한·일 합동 역사 연구 심포지엄

2000년에 검정에 통과하여 일본 교육 현장 일부에서 채택되고 있는『새로운 역사 교과서』로 인해 한국과 일본 사이에 불거진 문제를 학문적 대화를 통한 역사 인식과 상호 이해를 넓히기 위해서 일본 역사학 연구회와 한국 역사학회가 중심이 되어 양국의 10여 개 역사학 관련단체에 의해 개최된 학술회의입니다. 제1회 심포지엄은 2001년 12월에, 제2회 심포지엄은 2003년에 개최되었습니다. 일본·한국 각각의 교과서에 대한 분석과 일본 교과서 문제의 동향, 역사에 관한 여러 가지 활동에 대한 토의가 이루어졌습니다. 심포지엄에서 합의를 이룬 것은 합의문으로 발표되었습니다.

## (5) 한·일 공통 역사 교재 제작 팀에 의한 공통 역사 교재 제작 시도

2001년부터 일본 히로시마켄(廣島縣) 교직원 조합과 한국·전국 교직원 노동조합 대구지부 사이에서 교류가 시작되었습니다. 이 교류가 진척되면서 공동으로 공통 역사 부교재를 만드는 일에 서로가 합의하였고 그 성과로 2005년에 『한·일 공통 역사 교재 조선 통신사』가 출판되었습니다. 전쟁과 평화라는 큰 틀 안에서 검토가 가능한 시대라는 것, 또 히로시마(廣島)와 역사적으로 깊은 관련이 있다는 이유에서 임진왜란, 일본에서의 분로쿠(文祿: 1592년의 임진왜란)·게이초(慶長: 1597년의 정유재란)의 역(役)과 조선 통신사를 테마로 하게 되었습니다. 2002년 2월부터 총 7회에 걸친 회합을 통해 완성을 보고 간행되어 양국의 교직원들에 의해 아이들이 실제로 역사를 배울 때 사용할 교재로 제작된 것입니다. 최대의 과제는 양국의 역사 인식에 있어서의 큰 격차를 과연 극복할 수 있는가였는데 이 기회를 통해서 두 나라 교직원의 우호와 연대, 그리고 상호 이해가 깊어졌다고 할 수 있습니다.

## (6) 한국과 일본 '여성' 공동 역사 교재 연구

한국과 일본의 여성 연구자들에 의해 2001년 10월부터 시작된 '한·일 여성에 의한 공통 역사 교재 만들기'는 근대부터 한국과 일본의 관계를 '여성'의 동향에 주안을 두고 역사적인 자리매김을 하는 동시에 한·일 양국 사회 안에서 시민 레벨의 연대와 상호 접근을 시도하는 역할을 수행하고 있습니다.

여성의 입장에서 본 근대사를 통해서 여성들의 근대사에서의 위치와 역할, 전쟁과 평화를 다시 한 번 생각하게 하는 노력을 구체화하기 위해서 한·일 연구자들 65명이 모여 이뤄 낸 『여성의 눈으로 본 한일 근현대사』(한울아카데미, 한·일 동시출판)의 발간으로 이제까지의 공동 역사 연구에 새로운 문제제기를 하고 있습니다.

## (7) 한일 여성과 역사를 생각하는 모임(日韓の女性と歷史を考える会)

한국과 일본의 여성과 역사를 다양한 측면에서 평가하고 연구하자는 취지에서 스즈키 유코(鈴木裕子)를 비롯한 역사 연구자를 중심으로 발족한 연구모임입니다. 사무실은 도쿄가쿠게이대학교 이수경 연구실이 되어있습니다.

2007년 2월에는 그 준비위원회를 겸한 심포지엄이 도쿄 분쿄쿠 시빅홀에서 개최되어 많은 시민들이 참가하였고, 같은 해 6월 30일에 도쿄중심가의 나시노기 출판사에서 제1회 연구회가 열렸는데, 그 내용은 전시하 강제 노동자들의 처참한 노동 실태와 탄광의 열악한 환경 및 사고처리의 무능함에 대한 이수경의 연구 보고였습니다. 특히 일본 남부의 야마구치현(山口縣) 쵸세이탄광(長生炭鑛)에서 작업 도중에 부실공사로 인해 탄광이 수압으로 무너지면서 해저에 매몰되어 죽은 노동자들의 유골조차 돌려주지 않고 역사의 강으로 떠넘기려는 실태가 지적되었습니다. 이러한 근대사의 청산하지 못한 실태를 한일 공동 활동을 통해 적극적으로 연구해 나가면서 참된 이웃으로의 한·일 관계, 나아가서는 아시아 연대를 구축하려고 하는 모임으로 주목되고 있습니다.

이 외에도 많은 민간단체나 학제 간 학술대회에서 서로간의 역사 인식의 벽을 극복하려는 작업과 학교 교류, 친선 활동이 활발하게 이루어지고 있습니다. 한·중·일 3국의 공통 역사 교재 위원회는 2005년에『미래를 여는 역사 동아시아 3국의 근대사』를 출판하였습니다. 이 책은 한·중·일 3국의 공통된 역사 교재를 만들려는 의도에서 작성된 것으로 3국에서 동시에 출판되었다는 것이 특징입니다. 한·일 합동 수업 연구회는 한·일 간의 교육과 문화에 대한 관심을 높이고, 연구와 교류를 심화시키려는 것을 목적으로 활동하고 있으며, 교육적 실천을 쌓아 가면서 한·일 양국에서 역사관의 공통 인식을 이끌어 내는 교과서 작성을 목표로 하고 있습니다. 경원대학교 아시아 문화 연구소(박진수 소장)에서는 매년 동아시아 재인식과 상호 교류에 관한 국제 학술대회를 개최하며 어떻게 상호 인식을 확인하고 다가서기를 할 것인지를 모색하는 행사를 개최하고 있습니다. 뿐만 아니라 한·일 간을 넘어선 동아시아 각 대학에서도 역사 인식은 물론 서로의 미래지향적인 공생에 관한 연구와 인식 시도를 지속적으로 하고 있습니다. 이 같은 움직임과 노력은 정치가들의 움직임과는 다른 동북아시아의 공생을 위한 기반 만들기 작업으로 발판을 굳혀 나가고 있습니다.

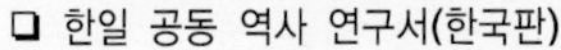

❑ 한일 공동 역사 연구서(한국판)　　　　❑ 일한 공동 역사 연구서(일본판)

**생각해 봅시다**

양국 간의 역사에 대해서 왜 이렇듯 공통된 인식을 가지려는 움직임이 활발한 것일까요? 또한 서로간에 역사 인식의 차이를 보이는 것은 왜일까요? 역사 속에서도 어느 시대에 특히 관심이 모아지고 있을까요?

## 【참고 문헌】


역사학 연구회 편,『역사교과서를 둘러싼 한·일 대담 ― 한·일 합동 역사 연구 심포지엄 ―』, 오츠키 쇼텐(大月書店), 2004년.

이수경,「한국의 근현대사와 한·일 공동 교과서 만들기」(2001.3.14, 리츠메이칸(立命館) 대학 평화를 위한 회합 주체의 강연자료).

이수경,「전시중의 야마구치현 쵸세이 탄광에 있어서의 조선인 노동자(戰時中の山口縣·長生炭鑛における朝鮮人勞働者)」, 일한 여성과 역사를 생각하는 모임(日韓の女性と歷史を考える會), 梨の木舍, 2007.6.30.

일한 여성공동역사교재 편찬위원회 편,『젠더의 시점에서 본 일·한 근대사(ジェンダーの視点から見た日韓近現代史)』, 나시노키샤(梨の木舍), 2005년.

역사교육연구회(日本), 역사교과서 연구회(한국) 편,『한일 교류의 역사(日韓交流の歷史)』, 아카시쇼텐(明石書店), 2007년.


(담당: 마에다 요코(前田 陽子), 이수경)

한국과 일본에는 각각 한 · 미 상호방위조약(1953년 체결)과 일 · 미 안전보장조약(1951년 체결, 1960년 개정)에 의거하여, 각 3만 7천 명을 웃도는 미군이 주둔하고 있습니다(2005년 현재). 양국에 주둔하는 미군을 각각 '주한 미군', '주일 미군'이라 부릅니다.

## (1) 왜 미군이 주둔하고 있는가

미 · 일 안전보장조약의 제6조에 의하면 미국은 일본을 방위하기 위해서, 그리고 '극동에 있어서의 국제 평화 및 안정 유지에 기여하기 위해서'라는 이유로, 일본의 기지를 사용하도록 허용되었다고 합니다. 그러나 현실적으로 일본에 대한 본격적인 무력 공격의 가능성은 낮기 때문에 이제까지의 주일 미군의 관심은 항상 일본 밖에 있었습니다. 그 후 '극동의 평화 및 안전'이라는 범위는 점차로 확대되어 1996년 '일 · 미 안전보장공동선언(안보재정의)'에서는 일 · 미 안보의 수비 범위를 아시아 · 태평양 전반으로 확대하자는 주장이 일었습니다. 다시 말해서 미국에 있어서 일본의 기지는 아시아 · 태평양 지역에 미군을 편성하기 위한 중요 거점이었던 것입니다.

한편, 한국에 주둔한 미군은 북한의 침공으로부터 한국을 방위하는 것이 주 임무였습니다. 이는 주한미군의 주력군이 군사경계선과 접경지역에 주둔하고 있는 것을 통해서도 알 수 있습니다. 이 때문에 주일미군의 군대는 빈번하게 일본의 영역 밖으로 이동하는 데 반해서 주한미군은 그렇게 간단하게 움직일 수 없습니다. 1990년의 걸프전쟁 때는 세계 각지의 미군이 페르시아 만의 연안 지역에 집결했지만, 주한미군은 공식적으로는 단 한 사람의 사병도 움직이지 않았습니다.

## (2) 미군 재편의 영향

미국은 현재 미군의 전술과 조직의 재편(transformation), 그리고 해외에서의 미군 기지의 활동을 재점검(global posture review)하는 2개의 대개혁을 진행시키고 있습니다(미군 재편). 이 재편을 계기로 일본은 미군의 중요한 거점 중 한 곳으로 부상하였습니다. 미국이 앞으로 분쟁이나 테러의 위험성이 가장 높은 지역으로 지정한 '불안정한 활(弧)'(동구권에서 중동, 동아시아, 동아시아를 잇는 지역)을 주시하기 위해서 전선의 사령부로서의 기능을 강화시키고 있다고 전망하고 있습니다.

한편, 주한미군은 현재 병력의 3분의 1(1만 2,500명)을 줄이고, 덧붙여 군사 경계선 쪽으로 집중해 있던 군대를 서울 남부(평택 · 오산)와 한국 남동부(대구 · 부산) 두 지역으로 이전하기로 합의하였습니다. 이 같은 병력 감소와 이전에 대한 이유는 몇 가지가 있는데, 가장 큰 이유는 미군의 효율성을 중시한 사고에 있습니다. 미국은 전술과 조직의 재편(transformation)을 통해서 세계 각지에 주둔해 있는 미군의 효율적인 운용을 목표로 하고 있습니다. 그 때문에 현재의 주한미군처럼 한 지역에만 주둔하는 부대 운용 방법을 가능한 한 피하고 필요할 때, 필요한 장소에, 필요한 만큼의 병력을 기동적으로 투입하는 운용 방법을 구축하려는 시도를 하고 있습니다.

### (3) 양국에 공통된 기지 피해의 문제

한일양국 모두 특정 지역에 미군 기지가 집중되어 있습니다. 일본은 오키나와켄(沖繩縣), 한국은 경기도, 특히 서울 이북이 미군 기지가 집중한 지역입니다. 두 지역 모두 양국에 주둔한 미군 기지의 70% 이상을 떠안고 있는 기지 과밀 지역이기도 합니다. 이와 같은 지역에서 살고 있는 사람들은 소음, 사고, 범죄 · 환경 문제와 같은 미군으로 인한 제반 문제와 함께 살아갈 것을 강요당하고 있습니다.

실제로 이들 지역에서는 가슴 아픈 사건이나 사고가 빈번하게 일어나고 있습니다. 일본의 경우, 오키나와(沖繩)에서는 이제까지 헤아릴 수 없을 만큼의 미군에 의한 사고와 사건이 발생했습니다. 그중에서도 특히 오키나와(沖繩) 전체를 분노에 떨게 한 사건으로서, 1995년의 해병대원에 의한 소녀 폭행사건을 들 수 있습니다. 이 사건으로 인해 오랜 세월에 걸쳐 기지 부담을 떠맡고 있었던 오키나와켄(沖繩縣) 주민들이 미군과 일본 정부에 대한 분노가 폭발하여 8만 명 이상의 시민들이 이 사건에 항의하는 집회에 참가하였습니다.

최근에는 2004년에 후텐마(普天間) 기지에 근접한 오키나와(沖繩) 국제대학에 미군의 헬기가 추락하는 사건이 있었습니다. 다행히 다친 사람은 없었지만 언제 또 다른 사고가 일어날지 불안해하는 목소리가 커지고 있습니다. 상황이 개선되지 않고 방치되어 있는 후텐마(普天間) 기지 주변의 주민들의 분노와 불안은 이루 말할 수 없을 정도입니다.

한국으로 눈을 돌려 봅시다. 한국(특히, 경기도) 역시 오키나와(沖繩)와 마찬가지로 미군에 의한 피해가 끊이지 않고 있습니다. 그중에서도 2002년에 미군의 장갑차에 치여 여중학생들이 사망하는 사건이 있어났습니다. 이 사건은 경기도 양주군의 농촌에서 친구 집으로 놀러 가던 여중학생들 2명이 마을의 일반도로를 사용하여 훈련을 하고 있던 미군의 장갑차에 치여 처참하게 죽은 사건인데, 그 잔혹한 모습과는 반대로 미군 측의 소홀한 대응 및 가해자의 무죄출국으로 인해 한국인들의 분노에 불을 댕겼습니다. 이 사건 역시 후텐마(普天間)에서의 사고와 마찬가지로 마을 곳곳을 제멋대로 달리는 미군 차량의 위험성을 재삼 지적하는 와중에 일어났던 것입니다. 그 후 서울에서는 미국에 대한 항의 데모('촛불 집회')가 대대적으로 전개되었고, 많을 때는 10만 명이 이 데모에 참가하였습니다.

앞에서 말했듯이 미군 재편의 일환으로 경기도 북부에 집중되어 있던 미군 부대는 남쪽으로 재배치되게 되었습니다. 이로 인해서 이제까지 미군 기지로 인한 피해로 고통받고 있던 지역 주민들은 겨우 그 피해에서 벗어날 수 있게 되었습니다. 그러나 안심하거나 기뻐할 수만은 없습니다. 앞으로 미군이 새롭게 배치될 지역에 사는 주민들에게는 그야말로 청천벽력과 같은 일이기 때문입니다. 향후 미군의 재편성이 미군의 기지 피해로 이어지지 않도록 주의와 노력이 기울여져야 할 것은 물론이거니와 미국도 군인 파견에 있어서 현지에 대한 충분한 학습과 이해를 위한 프로그램을 도입하여 더 이상 미군으로 인한 현지 피해를 내지 않도록 기본적인 노력을 기울여야 할 것입니다.

○ 과정표

1950년   한국전쟁 발발

1951년   일본의 독립 회복 · 일미 안전보장조약(旧安保) 체결

1953년   한국전쟁 휴전 · 한미 상호 안전보장조약 체결

1960년   미일 안보 조약 개정(신안보 성립)

1965년   한 · 일 국교 회복

1972년   오키나와(沖縄)의 일본 복귀

1994년   미국과 북한의 핵 개발 위기

1995년   오키나와(沖縄) 소녀 폭행 사건 · 타이완 해협 미사일 위기

1996년   미일 안보 재정의

2000년   매향리 기지 반대 투쟁 전개

2002년   여중생 장갑차에 치여 사망하는 사건(경기도 양주)과 '촛불 집회' 전개

2003년   한국군 이라크 파병 · 자위대 이라크 파병

2004년   미국 재편 본격화 · 후텐마(普天間)에서 미군 헬기 추락 사건

❑ 주한미군 관련 서적

한국 정부도 일본 정부도 미군의 주둔이 없으면 국가의 안전을 지킬 수 없다고 합니다. 미군에 의한 반격이 두려워서 다른 국가들이 한국과 일본에 대한 무력 공격을 감행할 수 없을 것이고, 만일 전쟁이 일어난다 해도 세계 최대의 군사력을 자랑하는 미국이 곧바로 지원하러 올 테니까 안심이라는 이유에서입니다. 단, 미군이 있기 때문에 평화와 안전이 보장된다는 견해에 대해서는 찬반양론이 거세기 때문에 명확한 '해답'은 나오기 어려울지도 모릅니다.

그러나 빠른 해답을 구하지 않으면 안 되는 문제가 있습니다. 그것은 기지 피해로 괴로워하는 특정 지역 사람들에 대한 안전 문제입니다. 설사 한미 상호방위조약·일미 안보조약 덕분으로 양국의 평화와 안전이 지켜진다 하더라도 그 그늘에 있는 경기도 북부나 오키나와(沖繩) 등과 같이 많은 기지가 주둔하고 있는 지역민들의 일상 안전과 평화가 희생되고 있는 현상을 우리들은 어떻게 생각하면 좋을까요? 예를 들어 본토에 사는 대다수의 일본 사람들은 오키나와(沖繩)의 기지 부담을 경감시켜야 한다고 말합니다. 하지만 그 때문에 오키나와(沖繩)의 기지가 자신들이 살고 있는 지역으로 이전하는 것에 대해서는 맹렬하게 반대합니다. 미일 안보는 필요하지만 자신의 지역으로 기지가 오는 것은 반대라는 태도는 너무나 무책임하지 않을 수 없습니다.

국가의 안전을 지키기 위해서 일부 사람들의 안전이 희생당하고 있는 현상에 대해서 여러분은 어떻게 생각합니까? 그리고 이를 어떻게 개선하면 좋겠다고 생각합니까? 모두가 함께 이야기해 봅시다.

## 【참고 문헌】


무라타 코우지(村田晃嗣),『대통령의 좌절: 카터 정권의 주한 미군 철수 정책』, 유희
　　　　가쿠(有斐閣), 1998.

일본 변호사 연합회,『일본의 안전 보장과 기지 문제 ― 평화 속에서 안전하게 살 권
　　　　리』, 아카시 쇼텐(明石書店), 1998.

도요시타 나라히코(豊下楢彦) 편,『안보조약의 논리 ― 그 생성과 전개』, 가시와 쇼보
　　　　(柏書房), 1999.

우매하시 히로미치(梅林宏道),『주일 미군』, 이와나미 쇼텐(岩波書店), 2002.

후지모토 히로시(藤本博) · 시마가와 마사시(島川雅史) 편저,『아메리카의 전쟁과 주
　　　　일미군 ― 미일 안보 체제의 역사』, 사회평론사, 2003.

에바타 켄스케(江畑謙介),『미군 재편』, 비즈니스사, 2005.


(담당: 마츠무라 히로유키(松村博行))

서울 일본어 교육 연구회(1991년 설립)는 주로 한국의 고등학교에서 제2외국어로서 일본어를 가르치고 있는 교사가 중심이 되어서 활동하고 있는 단체입니다. 한국에서의 일본어 교육에 관한 연구 및 보급, 한·일 교류를 위해 적극적인 활동을 벌이고 있습니다만 현재는 널리 다른 아시아 국가들과의 국제 교류에도 힘쓰고 있습니다. 한국의 중등교육(중학교·고등학교)에 있어서 일본어 교육의 발전에 큰 공헌을 하고 있다고 할 수 있습니다.

## (1) 한국에서의 일본어 교육 사정

전후 일본의 식민지 지배에서 해방된 한국에서는 일본어를 추방하려는 움직임이 얼마 동안 계속되었습니다. 그러나 한국의 경제 발전을 위해서는 일본의 경제 기술을 배울 필요가 있고, 일본과의 무역을 통한 자국의 이익을 생각한다는 차원에서 외국어로서의 일본어 교육을 시행하게 되었습니다. 1961년에 최초로 한국 외국어 대학에 일본어학과가 설치되고 1973년에는 고등학교 제2외국어 과목에 일본어가 도입되게 되었습니다. 이와 같이 전후 한국에서의 일본어 교육은 반일감정을 가지면서도 자국의 경제 성장을 위한 이유에서 개시되었습니다.

국제 교류 기금의 2003년 조사에 의하면 한국에서는 약 89.4만 명이 일본어를 학습하고 있으며 이 숫자는 세계 제일이라고 합니다. 한국에서의 일본어 교육 기관으로는 대학과 대학원, 고등학교와 중학교 등 학교 교육 기관 외에 민간의 일본어학교 등이 있습니다만 학습자 중에서 제일 많은 것이 제2외국어로서 일본어를 공부하는 고등학생입니다. 한국에서는 국제화 경향으로 외국어 교육에 힘을 기울이고 있으며 고등학교에서는 필수과목으로 영어 외에 또 하나의 제2외국어를 선택해서 공부하도록 하고 있습니다. 제2외국어 과목(프랑스어, 독일어, 스페인어, 러시아어, 아라비아어, 일본어, 중국어) 중에서도 일본어는 무척 인기가 있어서 많은 사람들이 선택하고 있습니다. 2001년부터는 중학교에서도 선택과목으로서 제2외국어를 가르치고 있으며 중학교에서의 일본어 학습자도 증가하였습니다.

이와 같은 배경에는 일본어와 한국어의 문법구조가 비슷하여 공부하기 쉬운 이유도 있습니다만, 일본의 애니메이션·음악·컴퓨터 게임 등 대중문화의 인기로 일본어 학습에 관심을 갖는 사람이 증가한 것도 사실입니다. 과거 한국에서는 반일 정책으로 일본의 대중문화 유입이 금지되었습니다만, 1998년부터 '일본 대중문화 개방 정책'에 의해서 단계적으로 해금되면서 일본 영화가 영화관에서 상영되거나 일본 가수의 콘서트가 열리기도 하였습니다. 또 2002년의 월드컵 축구를 한·일 공동으로 개최하면서 양국 간의 교류가 더욱 활발해지게 되었으며 젊은이들 사이에서도 일본어를 배우려는 붐이 일어났습니다.

## (2) 서울 일본어 교육 연구회의 일본어 교육 보급 활동

### ① 일본어 교육 연구 및 교사 연수

최근 젊은이들 사이에서의 일본어 학습자가 증가하게 된 배경에는 고등학교에서 일본어를 가르치고 있는 교사들의 오랜 세월에 걸친 정열과 노력이 숨어 있습니다. 1991년에 설립된 서울 일본어 교육 연구회의 교사들은 학생들이 흥미를 가지고 일본어를 배울 수 있게 하기 위해서 수업 연구와 교재 연구를 활발하게 해 오고 있습니다. 학생들 중에는 제2외국어가 필수과목이기 때문에 졸업에 필요한 단위를 취득하기 위해서 어쩔 수 없이 일본어를 공부하고 있는 이른바 학습 동기가 낮은 이들도 있습니다. 또 한국에서는 일본 이상으로 대학입시 시험이 치열하여 일본어가 '수학 능력 시험'(일본의 대학입시 센터 시험에 해당) 과목에 들어가는지에 따라서 학생들의 학습 동기도 변하고 있습니다.

서울 일본어 교사 연구회에서는 매년 교사를 대상으로 연구회를 기획하여 여름방학이나 겨울방학에 실시해 왔습니다. 교사들은 재미있는 수업을 위해 교재를 작성하거나, 학생들에게 실제의 일본에 대해서 알게 하기 위해서 정보를 수집하게 한다거나, 교사 자신의 일본어 능력 향상을 위해서 공부하거나 하는 여러 가지 노력을 기울여 왔습니다. 이와 같이 서울 일본어 교사 연구회는 일본 측의 관계기관(국제 교류 기금이나 일본대사관 등)과 협력하면서 한국에서의 일본어 보급을 위해 활동해 왔습니다. 그리고 2003년에는 각 지역 중등 교육의 일본어 교육 연구회의 연합회인 '한국 일본어 교육 연구회'를 설립하여 매년 여름방학에 '수업 발표 대회'를 중심으로 한 전국 규모의 연구회를 개최하고 있습니다.

중등교육에서의 일본어 교육은 학생들이 대학에 들어가고 나서나 또는 사회인이 되어서도 계속적으로 일본어를 공부할 기회를 주려는 의미에서 상당히 중요한 역할을 수행하고 있습니다. 한국의 젊은이들 중 한 사람이라도 더 많이 일본에 대해서 알게 하고, 관심을 가지고 일본어 공부를 할 수 있게 하는 것이 한·일 교류 발전을 위해서 필요한 일입니다.

② 한·일 교류를 위한 활동

일본어 교육 연구 외에 서울 일본어 교육 연구회에서는 한국과 일본 양 국가 간의 고등학교 교사, 그리고 학생들 간의 교류 활동을 벌여 왔습니다. 일본어 자매학교와의 교류에서는 서로의 학교를 방문한다거나, 홈스테이를 통한 문화체험을 한다거나, 캠프를 한다거나 하는 프로그램을 실시하고 있습니다. 이와 같은 교류 프로그램에서는 한국어와 일본어, 영어가 한데 섞여 소통하고 있습니다만, 한·일 양국의 학생이나 교사가 실제로 만나서 이야기를 나누고 함께 행동하고, 서로를 이해하는 장이 됩니다.

한·일 두 나라 사이에는 과거의 역사 인식이나 영토 문제 등 여러 가지 문제가 산적해 있습니다만, 이와 같이 젊은이들의 마음을 통한 교류가 앞으로의 한·일 관계에 무척 중요한 의미로 다가오고 있습니다. 따라서 서울 일본어 교육 연구회의 교육·연구 및 교류활동은 단순히 '일본어를 가르친다'는 것을 뛰어넘어 깊은 의의를 찾을 수 있습니다.

한국에 있어서 일본어 교육을 둘러싼 주요한 동향

1961년 한국외국어대학에 일본어학과가 신설됨

1973년 고등학교에서 제2외국어로서 일본어가 도입됨

1975년 대학입시에서 일본어가 도입됨

1986년 고등학교에서의 일본어 학습자가 다른 언어(독일어·프랑스어·스페

인어 · 중국어)를 제치고 탑이 됨

1991년 서울 일본어 교육 연구회가 설립됨

1994년 대학입시 시험의 '수학 능력 시험'에서 제2외국어가 제외됨

2000년 대학입시 '수학 능력 시험'에서 제2외국어가 선택과목으로 도입됨

2001년 중학교에서 일본어를 포함한 제2외국어가 선택과목으로 도입됨

2003년 한국 일본어 교육 연구회가 설립됨

❑ 고등학교에서의 일본어 수업모습

❑ 연구회 주최의 하계 교사연수: 컴퓨터를 이용한 일본어 수업에 대해서

### 생각해 봅시다

(1) 한국에서는 많은 중학생과 고등학생이 영어 외의 제2외국어로서 또 하나의 어학(일본어나 독일어 등)을 공부하고 있습니다. 여기에 대해서 어떻게 생각하세요?

(2) 최근 일본에서는 수학여행을 한국이나 중국 등 외국 현지의 학교를 방문하여 학생들과 교류하는 경우가 늘고 있습니다. 한국 학생들은 일본 학생들과 어떤 교류를 하면 좋을까요? 또, 그때의 교류를 위해서 어떠한 준비를 하면 좋겠다고 생각합니까?

## 【참고 문헌】

가도와키 가오루(門脇薫), 「한국의 고등학교에 있어서 일본어 교육의 현상과 과제」,
　　『야마구치(山口)대학 유학생 센터 기요』 창간호, 야마구치(山口) 대학 유학생
　　센터, 2003년.
국제 교류 기금, 『해외의 일본어 교육 기관 조사 2003년』, 본진샤(凡人社), 2005년.
서울 일본어 교육 연구회, 『일본어 교육 연구회』 제14호, 서울: 일본어 교육 연구회,
　　2004년.
박차환(朴且煥), 「한국에 있어서 현직 일본어 교사 연수자 개괄」, 『해외에 있어서 일
　　본어 교육 활동의 개괄』, 일본어 교육학회, 2003년.
모리타 요시오(森田芳夫), 「전후 한국에서의 일본어 교육」, 『강좌 일본어와 일본어
　　교육 제15권 일본어 교육의 역사』, 메이지 쇼인(明治書院), 1991년.
http://sejata.or.kr '서울 일본어 교육 연구회'
http://www.jpf.go.jp/j/japan_j/oversea '국제교류기금 일본어 교육 기관 조사'
http://www.jpf.go.jp/j/urawa/world/kunibetsu '국제교류기금 세계의 일본어 교육 국가별
　　정보'


(담당: 가도와키 가오루(門脇薫))

# 재일 교포 최초의 변호사 김경득의 한 · 일 우호의 염원

일본 사회에서 살아가는 재일교포들이 받는 여러 가지 차별을 하나씩 없애 가며 더불어 살아가는 국제화 사회에 걸맞은 일본을 법적 시점에서 추구해 온 재일 교포 최초의 변호사 김경득(金敬得, 1949∼2005.12.28).

지문날인과 지방 참정권 문제, 사할린 주재 한국동포 귀환 문제, 재일 동포 차별 문제 등을 해결하기 위해서 전력을 추구해 온 그의 염원은 오직 일본과 한국의 우호와 재일 외국인의 지위 향상이었습니다. 때문에 많은 일본인이나 재일 동포, 한국에 있는 지인들의 지원에 힘입어서 일본과 한국을 이어 주는 가교 역할을 위해 열심히 활동하였습니다.

## (1) 재일 한국인의 정체성을 위해

김경득(金敬得)은 1949년 6형제의 차남으로 와카야마(和歌山) 시에서 태어났습니다. 부친은 식민지 지배 당시 경상북도 군위(軍威) 농가에서 3남으로 태어나, 하수도에도 쌀이 흐르는 풍요로운 곳이라는 소문을 듣고, 1927년 18세 때에 단신으로 일본으로 건너와 오사카(大阪) 텐마(天滿)의 도금 공장에서 견습공으로 일했습니다. 그 후 도금 기술자가 되어 오사카(大阪) 등을 전전하다가, 지인의 소개로 살기 시작한 곳이 와카야마(和歌山)였습니다.

김경득이 태어나고 자란 주변은 그다지 좋은 환경이 아니었기 때문에 어린 김경득의 마음속에는 비참함과 열등의식이 싹트고 있었습니다. 당시 주위의 재일 교포들은 경제적인 여유가 없어서 낮부터 술을 마시거나 부부 싸움을 자주 하는 등 소란스러웠던 인상이 소년의 마음을 아프게 하였습니다. 그와 같은 환경에서 도망치고 싶어서 가나자와(金澤)라는 통명으로 일본인이 되려고 노력하기도 했습니다. 그러나 학교에서 한국에 대해서 몇 시간씩이나 매도하는 무신경한 교사와 주위 사람들에 의해 더더욱 깊은 마음의 상처를 받습니다. 철저한 일본인이 되려고 노력하면 할수록 일본인의 시선을 훔쳐보게 되고 마음이 위축되고, 또 한편으로는 재일 한국인으로서의 자신에 대한 집착도 심해져서 사회로부터의 재일 한국인에 대한 시선과 자신과의 갭 사이에서 심한 갈등의 시간을 겪습니다.

와세다(早稻田) 대학 법학부에 입학하여서도 자신의 정체성을 찾기 위해 4년간의 고독한 생활을 보낸 김경득은 하나의 결론에 도달합니다. 다시 말해서, 한 사람의 인간으로 태어나 사회에서 항상 타인을 의식하고 다른 사람과 다르다는 이유 때문에 긴장하고 불안해하며 일상생활 속에서도 자신을 끊임없이 위장하는 것은 그 사회에 숨어 있는 '차별 의식'이 그 원인이며, 무엇보다도 자신의 현실을 감추려는 부자연스러움과 열등감, 비열한 자세에 문제가 있다고 깨닫게 됩니다.

1972년, 대학 졸업을 계기로 김경득은 본명을 사용하지만 현실에서는 취직 차별을 받게 됩니다. 그러나 자신이 태어난 일본 사회의 민주화·국제화를 위해서 이 같은 차별을 없애는 것이야말로 자신이 해야 할 일이라고 생각하여 법학부 출신임을 살려서 사법시험에 도전합니다. 와카야마(和歌山)의 집으로 돌아가서 반년 정도를 토목 작업원으로 일하면서 비축한 돈으로 사법 고시 시험을 준비합니다. 처음부터 일본인이 아니기 때문에 사법 연수도 무리라는 것은 알고 있었지만, 무리라고 생각하는 것이 곧 차별을 낳는 의식이라고 생각합니다. 그리고 사회를 위해서 열심히 일하다 보면 반드시 알아 줄 것이라 확신하고 김경득의 '자기 자신 찾기' 싸움이 시작됩니다. 1976년 10월 9일 사법 시험에 합격하지만 국적이 한국이라는 이유로 사법 연수생이 될 수 없다는 최고 재판소의 통지를 받습니다. 그때 김경득은 '가나자와(金澤) 경득'이라는 이름으로 일본인을 위장해 온 노력이 거짓된 자신이라는 것, 자신이 자연스럽게 살아가는 것이야말로 차별을 없애는 길이라 인식하고 차별과 정면 승부를 하며 싸울 것을 결심하고 청원서를 제출합니다. 그 일부를 요약하면, "재일 한국인인 자신이 일본인으로 귀화한다면 어떻게 재일 동포의 신뢰를 얻을 수 있으며 어떻게 아이들에게 자신 있게 이 세상을 살라고 말할 수 있겠는가? 일본 사회의 재일 동포 차별이 없어지지 않는 한 자신의 귀화는 결국 어두운 그림자가 드리울 것이다. 일본의 재일 동포 차별 해소야말로 일본의 민주화, 조국 통일, 아시아 연대, 세계의 평화에 연결되는 것이라 믿고 있기 때문에 대한민국 국적을 그대로 소지하면서 사법 연수생으로 채용되고 싶다."고 호소하였습니다. ≪아사히신문≫의 독자 투고란에서는 자신이 이제까지 '한국적인 것'을 부정하고, 길에서 어머니를 만나도 모른 척했던 과거와 같은 삶은 살지 않겠다고 선언하였습니다. 아르바이트로 와세다(早稲田) 대학의 캠퍼스 내 청소를 하면서도 사법 당국을 상대로 차분하게 호소를 계속한 결과, 많은 법조인들이 그를 지원하게 되었고, 사법부는 결국 국적 조건을 완화하였습니다. 그리고 1979년, 드디어 재일 한국인 최초의 변호사 김경득이 탄생하게 된 것입니다. 이를 토대로 현재는 40여 명의 재일 코리언 변호사가 법조계에서 활약하고 있고, 외국인이라는 차별보다 사회를 위한 능력 우선의 실리 추구가 현명한 득책임을 깨닫기 시작하고 있습니다.

### (2) J (일본)&K(한국) 법률 사무소와 한 · 일 우호를 위한 염원

1979년에 개업하자 김경득 변호사의 할 일은 그야말로 태산 같았습니다. 재일 교포의 편견과 차별을 뼈저리게 경험해 왔던 만큼 그와 같은 차별을 없애고 모두가 자연스럽게 행복한 삶을 영위하는 국제화 사회를 목표로 몸이 부스러지도록 움직였습니다. 정신없이 바쁜 상황 속에서도 김경득은 자칭 '자기 회복'의 두 번째 걸음으로서(첫걸음은 변호사 자격 취득) 한국의 정치 · 경제 · 문화 등의 사회 사정을 배워 한국인으로서의 내실을 기하고 한국법을 알기 위해서 1981년부터 1985년까지 서울에 유학합니다. 1969년에 한국 민단의 추천으로 처음 한국을 방문하였는데, 그때는 한국인으로서의 열등의식으로 갈등하던 시기였기 때문에 조국에 대한 의식은 거의 없었습니다. 그러나 재일 동포 최초의 변호사로서 다시 한국을 찾았을 때는 한국과 재일 동포의 가교 역할을 하기 위해서 연세대학교 주변에서의 하숙도 마다하지 않았습니다. 한국어 어학당에서 모국어 습득에 노력하고 한국 내를 여행하면서 한국 법조계와도 적극적으로 교류하였습니다. 그런 과정에서 일본에서는 재일 한국인 변호사를 인정하게 되었지만, 한국에서는 한국인만의 사법 수습제여서 국제화 사회로의 대응이 필요하다는 것을 느끼게 됩니다. 또한 한국 사회에서의 재일 교포의 소외, 부계 혈통, 남성 우위주의와 동성동본 금지제도에 대해서도 접하게 됩니다. 참고로 일본에서는 1985년에 일본 국적법의 부모 양계 주의가 실현되었는데, 그것은 1965년의 한 · 일 법적 지위 협정 때, 재일 법적 지위와 인권문제를 배려한 내용이 확립되지 않았기 때문에 재일 코리언 2세 이후는 국제 인권 조약이나 난민조약의 비준 등 일본의 국제화를 촉구하는 노력에 의해 실현된 것입니다.

그 뒤, 한국에서 사랑을 키운 김경득은 1983년 1월 손영란(孫永蘭)과 결혼하여 가정과 사회에 대해서 새롭게 인식하게 됩니다. 그리고 1985년 4월 4일 한국에서의 여러 가지 경험을 가슴에 담고 재일 한국인으로서의 자신 찾기 여행에서 도쿄의 사무실로 돌아옵니다. 일본의 장래와 재일 코리언의 지위 향상, 인권 문제의 획득이야말로 자신의 역할이며 소중한 가족을 지키는 길이라고 재인식하고, 잠자는 시간도 아껴 가며 정열적으로 활동합니다.

국민 연금 소송과 지문날인 거부 재판(1999년 재일 외국인의 지문날인 전면 폐지 결정), 일본 위안부의 전후 보상 재판, 사할린 잔류 한국인 귀환 문제, 교원 채용, 도쿄도(東京都) 관리직 시험 수험 자격 확인 소송과 같은 공무원 국적 차별 등 일본에 있어서의 인권 옹호와 차별 시정에 힘씁니다. 그 사이 니가타(新潟) 대학 법학부·히토츠바시(一橋) 대학 법학부·사회학부의 강사 등을 겸하면서 재일 법적 지위에 관한 현상과 차별 문제, 일본이라는 국제적 사회의 역할과 재일 코리언과의 공생에 관해서 강의하는 등 촌각을 다투며 활동합니다.

'우리'라는 의미의 '우리 법률 사무소'를 설립한 후, 일본과 한국을 잇는 가교가 되고 싶다는 취지에서 'J(Japan)&K(Korea)법률 사무소'라고 개정합니다. 그리고 일본에 거주하는 외국인의 지방 참정권을 실현시키기 위해서 일본·한국·재일 네트워크에도 힘쓰는 등 눈부시게 변화하는 한·일 사회의 현상에 대응하기 위해서 김경득은 쉬지 않고 뛰어다닙니다. 정보와 통신 기술의 발달과 인류의 이동이 활발해지고 있는 현대 사회의 다양한 과제에 대응하기 위해 자신의 건강을 돌볼 여유조차 없었습니다. 그 때문에 위암에 걸려 투병생활을 하면서도 쉴 새 없이 계속해서 일을 하였고, 그런 혹사로 인해 결과적으로 급작스런 죽음을 맞이하게 됩니다.

"21세기를 살아가는 젊은이들 시대에는 세계의 어느 국가에서든 국적이나 민족으로 인한 차별이 없어지고, 각자의 능력을 충분히 발휘할 수 있는 사회가 실현되길 꿈꿉니다. 그리고 재일 코리언들은 그 꿈을 현실화시키기 위한 견인 역할을 해주길 바랍니다."(김경득 『신판 재일 코리언의 아이덴티티와 법적 지위』(아카시 쇼텐(明石書店) 2005년), pp.111~112)

변호사·김경득의 생애는 일본 사회의 국제화를 방해하는 여러 가지 불평등

한 차별과의 투쟁이었으며, 일본과 한국 그리고 재일 코리언의 화합과 연대를 위한 인생이었습니다. 26년간의 인권 변호사로서의 활동은 한·일 사회가 걸어 나갈 국제화의 지표로서 이어 나갈 것입니다.

❑ 김경득

### 생각해 봅시다

일본의 최고재판소는 재일 한국인이라도 유능하다면 사회를 위해서 필요하다고 판단하여 사법 수습생을 허가했지만, 한국의 최고재판소는 한국 국적밖에 인정하지 않습니다. 한편, 일본에서는 주권 문제를 이유로 일본에서 태어나서 자랐고 영주권을 소지하고 있더라도 참정권을 주지 않지만, 한국은 2005년 6월에 19세 이상으로 영주권을 가진 자에게는 지방 참정권을 주어, 국제화와 저출산화에 대응하고 있습니다. 한국과 일본 모두 민주주의화·국제화가 진행되면서 경제·IT 선진국이라고 주장하고 있습니다. 그러나 진정한 의미에서의 민주주의화·국제화 사회가 되기 위해서는 적지 않은 과제가 남아 있습니다. 여러분은 한일 사회가 진정한 국제화가 되기 위해서 어떤 노력을 해야 한다고 생각하세요? 그리고 국제화 사회라고 느낄 때는 어떤 때인가요?

## 【참고 문헌】


김경득, 『신판 재일 코리언의 아이덴티티와 법적 지위』, 아카이시 쇼텐(明石書店),
　　2005년.
와카미야 게이분(若宮啓文), 「재일 한국인의 변호사 1호 김경득 동포의 고뇌와 마주
　　하기」, ≪아사히(朝日)신문≫, 2006년 2월 13일.
≪조선일보≫ 일본판 인터넷 사이트.
http://japanese.chosun.com/site/data/html_dir/2006/01/03/20060103000000.html
≪중앙일보≫ 일본판 인터넷 사이트.
http://japanese.joins.com/article/article.php?aid=71268&servcode=400§code=420&p_
　　no=&comment_gr=article_71268&pn=11
http://www.han.org/a/half-moon/hm117.html#No.871
필자와 관계자 인터뷰를 통한 내용 확인.


(담당: 이수경)

2002년에 사상 처음으로 한일 월드컵 공동 개최가 이뤄졌습니다. 당시 FIFA 부회장을 했던 정몽준의 진력은 말할 것도 없지만, 일본에서도 공동 개최의 역사적 의미를 받아들이며 스폰서는 물론 홍보, 공동 개최에 대한 선전 등에 일본 최고의 광고회사인 덴츠(電通) 그룹이 물밑 활동에 힘썼습니다. 그리고 동아시아에서의 월드컵 공동개최를 어떻게든 성공적으로 이루려는 노력과 정성에 부응하여 기업은 물론 방송 언론에서도 다 가서기의 시도를 이해하고 성공적 개최를 위해 양국 홍보와 이해를 위한 프로그램을 다양한 형태로 기획했습니다. 그런 노력으로 인해 한국과 일본에서는 축구에 대한 관심이 한층 더 높아지고 있습니다. 특히 아시아에서는 한국과 일본, 북한, 중국 등의 국가별 시합뿐만이 아니라 동아시아의 클럽별 축구 대회도 개최되어 국경을 초월한 축구 친선 교류가 활발해지고 있습니다. 그러나 북한과의 축구 교류는 정치적 입장으로 인해 아직 자유롭지 못한 상태입니다. 과거의 실적을 보더라도 북한의 축구는 충분한 기량을 가지면서도, 대외적인 활동의 기회가 적었기 때문에 동아시아의 축구 교류 등 국제 사회에서의 스포츠 교류에 적극적으로 참가할 수 없는 것이 현실입니다. 그러나 아시아 축구계를 서로 자극하며 한층 더 발전의 기회로 삼는 것이 아시아 축구가 세계적으로 인정받을 수 있는 길입니다. 이를 위해서도 정치와 상관없는 순수한 스포츠 정신에 입각한 국제 교류가 절실한 때입니다. 이러한 상황을 인식하면서 아시아 축구계의 발전을 위해서 항상 자신이 할 수 있는 일에 최선을 다하며 자신의 더 나은 역할을 끊임없이 추구하고자 노력하는 재일 교포 안영학(安英學) 선수에 대해서 생각해 보고자 합니다. 자신의 정체성을 찾기 위해서 고뇌하면서 결코 쉽지 않은 북한과 한국 · 일본 축구계의 교류와 우호를 위해서 노력하고 있는 안 선수. 스포츠를 통해서 자신이 갖고 있는 역량을 최대한 발휘하려는 프로 의식도 강합니다. 또한 일본과 한국의 프로 축구 선수, FIFA월드컵의 북한의 국가 대표 선수를 역임하고 있는 이색적인 경험을 살려서 동아시아 축구 교류를 위한 가교가 되려고 애쓰고 있습니다.

## (1) 안영학의 약력

안영학은 1978년 일본의 오카야마켄(岡山縣) 구라시키시(倉敷市)에서 태어났습니다. 국적이 북한으로 되어 있었기 때문에 이한재 선수나 정대세 선수처럼 북한의 대표 팀으로도 활약했습니다.

안영학이라는 이름은 대지에 착실하게 뿌리를 내려, 아름다운 꽃과 열매를 맺는 '꽃 뿌리'를 배우라는 의미에서 조부가 지었다고 합니다. 그는 도쿄(東京)의 조선중·고급학교를 다닌 후 릿쇼(立正) 대학의 경영학과에 특별 추천자가 아닌 일반입시로 들어갑니다. 대학 졸업 후 2002년에 J2리그 소속이었던 알비렉스 니가타(新潟) 팀에 입단하여 미드필더(MF)로서 활약합니다. 그리고 J2리그전의 통산 68시합 중에 4득점을 선취하여 2003년에는 J2리그에서 우승하였고 팀의 J1리그 승격에도 공헌하였습니다. 2004년에는 전반기, J리그의 베스트 11에 선발될 정도로 높은 기량을 자랑한 그는 J1 승격 후에도 팀의 주력 선수로서 정열적으로 활동하였습니다.

그러나 자신을 보다 단련시키려는 의도에서 J1리그의 나고야(名古屋) 그램퍼스에이트 쪽으로 이적합니다. 34시합 중에 21시합에 출전하면서 넬신호 감독으로부터 '안영학의 체력과 정신력은 일본에서 최고 수준이다', '멀티플레어로서의 자질을 갖추고 있다'라는 대대적인 평가를 받으며 팀의 신뢰를 한 몸에 받았습니다. 그러나 왼쪽 다리와 목의 부상으로 할 수 없이 주전에서 물러나서 치료하던 중, 앞으로의 선수생활이 길지 않을 것을 예상하여 한국에서의 새로운 활동을 결심합니다. 그 길은 순풍에 돛단 듯 결코 쉬운 것이 아니었고, 국적 문제의 벽도 있었습니다. 부단한 노력을 통해 2006년 1월 19일, 부산의 프로 축구 팀인 부산 아이파크에 1년간 이적합니다. 부산 아이파크는 14개 팀으로 구성된 K 리그에서 전반기 1위의 실력을 자랑했습니다만, 후반기에는 최하위로 전락하였습니다. 부산을 지역으로 하는 프로 야구의 롯데 팀 성적도 역시 그다지 좋지 못하여 부산 스포츠계에는 이렇다 할 좋은 소식이 없던 중에 안영학의 입단은 각 매스컴이 기대감을 갖고 취재 경쟁을 벌일 만큼 이슈가 되었습니다. 한국 프로 축구에 입단한 직후 이루어진 기자회견에서 안영학은 능숙한 한국어로 자신의 포부를 말하였고, 그의 성실한 모습과 좋은 인상으로 많은 팬클럽과 팬 사이트를 확보하게 됩니다. 그런 프로의식과 스포츠 교류 전도사적인 역할을 하는 안영학은 두 시즌을 부산에서 활동한 뒤, 지금은 수원의 삼성 블루윙즈에 이적을 하여 정상급 선수로서 최선을 다해 활약하고 있습니다. 자신의 축구 생활을 폭넓은 교류의 장으로 생각하며 축구를 사랑하는 더 많은 팬들을 위해 항상 최선을 다하는 그의 모습은 국경을 초월한 스포츠 선수로서의 아름다운 모습으로 기억되고 있습니다.

### (2) 한국의 스타로서

한국에서 '북한의 별'로 불리던 안영학이 주목을 받기 시작한 것은 독일 월드컵이 열린 2006년의 초반부터였습니다.

키 182cm에 단정한 얼굴, 섬세하면서도 정확한 볼 처리, 세련된 시합 매너 그리고 시합을 리드해 가는 포지션인 MF로서 독일 월드컵의 아시아 지역 최종 예선에서는 2골과 2개의 어시스트를 기록하였습니다. 이로서 안영학 선수는 북한의 대표 선수 중에서도 주목을 받아 평양에서 일약 스타가 되었고 인기 있는 선수가 되었습니다. 그 정보가 그의 입단 뉴스와 함께 흘러 들어가자 북한과 일본의 이미지까지 보다 가까워지게 되었습니다.

한국에 오기 전 어느 기자와의 인터뷰에서 2002년 한·일 월드컵 공동 개최를 보면서 무엇을 생각했는지를 묻자, "친구가 준 홍명보 선수의 유니폼을 입고 집에서 텔레비전을 보면서 한국을 응원했다. 내가 '대한민국!!'을 너무나 열심히 큰 소리로 외쳤기 때문에 아래층에 사는 아이가 놀라서 울기도 했다. 같은 민족으로서 세계의 강호들과 대적하여 이긴 것이 통쾌하여 응원을 계속했다. 그때 '나도 반드시 북한을 대표해서 월드컵에 나가야겠다.'고 각오했다."고 포부를 밝힌 안영학은 한국의 K리그에서 활약하는 최초의 북한 국적의 선수로서 주목을 받고 있습니다.

### (3) 축구를 통한 아시아 연대

안영학의 취미는 인터넷이라고 자신의 공식 홈페이지를 통해서 밝히고 있습니다. 그 때문에 온라인상에서 많은 팬들의 응원과 교류를 지속하고 있을 뿐만 아니라, 한국에서의 재일 코리언과 북한 축구에 대한 이미지도 계속적으로 변하고 있습니다. 한국은 1997년에 IMF 경제위기를 맞았고, 이듬해 1998년에 취임한 당시 김대중 대통령의 IT 문화 산업 정책으로 지금은 ADSL 보급률이 세계 정상급의 명실 공히 IT 선진국으로 평가받고 있습니다. 네트워크 사회에 있어서의 상징적 사례로서 대통령 선거에서 지명도가 낮았던 노무현 후보가 네티즌의 지원을 받아 제16대 대통령으로 선출된 것을 들 수 있습니다. 그만큼 네트워크의 영향력을 무시할 수 없게 된 것이 현실입니다.

2006년 안영학의 한국 입단 소식이 전해지자 그의 공식 홈페이지의 게시판뿐만이 아니라 한국 내의 유명한 포털 사이트의 인터넷상에서도 그에 대한 기대의 목소리와 팬클럽이 계속해서 개설되고 있습니다. 이와 같은 인기는 안영학을 받아들인 아이파크 팀의 팬들을 포함하여 기존의 한국 유명 선수들과 다른 경력, 예의 바름, 호감 가는 인상의 동포 청년, 일본에서 갈고 닦은 실력을 발휘하길 바라는 기대의 목소리가 일조를 하였습니다. 이 같은 움직임을 간파한 부산 아이파크 팀은 "앞으로는 북한의 실업 팀 등과의 친선 시합 등 다방면에서 남북 축구의 새로운 역사를 열어 갈 계획이다", "북한이 그를 대표 선수로서 지명할 경우 언제라도 그 요청에 응하겠다."고 밝히기도 했습니다.

그 뒤, 안영학은 유럽과 J리그 이적 등으로 화제를 모으면서도 수원삼성 블루윙즈에 이적하여 현재 한국 축구계에서 정상급 선수로서 활약을 계속하고 있습니다.

생각해 보면 한 사람의 축구 선수에 지나지 않은 안영학에게 너무나 큰 기대를 갖게 하는 발언인지도 모르겠습니다. 그러나 1953년의 한국전쟁 이후 남북이 분단국가의 상처를 안고 대치하고 있는 상태에서 서로가 이대로 총구를 맞대고 있는 것 자체가 시대에 뒤떨어진 것이라고 통감하고 있는 만큼, 작은 실마리라도 잡고 돌파구를 찾아보려는 의도가 한국 측에는 있습니다. 때문에 일본에서 태어나 재일 코리언으로서 차별과 편견 속에서 민족 학교를 졸업하고, 자신의 실력으로 입시에 응해 대학에 입학하고, 일본의 J리그에서도 좋은 성적을 남기고 있는 안영학 선수에 대한 한국 여론의 기대는 그만큼 큰 것입니다. 그리고 안영학의 성실함, 노력하는 자세와 활약이 남북 관계의 교류에 물꼬를 틀 에너지로서 충분히 영향을 끼칠 것으로 기대됩니다.

한국 정부도 올림픽 등의 국제대회에는 단일 팀의 'One Korea'로 참가하는 것을 북한과 합의하고 있습니다. 이와 같은 기대 속에서 단신으로 한국 팀으로 뛰어든 안영학을 고향인 일본뿐만이 아니라 한국과 북한의 축구계를 넘어 동북 아시아의 평화를 이어 주는 가교로서 모두가 따뜻한 눈으로 지켜보려고 하고 있습니다. 이 같은 기대를 저버리지 않기 위해서 안영학 자신도 한층 더 자기 계발과 활약에 매진할 것입니다.

❏ 안영학 선수 (삼성 블루윙즈 제공)

**생각해 봅시다**

    안영학 선수와 같이 스포츠를 통해서 다른 국가나 민족과의 우호에 공헌하는 선수에 대해서 생각해 봅시다. 예를 들면 1936년 8월 1일, 히틀러의 독일 민족 위신을 걸고 개최된 베를린 올림픽 축구 시합에서 인지도가 낮았던 일본 팀의 첫 교전 상대는 우승 후보였던 스웨덴이었습니다. 일본의 취재기자조차도 강호 스웨덴과의 시합 결과를 단념하고 구장에 모습을 나타내지 않았지만, 일본 팀은 강한 정신력과 결속력으로 3-2라는 스코어로 승리를 이끌어 냈습니다. 이른바 베를린의 기적을 일으킨 셈이었습니다만, 그중에서도 김용식(金容植) 선수의 결코 물러설 줄 모르는 투지력은 스웨덴뿐만 아니라, 일본과 한국의 축구사에 있어서도 깊이 각인되어 있습니다.

    일제 강점기의 북한은 당시 축구에서는 일본보다 강하였지만, 일본팀에 북한 선수를 많이 기용하는 것은 체면상 할 수 없었고, 김용식과 김영근(金永根) 두 사람 만을 대표로 기용했습니다. 이 같은 결정에는 일본의 여러 가지 사정과 고민이 있었지만, 결과적으로 두 사람은 투혼을 다해서 싸웠고, 좋은 성적을 낼 수 있다면 자신들의 민족을 빛나게 할 수 있을 것이라 결의하고 참가하여, 누구나가 질 것으로 예상한 일본팀을 승리로 이끌었습니다. 그들의 공헌은 이후 '베를린의 기적' 이라 불리며 당시 참가한 일본인 선수들이나 주변으로부터 높이 평가되었고, 일본의 국제 축구사에 있어서 잊을 수 없는 귀중한 역사를 만들었습니다. 그리고 이와 같은 노력들이 2002년 한·일 월드컵 공동개최로 이어졌다고 해도 과언이 아닙니다.

지구상에 존재하는 모든 민족에게는 각각의 우수성이 존재합니다. 그렇지만 오늘날과 같은 국제사회에서 자신의 민족성만을 주장하고 타 민족을 배제해서는 존재하기 어렵습니다. 타 문화를 이해하고 다문화를 수용하면서 보다 평화적이고 상호 협조하는 공동체 의식을 고양하지 않으면 지구촌의 한정된 자원을 향유하면서 공생하며 사는 것은 불가능합니다. 김용식 등은 불행한 역사를 짊어지고 살았지만 자신들의 능력을 국제사회에서 충분히 발휘하였으며, 일본은 물론 세계에 자신들의 존재를 널리 알렸습니다. 그들이 무엇보다 중요하게 생각한 것은 한·일 서로가 나란히 걸어 나갈 공생의 길을 모색하고, 미래지향으로 불행한 과거를 함께 뛰어넘어 새로운 역사를 이어 가는 것이었다고 생각합니다.

김용식이나 김영근, 또 같은 베를린 올림픽에서 일본을 우승으로 이끈 손기정(孫基禎) 선수와 같은 활약을 떠올릴 때, 그들이야말로 한·일 두 사회가 손에 손을 잡고 세계평화와 미래를 위해 걸어갈 지표로서 존재하고 있다는 것을 잊어서는 안 될 것입니다. 그리고 그 평화적 상징이란 의미에서 안영학의 국경을 초월한 우호적 활약을 기대하는 바입니다. 이와 같은 인물들은 우리가 생각하는 것 이상으로 개인으로서, 선수로서의 고독과 문화의 차이 등 장벽이 많을 것입니다. 그것들을 뛰어넘어서 사회의 가교가 된 사람들에 대해서 생각해 봅시다.

【참고 문헌】

안영학 일본어 공식사이트 http://www.yeonghag.info/j/
안영학 한국어 공식사이트 http://www.yeonghag.info/k/diary/nicky.html
河野正樹「韓國でスター選手の座」『朝日新聞』2007年 7月 28日 夕刊, 3頁.
http://nk.chosun.com/news/news.html?ACT＝detail&cat_id＝5&res_id＝75118&page＝1
http://japanese.chosun.com/site/data/html_dir/2005/02/02/20050202000073.html
http://headlines.yahoo.co.jp/hl?a＝20060119－00000104－mai－spo
http://www.asahi.com/sports/fb/KYD200601240011.html
http://www.sanspo.com/soccer/top/st200501/st2005011803.html
http://terms.naver.com/item.php?d1id＝7&docid＝412
http://news.naver.com/news/read.php?mode＝LSD&office_id＝081&article_id＝0000074888
§ion_id＝107&menu_id＝107
http://www.magnussoccer.com/board/read.cgi?board＝news&y_number＝5497

(담당: 이창엽)

# 제2부

# 한국 사회에 영향을 준
# 일본 사람들

# 1

## 명성황후 살해사건을 밝히고 한일 근대사 정립에 앞장선 양심, 야마베 겐타로

명성황후의 능욕설이 구체적인 자료 제시와 더불어 세상에 밝혀진 것은 일본의 한 양심적 학자의 증거 자료 제시와 당시의 야만적 왕궁 습격에 대한 신랄한 비판이 있었기 때문입니다. 대학이라는 상아탑에서 권위주의로 전락하는 학자들을 비판하며, 철저한 1차 자료 중심으로 근대사를 밝히려고 애쓴 역사학자의 귀감이 될 만한 양심적 실천자 야마베 겐타로(山辺健太郎), 그는 원문 원전과 발로 뛰며 얻은 역사적 자료만으로 근대사를 미화시키고 부풀려 온 일본의 역사학계에 양심의 필요성과 학자들의 사회적 역할에 대해서 일침을 가한 일본의 재야 학자이기도 합니다.

### (1) 야마베 겐타로의 행보

야마베 겐타로는 1905년 5월 20일, 도쿄의 혼고(東京市本郷區台町51番地)에서 태어났습니다. 1918년에 벳푸기타 신조소학교(別府北尋常小學校)를 졸업한 뒤, 어머니와 같이 경성(지금의 서울)에서 여관업을 하다가 1919년 1월에 일본으로 돌아갑니다. 가난한 가정 사정 때문에 마루젠 오사카 지점의 견습 직원이 되면서 독학으로 영어를 공부하고, 사회의 부조리 등을 체험하면서 노동운동에 눈을 뜨게 됩니다. 당시의 상황은 전쟁과 제국주의, 군국주의 대륙침략 등의 어두운 분위기 속의 사회였기에 야마베는 사회운동과 보통선거 등에 적극적으로 참가하면서 치안유지법 위반으로 몇 번 검거와 투옥생활을 거칩니다. 사회주의 사상으로 일본의 군국주의 침략 행위에 부당성을 호소하며 노동조합 설립 준비 서기 등을 거친 후, 총동맹 평의회 서기 등을 하면서 저항적 생활을 한 결과, 징역생활도 가차 없이 당합니다. 그런 와중에 독일어 독학에 매달려 언어 구사를 통해 당시의 번역된 책들보다 원전을 읽으려고 무던히 애씁니다. 투옥생활을 끝내고 나와서 1958년부터는 저술업 연구생활에 전념하면서 철저하게 1차 자료만 신뢰하는 역사학자의 길을 가게 됩니다. 그의 연구 업적은 한국과 관련된 책들은 물론, 사회주의 운동이나 대만 문제 등 당시 시대 상황을 분석한 내용의 책들이 많고, 그중에서도 강화도사건을 합리화하려는 일본 역사책의 거짓말투성이에 대한 1급 자료를 사용한 사실 규명을 적극적으로 했습니다. 지금 우리는 그의 연구업적을 통해 많은 진상을 알게 되었지만, 그의 왕성한 연구열정도 병에는 이기지 못하고, 1977년 4월 16일에 암으로 도쿄의 병원에서 파란만장했던 일생을 마칩니다.

## (2) 야마베의 명성황후 및 한일관련사에 대한 의견

야마베의 저서 『일본의 한국병합(日本の韓國倂合)』에는 한국이 명성황후 사건을 거짓말투성이로 적은 일본 문서를 사용한 것을 인용하고 있다고 밝히며 (207쪽), 이시즈카 에이조우(石塚英藏) 당시 한국정부 고문의 보고서에 부랑배들이 왕비의 사체를 능욕했던 내용을 밝히고 있습니다(226쪽).

이 책에서는 그 외, 한국이 얼마나 일본의 제국주의에 의해 피해를 입었는지를 상세히 밝히고 있는데, 미리 이 책을 읽고 서문을 적은 저명한 역사학자 하니 고로(羽仁五郎)는 야마베의 책에 대해 중국의 루쉰의 말 "붓으로 적은 거짓말은 피로 적은 진실을 숨길 수 없다."로 높은 평가를 했습니다. 그만큼 철저한 현지답사 및 증거, 인터뷰, 1차 자료 원전 활용을 통한 일본 근대사의 거짓말을 파헤쳐 왔던 겁니다. 그런 그가 일본의 근대사에 있어서 가장 야만적인 행위로 근대사 불행의 도화선을 만든 게 명성황후 암살사건에 관한 그녀의 능욕설을 밝힌 사실입니다.

도쿄의 가쿠슈인(學習院) 대학교 동양문화연구소에 소장된 야마베 켄타로의 강연 테이프에는 그의 당당하고 힘찬 역사학자로서의 자료 설명이 상세히 실려 있습니다. 을미사건의 신자료에 관한 타이틀의 그 테이프 속에는 강화도사건의 부당성에 대한 비판부터 시작해서 정한론이 나온 신뢰할 수 있는 자료 등에 대해서 말하고 있습니다. 능욕설이 세상에 나오기 4년 전인 1962년 6월 6일 수요일에 녹음된 그 테이프에는 당시의 새로운 자료들을 활용하여 명성황후 암살사건에 대해 상세하게 설명하고 있습니다. 그런 자료들과 더불어 한국에 파견된 일본 관료나 수비대들이 얼마나 형편없었는지, 낭인패들이 참으로 잔인한 방법으로 명성황후를 살해한 뒤, 그 방에서 나온 물건을 약탈하고선 전리품이라고 자랑이나 늘어놓는 부랑배(고로츠키)라고 조소하며, 그들의 야만적 행위를 힐책하고 있습니다. 그는 당시 교토에서 입수한 육군성 자료를 책보다 빨리, 구체적으로 설명하고 있습니다. 예를 들면, 명성황후 사건을 국제적으로 무마시키기 위해 일본은 형식적 민간 재판을 히로시마에서 열고, 그와 동시에 별도 군법 재판을 열지만, 이런 행위는 사건 은폐와 고위직이었던 주범 미우라 고로(三浦梧樓, 호는 觀樹) 등을 별 조사 없이 무죄로 처분하려는 움직임에 불과하였다는 지적을 합니다. 그들은 감옥에서 하는 일 없이 간식을 받아먹다가 쉽게 석방되어 나오는데, 그렇게 석방시킨 뒷배경에는 당시 일본 군법의 결함이 있었고, 무엇보다도 그들은 처음부터 무죄석방이 될 수밖에 없는 계획하에서 이뤄진 왕궁 습격이었기에 파견된 하루타 가게요시(헌병제도 창정) 헌병사병관은 히로시마 민간 재판과 보조를 맞추려고 마츠시타 소장과 기타가와 검사의 의견을 들으면서 재판 상황을 조장하였음을 밝히고 있습니다. 이것은 하루타 헌병사령관이 히로시마에 가서 조사를 하고 온 복명서와 외교문서의 부속자료 등을 통해 입수한 내용인데, 시해사건 조사를 맡은 하루타가 경복궁에서 저지른 만행에 관련된 자들의 진술을 접하면서 그들이 얼마나 잔인무도한 행각을 벌였는지를 누구보다 더 느꼈을 거라는 해석도 덧붙이고 있습니다. 물론 한 나라의 왕비를 살해하고 왕궁을 습격했으니 우쭐한 영웅심리나 무용담으로 허풍스럽게 부풀려서 자아도취로 자랑하는 자들도 많았다는 것은 이미 기존의 연구자들이 지적해 왔지만, 야마베는 어릴 적부터 같은 고향 출신으로 숱한 동고동락을 해 온 당시 최대의 권력가들인 미우라 고로나 야마가타 아리토모, 이노우에 가오루(필자로서는 그들이 가장 지키고 싶었던 흑막이 이토 히로부미라는 생각이 떠난 적은 없습니다. - 필자 주) 그들만의 절대적인 '암시적 명령'을 놓치지 않고 있습니다. 이렇듯, 명성황후 능욕뿐 아니라 암살 사건 자체를 '일본 제국주의가 조선에서 범한 죄악 속에서 가장 엄청난 행위'의 야만성을 비판한 야마베는 "일본에서 지금까지(1966) 적힌 조선사는 거짓말과 속설 위에 이뤄진 것이라고 주장했지만, 이 민비사건도 지금까지 적힌 것은 전부 거짓말투성이라고 말해도 좋다."고 단언하며, 일본인이 자신들의 비행과 과오를 숨기기 위해 거짓 역사를 적는 것이라는 양심적 표명을 하고 있습니다(「일본의 한국 병합」, 207쪽). 1977년에 타계한 야마베가 남기고 간 역사학자의 '양심'이야말로 진정한 한·일 관계의 얽힌 역사를 풀어 나갈 수 있는 내일을 위한 희망이라고 할 수 있겠습니다. 그를 통해 우리는 비로소 명성황후 암살의 잔학한 실태를 알게 되었고, 그런 양심이 한일 관계를 지탱하는 미래임을 우리는 다시금 생각해 보고, 양심적 시민들과의 풀뿌리 교류를 결코 정치나 일부 망언에 흔들리지 않도록 해야 할 것입니다.

## (3) 야마베의 진면목(그와 교류를 가졌던 일본 도서신문사 다치하라(立原) 씨 증언 참조)

야마베 겐타로는 기성의 아카데미즘의 권위에 정면에서 대치하는 형태로 독자적인 연구 스타일을 걸으며 새로운 역사 사실을 파헤친 학자입니다. 그가 남긴 연구 내용은 수많은 문헌과 발표로 남겨져 있습니다.

그는 가르침을 원하는 누구에게나 친근감을 가지고 자신의 지식을 솔직하게 전하였고, 자기 힘으로 자신의 길을 헤쳐 나가는 것의 중요성을 강조했습니다. 어떤 일에도 권위에 굴복하지 않고, 겁을 모르는 그 자세는 시종일관 굽히지 않았습니다.

야마베는 도쿄 요요기(代々木)나 쵸후(調布)의 자택에 항상 20마리 이상의 고양이를 키웠습니다. 그의 자택에 들어가면 1급 자료들을 비롯해 방대한 자료와 책들이 쌓여 방이 꽉 차 있었습니다. 손님이 찾아오면, 적당히 주변 자료를 정리하며, "그곳에 앉으시오."라고 권했고, 반드시 이야기를 하고 나면, "지금 내가 한 이야기는 이 책/자료 여기에 나와 있소."라고 증빙해 보였습니다. 자료투성이의 집 안이었지만, 그의 머릿속은 어디에 무슨 자료가 있는지 전부 정리가 되어 있어서 항상 이야기를 꺼내면 자료는 자연스럽게 어디선가 꺼내서 보일 정도였습니다.

야마베가 청년들에게 입버릇처럼 말한 것은 "근현대 일본 역사는 조선 식민지 지배를 정리하지 않으면 안 된다. 일본의 학계는 중국사를 말하지만, 일본 제국주의의 조선 식민지 지배의 역사는 결락되어 있기에 올바른 근대 일본사도 안 되고, 올바른 중국사도 안 되는 것이다."라는 사명감과 자성을 포함해서 역사학자의 자세를 역설했습니다. 그가 말한 일본의 민족적 책임론에 대한 신랄한 비판과 더불어 조선 독립을 위해 항일 투쟁을 벌인 숱한 사람들의 평가가 제대로 되고 있지 않다는 말을 잊지 않았습니다. 야마베는 4년 동안의 감옥생활로 일본 패전 후인 1945년 10월에 감옥에서 풀려나오지만, 그때까지 사상 전향에 굴하지 않은 비전향을 관철합니다. 그는 감옥에서 당시 비전향수였던 김천해(金天海)와의 교류를 통하여 한국 근대사 연구에 진력하며, 일본의 민족적 책임에 대한 성찰을 위해 한일 근대사 정립에 생애를 바친 사람이라고 할 수 있습니다. 김천해는 감옥에서 피골이 상접하여 혼자서 걷기는커녕 대소변을 볼 수 없는 상황이었고, 그런 그를 간수들에게 부탁을 하고 봐 준 사람이 야마베였습니다. 야마베는 재일 교포 한국인은 민족 감정이 있으니 전향을 결코 안 하는 사람이 많으리라고 생각했는데 의외로 김천해밖에 없었다는 점에서 상당히 의아해했다고 합니다. 그런 상황 속에서 김천해를 통해 일본의 근대사를 명확히 하기 위한 조선사 연구를 위해 자료 섭렵을 집요하게 합니다. 오늘날 그의 연구 자료가 계기가 되어 많은 한일 근대사 연구자들이 성과를 올리고 있습니다.

연구자로서, 인간으로서, 불굴의 의지로 삶을 살다 간 야마베 겐타로는 지금도 일본의 양심으로서 한일 우호 관계를 빌고 있음을 기억해 둡시다.

### 생각해 봅시다

우리는 무엇을 위해 고학력 지향의 입시를 거쳐 힘든 과정을 살아가는 걸까요? 우리의 불행했던 근대사 청산이 늦어진 점은 일본의 철저한 자기반성이 없었던 탓이라고만 할 수 있을까요? 한국의 학자들이기에 더더욱 과거사를 위해 일본의 학자들보다 정열적으로 자신들의 과거사를 찾기 위한 자료 수집과 현지답사, 사명적 연구 의식을 가져야 하는 것은 아니었을까요? 독도 문제도 연구 논문 숫자로 보면 독도가 한국 것이라고만 주장하기에는 엄청난 차이가 나는 선행연구가 일본은 되어 있습니다. 명성황후 문제도 처음엔 국내 학자들에 의한 왕궁 내부 쿠데타론에 의한 살해론만 부각되었습니다. 이시즈카 에이조 보고를 들어 철저히 비판하며 일본 근대사의 야만성을 부각시킨 사람도, 종군 위안부 문제를 세계적 인권문제로 이슈화한 것도 일본의 양심 있는 학자들과 시민들의 외침이었습니다.

우리는 경술국치 100년이란 언어를 사용하면서 과거 청산을 위해 얼마만큼의 진상을 규명해 왔던가요? 공출되어 사라진 자국민의 유골을 모으고 그들의 가족을 다독거려 역사의 아픔을 치유하려는 노력을 얼마만큼 해 왔을까요?

세계 속의 대한민국, 한강의 기적이라는 슬로건하에서 자국의 미화에만 빠져서 기존의 학자들이 펼쳐놓은 연구론만 듣고선, 그 연구의 실체를 파악하거나 확인하는 작업 혹은 더더욱 집요한 1차 원전 확인의 교육에 얼마나 힘을 써 왔을까요?

한국전쟁의 피비린내 나는 이 땅에서 부흥을 이루고 살아오면서 과거사가 등한시되어 온 경위도 있지만, 그 전쟁조차 희생자들의 아픔을 다 어루만지지 못하고 겉모양새만 그럴싸하게 만들기에 여념이 없었던 우리의 행보를 반성하는 것도 필요하지 않을까요?

침략한 일본, 총력전에 무력과 압제로 민족말살을 해 온 일본의 대죄는 100년이 넘어도 응어리지는 역사적 응어리를 남겼기에 불행의 초래가 얼마나 한을 만드는지 서로가 잘 인식하리라 생각합니다. 그러나 그들의 1차 대죄는 물론, 문단속을 하지 않고 당파싸움과 부정부패에 눈이 어두웠던 자국의 시대 역행과 우물 안 개구리들의 큰소리에 순종했던 조정과 사회에 대해서도 깊이 반성할 필요가 있습니다. 단속하지 않고 무력함을 노출시켰기에 당당한 권리 주장을 못 하는 사람들도 많습니다.

그리고 철저하게 입증할 자료 분석과 과거사 규명을 위한 연구력으로 과거를 청산해야만 새로운 만남의 미래와 내일의 우정 어린 한일 관계가 가능해집니다. 아픈 상처는 덮어 두면 더 썩어 나갈 뿐이라는 사실을 잊어서는 안 됩니다. 그렇기에 번드레한 한류 드라마 속의 삶을 동경만 하지 내실이 없기에 고학력 지상주의, 엘리트 우선주의로 약자가 살기 힘든 사회가 되어서는 안 됩니다. 야마베는 결코 학력에 좌우되지 않고 자신의 길을 신념과 성실한 학자의 태도로 관철했습니다. 비록 그 삶은 풍요로운 삶은 아니었지만, 그 마음은 충실하고 풍족한 삶이었으며 역사적 평가를 통해 그의 삶은 곧은길이었다고 높이 평가할 만합니다. 우리는 왜 배우고 무엇을 지향하며 사는지 깊이 생각해 봅시다.

□ 명성황후 시해 관련 미우라 고로의 수기

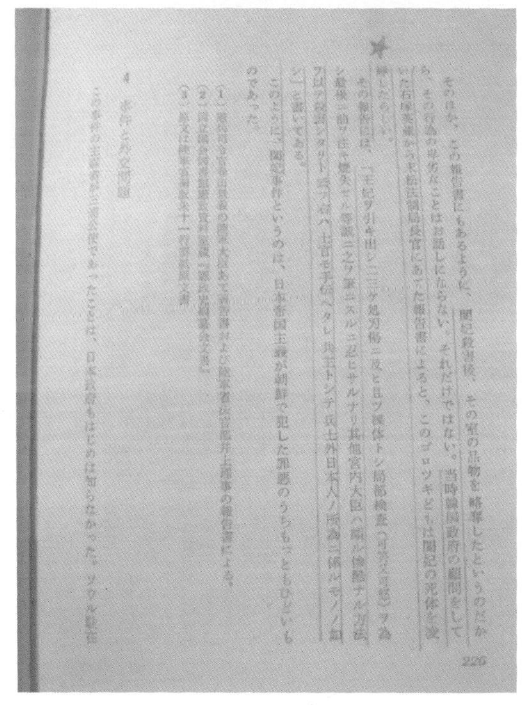

□ 명성황후 능욕설이 기재된 야마베의 『일본의
한국병합(日本の韓国併合)』

## 【참고 문헌】


야마베 겐타로 강연 테이프, '을미사건에 관한 신자료에 대해서', 友邦文庫 근대사료
　　　　연구회 제199회 강연내용, 1962년 6월 6일(수) 63분, 도쿄가쿠슈인대학 동양
　　　　문화연구소 소장.
야마베 겐타로(山辺健太郎), 『日本の韓國倂合』, 大平出版社, 1966년.
다테노 아키라(舘野晳) 편, 『한국 조선과 마주한 36인의 일본인(韓國・朝鮮と向き
　　　　合った36人の日本人)』, 明石書店, 2002년.
스카라베의 모임 자료사이트 사카구치 히로시(坂口 博) 자료 참고
http://www.k3.dion.ne.jp/~scarabee/sukajin－yawa.htm
이수경, 「명성황후 시해 일본내각 개입 확인」, ≪세계일보≫ 2006년 8월 15일 특집,
　　　　1면.
이수경, 「미우라 전보 문서에 나타난 명성황후」, ≪세계일보≫, 2006년 8월 15일 특집.
이수경, 「명성황후는 능욕당했다(1)」, 『서울문화투데이』 제23호 특별기고, 2009년 10
　　　　월 14일~17일, 1쪽, 18쪽. 내용은 이하 온라인 네트에서 확인가능(091006).
http://www.sctoday.co.kr/news/articleView.html?idxno=2819
이수경, 「명성황후는 능욕당했다(2)」, 『서울문화투데이』 제24호 특별기고, 2009년 10
　　　　월 28일~11월 10일, 18쪽. 내용은 이하 온라인 네트에서 확인가능(091006).
http://www.sctoday.co.kr/news/articleView.html?idxno=2821
이수경 외, 「조선왕비 살해사건의 재고(朝鮮王妃殺害事件の再考)」, 『東京學芸大學
　　　　紀要 人文社會科學系』, 2007年 1月, 93~105쪽。


추기: 필자가 야마구치 데라우치 문고, 야마구치 현립도서관, 하기시 및 야마구치의
　　　　관련지 조사, 일본 국회도서관, 궁내청 서릉부 신청후 확인한 내용, 미우라 고
　　　　로 수기 전문과 미우라 문서, 야마베 겐타로 강연 테이프 등을 분석하는 과정
　　　　에서 만난 일본의 향토사 연구자들과의 정보 내용, 인터뷰도 포함.

(담당: 이수경)

　　1875년의 강화도사건 이후, 일본의 영향력이 조선에 미치고, 열강들의 움직임 속에서 일본은 대륙 경영의 야망을 가지고 한반도 지배를 획책합니다. 그 속에서 서구 열강들과 중국 청나라와 일본의 세력이 들어오고, 위정척사운동이나 개화사상, 동학 농민운동 등 근대사의 태동이 복잡하게 교차하는 속에서 한국 최초의 신문인 한성순보가 창간을 하게 됩니다. 1883년 10월 31일, 한국 근대신문인 한성순보 제1호가 통리아문박문국에서 발간되었습니다. 그 배경에는 시대적 상황을 알리는 신문의 필요성을 느끼고 있던 조정의 의도도 있었지만, 실질적으로는 1882년 3월에 일본에서 이미 ≪지지신포(時事新報)≫를 발간했던 후쿠자와 유키치의 신문 발간의 중요성을 계승하며, 세계적인 흐름을 깨우치게 하려는 계몽주의 사상에 입각한 후쿠자와의 제자 이노우에 가쿠고로의 영향력이 컸습니다. 교육자로 있다가 영국 등의 세계를 둘러보고 온 스승 후쿠자와의 언론과 계몽의 이론을 이어받은 언론인으로서 활약하였고, 귀국 후에는 조선의 입장을 옹호한 정치인으로서 활약한 이노우에 가오루와 한성순보와의 관계는 당시 상황으로 봐서 단순한 기술협력은 아니었습니다. 후쿠자와의 평가는 일본의 침략정책을 훨씬 용이하게 만든 원흉이란 평가가 많지만, 이노우에 가오루의 조선에서의 실생활은 반드시 후쿠자와의 뜻과 일치한 것은 아니었습니다. 몇 번이나 생명의 위협을 받으면서도 조선의 언론과 중론(여론)의 중요성, 자신의 신념을 관철하려고 노력하였고, 결과적으로 국한문 혼용체 신문을 탄생시키는 데 힘을 쏟았습니다. 그런 맥락에서 한글 보급에도 공헌을 했다고 할 수 있습니다. 이노우에의 존재가 단지 침략야욕을 가졌던 일본의 사람이었다는 이유, 후쿠자와의 부탁으로 온 친일파 세력 확장에만 여념이 없었다는 해석으로 우리가 그를 배제한다면 그것은 안중근의 일본 사람과의 인간관계를 결코 인정하지 않으려는 일본의 그릇된 우익 측 억지와도 유사한 것이라고 지적할 수 있습니다. 한국 근대언론의 태동과 한글 사용에 미친 그의 영향력을 생각한다면, 이노우에 가쿠고로의 한국 사회의 근대화에 공헌한 내용은 냉철히 평가할 필요가 있습니다.

## (1) 근대신문의 탄생과 당시의 시대적 배경

이노우에 가쿠고로(井上角五郎, 1860~1938)는 1860년 10월 18일, 당시 빈고(備後)라 불리던, 현재의 히로시마(廣島) 현 후쿠야마(福山) 시에서 5형제의 막내로 태어났습니다. 가난 속에서도 어머니의 권유로 그는 교육을 받았고, 1875년에 오다(小田) 현립사범학교(誠之館 후신)에 입학하여 졸업 후는 잠시 초등학교 교사를 하다가 좀 더 넓은 세상을 배우기 위해 1879년에 도쿄로 갑니다. 같은 고향 선배의 소개로 후쿠자와 유키치(福澤諭吉)의 집에서 기숙하면서, 1882년에 게이오기주큐(慶應義塾. 지금의 게이오 대학, 후쿠자와가 창설)를 우수한 성적으로 졸업합니다.

이노우에는 한국을 12번에 걸쳐서 방문하고 있는데, 처음 방문은 졸업을 하면서 후쿠자와 유키치의 추천을 받고 수신사들과 함께 1883년 1월에 첫 방문을 하게 됩니다. 그리고 언론을 통한 계몽의식을 행동으로 옮기기 위해, 최초의 한국 근대신문이라 일컫는 《한성순보》의 창간에 큰 공헌을 하게 됩니다.

《한성순보》는 1883년 10월 31일에 순간지(월 3회 발행)의 형태로 발간하였습니다. 일본의 최초 근대 일간지가 1871년 1월에 요코하마(橫浜)에서 발행된 한 장짜리의 《요코하마 매일신문》인데, 한국에서는 그 발행으로부터 12년 뒤에 순간지의 신문을 발행하게 되는 겁니다. 내용도 지금처럼 다양한 논조가 아니라, 당시의 시대 상황 때문에 정부 측 의도가 깊이 관여된 내용이었지만, 근대 언론의 태동이 있었다는 것은 시대적으로 획기적인 일이었습니다.

그 뒤, 《한성신보》(1895.2)가 발간되고, 서재필에 의한 《독립신문》(1896.4) 발간 후, 《죠션크리스도인회보》(1897.2)와 《그리스도신문》(1897.4) 등 선교 관련의 신문이 발간되었습니다. 그 후 최초의 일간지로 《매일신문》(1898.4)이 발간되었고, 《뎨국신문》(1898.8), 《황성신문》(1898.9), 《시사총보》(1899.1) 등이 발간됩니다. 그 뒤, 일본은 1920년에 3·1운동 후 억눌린 한국 국민들의 가스(불만)를 발산시키고, 한국 국내의 민심과 사회 상황을 파악하기 위한 매개체 역할을 기대하며 《동아일보》, 《조선일보》, 《시사신문》의 민간 3지 발간을 허락하게 됩니다.

한국 언론의 뒤안길에는 그만큼 수많은 아픔의 역사도 있지만, 근대신문이 발간될 당시는 우리의 기술만으로는 불가능한 시대였기에, 이노우에의 힘과 노력을 빌려서 발행하게 되었습니다. 그 당시의 배경에 대해서 짚고 넘어가도록 하겠습니다.

메이지까지 계속된 츠시마(對馬島)의 소우(宗)씨를 통한 외교관계가 쇄국정책으로 인해 성과가 없자 일본은 소우씨의 외교를 금지합니다. 1870년에 부산을 시찰한 외무성 사타(佐田白芽)와 모리야마(森山茂)는 조선을 무력으로 개국하자는 건의를 하게 되고, 부산 초량에 왜관을 두고 교섭을 하지만 응하지 않자 1874년에 일본이 타이완 정복을 하고, 일본 측 외교책의 부족을 채우기 위한 강화도사건 계획이 세워집니다. 이미 1858년에 미군함의 막강한 위력에 몰려 미일수호조약을 체결당한 일본은 미국에게 당한 상황을 조선 정책에 그대로 사용합니다. 1875년 9월에 강화도사건을 일으키고, 그다음 해에 병자수호조약을 체결하여 조선 침탈의 첫발을 내딛습니다. 그 결과, 부산과 원산, 인천이 차례로 일본에 개항을 하게 되고, 그와 동시에 일본인들도 증가하게 됩니다. 그리고 1882년에 러시아와 일본의 세력을 견제한 청나라가 한국에 대한 종주권의 국제적 승인을 노리며 조미수호통상조약의 알선을 하게 됩니다. 그런 와중에 한반도는 어느새 열강들의 제국주의에 휘말리는 과정을 겪게 되고, 한국의 종주권을 둘러싼 그들의 야욕에 무력했던 조선은 그들에게 좌우당하는 불행한 근대사로 치닫게 됩니다.

## (2) ≪한성순보≫ 창간과 이노우에 가쿠고로의 역할

1882년 7월, 조선의 구식 군대의 월급이 10개월 정도 늦어지고, 민씨 정권이 별기군을 우대하며 구식 군대를 차별한 것에 대한 군인들의 반란이 일어났습니다. 실질적으로는 일본군사 교관에 의해 훈련을 받던 신식 군대는 우대하면서 구식 군대의 급여가 없고, 외세에 의한 개국을 반대하는 민심의 고조 등이 불만으로 표출되어, 일본 공사관도 습격을 당하게 되었습니다. 와중에 당시 별기군을 훈련시키던 일본 공병소위인 호리모토 레이죠(堀本禮造) 등도 살해당합니다. 아시아 최초의 반일 군란이라고 할 수 있는 임오군란의 발발이었습니다. 일본 공사관 습격과 일본인 살해로 인해 제물포 조약을 통해 해결책을 모색하던 정부는 같은 해 10월에 정사인 박영효, 부사인 김만식, 서광범, 민영익, 김옥균 등을 일본 수신사로 파견하였습니다. 그 이전부터 고종은 해외의 움직임에 민감하여 외국 상황에 관심을 가지고 있었고, 김옥균과 박영효도 신문 발행에 대한 계획을 염두에 둡니다. 1882년 5월경에 김옥균은 후쿠자와의 자택에 기거를 하다가 8월 12일에 하나후사 일본 공사와 인천 도착 후에 다시 수신사로 도일을 하게 되는데, 후쿠자와 자택에 머물면서 이미 3월에 일본에서 신문을 창간하여 대중의 여론(衆論)을 중히 여기던 후쿠자와가 김옥균에게 신문 창간에 대한 자극을 줬고, 수신사 일행의 목적에 신문 발행에 대한 준비 계획도 포함되어 있었습니다. 그래서 수신사가 일본 방문 때 후쿠자와를 만나고 있습니다.

1882년 12월에 박영효가 귀국할 즈음, 한국정부의 교육·군사고문으로서 후쿠자와 유키치의 제자들인 우시바 다쿠조(牛場卓藏), 다카하시 마사노부(高橋正信), 마츠오 미요타로(松尾三代太郎), 하라다 하지메(原田 一), 인쇄기술자인 사나다 켄조(眞田賢藏), 미와 코조(三輪廣藏) 등이 파견되고, 그 속에는 이노우에 가쿠고로(井上角五郎)도 한성에 파견됩니다. 그때, 이노우에 가쿠고로는 후쿠자와에게 한국의 상황을 보고하는 의무를 가지고 반은 자비로 조선행 일행에 동행하게 됩니다.

박영효 일행은 인쇄기와 활자를 구입하여 가져갈 수 없어서 배송 후, 일본인들과 같이 귀국하고, 김옥균과 서광범 등은 일본 차관과의 교섭을 위해 일본에 남게 됩니다.

신문이라는 신문물을 취급하는 것은 당시 외교기관이었던 통리아문 산하 일이었으나 고종은 일본에서 돌아온 박영효를 한성판윤(현재의 서울시장)에 임명하고, 젊은 그에게 신문 발간을 맡기게 됩니다. 그리고 일본유학에서 돌아온 유길준을 주사로 하여, 일본인들과 함께 신문 창간사 및 신문에 관한 해설문 작성에 착수합니다. 그러나 그들 개화파의 활동이 현저해지자 궁정 내의 수구파들은 지나친 개화의 움직임을 염려하여 박영효 등을 공격하게 되고, 신문 발행 준비에 착수하여 2개월이 된 4월에 한성판윤을 해직당하여 광주유수로 좌천당하고, 실무담당의 유길준도 병을 이유로 주사직을 사퇴하게 됩니다. 그러자 모든 것이 불가능하다고 느낀 우시바나 다카하시 등은 일본으로 돌아가고, 후쿠자와에게 부탁을 받았던 24세의 청년 이노우에 가쿠고로만 남게 됩니다. 가쿠고로는 스승의 부탁을 관철하기 위해 수신사였던 김만식을 방문하여 당시 권력의 중심인물이었고 협변(외무차관)이었던 그의 종형 김윤식을 소개받고, 김윤식은 후쿠자와를 이미 소문으로 듣고 있던 터라 가쿠고로를 신용하면서 조선 정부를 위해 일을 하도록 배려를 합니다.

가쿠고로는 실무 담당을 맡으며 김만식과 신문 발행안을 작성하고, 박문국에서 발행하는 ≪한성순보≫로 정하여 매월 10일 간격으로 3회 발행하고, 관보 우선으로 하며 내외 시사를 포함해서 교양적이고 필요한 논설을 게재하며, 편집 사무원을 전부 관리로 하며, 당분간 한문만으로 하며, 박문국의 모든 월급은 외아문이 지출하며 다른 비용은 한성부가 지불한다는 내용을 제시합니다. 그리고 편집부는 이노우에 가쿠고로가 임시 거처로 있던 한성의 저동에 자리 잡고, 신문 발행에 박차를 가합니다.

≪한성순보≫는 1883년 10월 31일(조선 개국 492년 계미년 음력 10월 1일)에 폭 17센티, 길이 24센티의 지면을 검은 선으로 틀을 만들고, 창간호와 2호는 16면, 그 이후 차츰 늘여 24면으로 확대를 했습니다. 이렇게 하여 탄생한 ≪한성순보≫는 총 41호를 발행하게 됩니다. 이 신문이란 미디어의 탄생은 당시, 세계정세의 흐름을 알리며, 선진국의 정치 및 경제, 문화 제도를 소개하는 계몽 및 개화 의식의 보급 홍보의 기능은 물론, 한국 근대 언론매체의 발아가 되었다는 점에서 중요한 의미가 있습니다. 그러나 이 신문은 처음부터 조선에 있던 청나라 세력을 배제하고 친일적 분위기를 조성하려던 후쿠자와와 가쿠고로의 의도가 담겨 있었음은 부인할 수 없습니다. 그만큼 당시의 시대 상황이 반영된 신문 발행이었다고 할 수 있습니다. 그렇기에 중국의 청나라 세력들은 이노우에 가쿠고로를 증오하며 그의 이름을 적은 종이에 총검을 꽂는 장면조사 가쿠고로는 목격을 하게 됩니다. 그런 이유로 가쿠고로는 청나라와 조선 수구파의 미움을 받으며 사직을 하고, 1884년 5월에 귀국을 하지만, 같은 해 7월에 외무성을 방문한 가쿠고로에게 이노우에 가오루 참의원은 ≪한성순보≫를 다른 나라 손에 넘기고 싶지 않다는 의견을 듣습니다. 그래서 다시 조선으로 건너가서 복귀를 하지만, 1884년 12월 4일에 급진개화파 김옥균, 박영효 등이 중심이 되어 수구파를 해치며 쿠데타를 일으키는 갑신정변이 발생합니다. 그러나 금방 실패로 끝나고, 개화파 및 일본인들의 아성이 되어 있던 박문국을 습격하여 기계 설비 등을 전부 파괴합니다. 당시 박문국에서 생활을 하던 가쿠고로는 김만식의 연락을 받고 일본 공사관으로 피한 뒤, 공사관도 위험하여 김옥균, 박영효, 서광범,

서재필 등과 같이 일본으로 피난하였습니다. 일본에 망명한 김옥균, 박영효 등은 후쿠자와의 자택인 도쿄 미타에 숨어 지내게 되고, 박문국은 결국 갑신정변에 의해 소실되면서 ≪한성순보≫ 발행도 중단되었습니다.

### (3) ≪한성주보≫의 복간과 한글 사용

갑신정변이 발발한 다음 해의 1월에 사건 처리를 위해 이노우에 가오루(井上馨)가 조선에 파견되는데, 가쿠고로도 이때 그의 의뢰를 받고 개인적으로 동행을 하게 됩니다. 갑신정변 후, 김윤식이 외아문의 독변(장관)으로 취임하고, 신문사를 광인사로 옮겨서 복간 준비를 했습니다. 이즈음에 김윤식과 재회를 한 이노우에 가쿠고로는 후쿠자와가 창간했던 ≪지지신포(時事新報)≫의 통신원을 겸하여 자주 조선과 일본을 다니게 됩니다. 그러면서 그가 깊이 관여했었던 신문의 복간의 기회를 찾던 가쿠고로는 1885년 5월에 조선정부로부터 박문국 주재라는 지위를 얻으면서 본격적인 신문 발간의 활동을 하게 됩니다. 그리고 가쿠고로는 자신의 한글 스승이자 유학자인 강위(강화도사건 조선 측 교섭자로 일본행 2회 경험자)에게 의뢰하여 국한문 혼용문체를 창안하고, 가쿠고로는 조선의 근대화와 자국 언어 보급의 필요성을 주장하던 후쿠자와의 한글 사용의 뜻을 계승하며 김윤식에게 전하여, 한글 사용건을 고종에게 상소하여 발간하는 신문에 한글 보급을 위한 사용 허가를 내립니다. 그런 의미에서 ≪한성주보≫는 국한문 혼용체를 사용한 최초의 신문으로 평가됩니다.

가쿠고로는 신문사의 번역계로 채용되어서 다시 복간 작업에 전력을 다하여, 1886년 1월 25일에 ≪한성주보≫ 창간호를 발행했습니다. 제호를 달리하여 제1호로 시작하였고, 신문 지면수도 20면 내외의 소책자에 가까웠으며, 조선어와 한문 혼용 등을 사용한 새로운 스타일의 신문을 한국 언론 역사에 제시합니다. 그러나 이 신문 역시 당시 상황 속에서 속간이 어려운 경영난을 겪게 되고, 적자 운영이 계속되다가 1888년 7월 7일에 박문국의 폐지와 함께 폐간에 이르게 됩니다.

일본인의 노력과 힘을 빌려 발간한 신문이기에 당연히 당시 상황으로 봐서 후쿠자와 유키치의 한국에 대한 정치적 의도, 일본의 정치적 의도도 무시 못 하지만, 그의 제자 이노우에 가쿠고로의 성실한 태도와 신문 발간에 대한 중요성과 사명을 관철한 자세는 당시의 조선 정부에서도 대단히 신뢰를 받았습니다.

1885년에 일본 자유당파 지도자들이 장사 20명을 데리고 조선에 가서 김옥균, 박영효 등 개화당파의 정권 장악을 실현시키며 그 영향으로 일본 국내의 민주주의 혁명을 일으키려고 했던 소위 오사카(大阪)사건에 연루되었다는 혐의로 가쿠고로를 체포하러 일본 경찰 수십 명이 조선에 왔을 때도 조선 정부는 결코 그를 인도하지 않는다고 거절을 하였습니다.

또 가쿠고로는 1886년 2월에 그의 어머니가 돌아가시자 고향인 후쿠시마에 왔다가 4월 6일자로 친일 정권 확립을 위해 외무성의 자금으로 교묘한 언론정책을 기획하던 이노우에 가오루에게 향후 일체 이노우에 가오루의 보호를 받지 않을 것이고, 일본의 이해관계에 자신의 지위를 활용하지 않을 것이라는 편지를 보냅니다.

그는 어느 정도 신문이 궤도에 올랐다고 생각한 탓인지 모든 직위를 그만두고 1887년 1월에 일본에 돌아오지만, 오사카사건 연루로 그는 물론 후쿠자와나 그의 아내 가족들이 심한 고초를 겪습니다. 시골에서는 출산 준비로 산욕을 치르던 아내가 들이닥친 경찰들의 심문에 의해 심신의 타격을 입고, 그 충격으로 평생 질환을 가지게 됩니다. 한편 뇌막염으로 태어난 아이는 1890년에 사망을 했고, 후쿠자와도 가택수색을 받으며 법정에 증인으로 소환되는 등 심한 고초를 겪었습니다.

이노우에 가오루가 야심적인 야마구치 출신의 정치가로 여우사냥을 획책하며 명성황후 살해를 계획한 흑막의 한 사람임은 주지하는 바이지만, 그의 정책을 정면에서 거절 의사를 밝힌 이노우에 가쿠고로는 단순히 후쿠자와의 정책 시나리오를 따른 것만은 아니었다고 볼 수 있습니다. 자신의 청춘을 바치고, 한국이 그를 신임하여 신의를 지키며 그를 지켜 주었던 관계는 단순히 친일 의식과는 다른 평가가 있어야 하겠습니다. 그 내면의 인간적 관계와 사회에 대한 애착, 그리고 자신의 운명을 한국과 함께 걸어 나온 시간이 많았기에 후쿠자와나 이노우에 가오루와 같은 일본에서 조선사정을 논하고 침략을 꾀하던 사람들과는 이미 다른 노선이었을 가능성이 높습니다.

그 후 일본의 중의원에 13번이나 당선된 가쿠고로는 한국의 식민지 관련에 옹호 발언도 많이 하며, 한국인 유학생을 위한 장학 사업과 한일협력의 복지 증진에도 주력하였습니다. 때로는 일본 제국주의를 비판하는 발언 등도 마다않던 그였지만 중일전쟁 다음 해인 1938년 9월 23일에 향년 79세의 생을 마감합니다.

## 생각해 봅시다



우리들이 살고 있는 이 사회에 있어서 언론매체의 역할이 얼마나 중요한지, 또한 그 영향력은 얼마나 큰지 가까운 사례를 들어 생각해 봅시다.

그리고 비록 우리가 부당한 지배를 받는 근대화의 물결 속에서 자국의 이익을 염두에 둔 초심으로 건너왔을지 모르나, 나중에 생겨난 조선에 대한 애착으로 정책과 선을 긋고 자신의 독립적인 위치에서 조선의 신문 발간에 몸 바치려 했던 그의 태도에는 이미 조선 사회와의 인간적 관계와 사명감이 있었다고 생각할 수 있습니다. 불행한 근대사 속에서 피어난 인간관계가 그를 성장시킨 계기가 되었는지 모릅니다.

과연 가쿠고로는 단순히 일본 측의 유리한 침략정책을 염두에 두고 박문국에서 밤낮으로 일을 하며 신문 발간에 전념했을까요? 그가 숱하게 만나 온 한국측 사람들은 모두 친일매국 행위를 했었을까요? 그들이 목숨 걸었던 게 단순히 조국의 매도였을까요?

그렇다면 그들 친일파와 같이 행동을 하고, 강점기 때 한국을 옹호한 이노우에 가쿠고로도 단순히 친일 매국노의 거두와 행동을 같이 한 몹쓸 일본인으로 치부해야 할까요?

우리는 과거 진상을 규명하며 당시 상황을 잘 판단해서 잘잘못을 지적하며 불행을 두 번 다시 초래하지 않는 미래를 걸어야 합니다. 일본과 관련된 근대사를 전부 단순히 극단적 친일·반일론이 아닌 정치를 초월한 인간적 교류의 만남과 그들의 공헌한 사회성을 인정하며, 평가할 것은 해야 하고, 시대 상황이나 사건 상황, 처한 입장 등을 다양하게 판단해야 합니다. 그리고 인간적 만남과 사회적 기여도를 평가하며, 그런 사람들의 만남에 미래의 희망을 거는 용단도 필요하다고 봅니다.

일본 정부의 전후 역사 인식 미화나 자성이 부족한 것은 당연히 비난받아야지나로 볼 수 있다면 좋겠습니다. 그 혹독한 강점기의 희망이자 한일 관계의 희망이기도 하기 때문입니다.

여러분들은 당시의 시대적 상황 속에서 상반되는 위치에 있으면서 인도적·인간적 관계로 서로 신의를 지키며 우호 관계를 가졌던 사례로 누구를 떠올리세요?

□ 이노우에와 한성주보

□ 이노우에 가쿠고로

## 【참고문헌 · 자료】


야마베 겐타로(山辺健太郎), 『日本の韓國併合』, 大平出版社, 1966년.

이연, 『조선언론통제사(朝鮮言論統制史)』, 信山社, 2002년.

이상철(李相哲), 『朝鮮における日本人経營新聞の歷史(조선에 있어서 일본인 경영신
　　　문의 역사)』, 角川學藝出版, 2009년.

『일본 근현대 인명사전(日本近現代人名辭典)』, 吉川弘文館, 2001년.

정진석, 『역사와 언론인』, 커뮤니케이션 북스, 2001년.

정진석, 『한국 현대언론사론』, 서울: 전예원, 1987년.

이노우에 가쿠고로 선생님 전기편찬회, 『이노우에 가쿠고로 선생님전』, 1943년.

이노우에 소노코(井上園子), 『이노우에 가쿠고로는 유키치의 제자다』, 文藝社, 2005년.

이수경, 『帝國の峽間に生きた日韓文學者』, 綠陰書房, 2005년.

고이즈미 신조(小泉信三), 『후쿠자와 유키치』, 이와나미 신서(岩波新書), 2004년.

誠之館 공식 홈페이지(이노우에 가쿠고로 편)

http://wp1.fuchu.jp/～sei－dou/jinmeiroku/inoue－kakugorou/inoue－kakugorou.htm


(담당: 이수경)

## 침략 정책에 반대한 우치무라 간죠(內村鑑三)

우치무라 간죠(內村鑑三, 1861∼1930)는, 다양한 분야에서 영향력을 가지고 있던 사상가이며, '비전(非戰)'을 관철시키는 입장에서 일본의 식민지 정책을 비판하였고, 또한 자신의 신앙인 무교회주의를 한반도에 넓혀 갔습니다.

### (1) 청일 전쟁에서 러일 전쟁에 이르기까지의 갈등

우치무라는 에도(江戶)막부 말기에 에도에서 다카사키한(高崎藩) 무사의 아들로 태어나 도쿄(東京) 외국어학교 등에서 영어를 배운 후, 니토베 이나조(新渡戶稻造) 등과 함께 삿포로(札幌) 농업학교에 입학했습니다. 그리고 '소년이여 큰 뜻을 품어라'로 유명한 클라크가 기초한 '예수를 믿는 사람의 서약'에 서명하고, 동급생과 함께 세례를 받았습니다. 삿포로 농업학교를 졸업한 후는 홋카이도(北海道) 개척사 용무괘나 농상무성 농무국 수산과에 근무하며 자연과학의 연구와 함께 기독교 신앙에 힘쓰게 됩니다. 그 후 일을 그만두고 미국으로 건너가 기독교에 대한 이해를 넓혀 갔습니다.

귀국한 우치무라는 제1고등 중학교의 교사가 됩니다. 그러나 1891년, 기독교적 양심에 따라서 천황·황후의 사진과 교육 칙어에 경례를 하지 않아 주위로부터 많은 비판을 받고 학교를 그만두었습니다(불경(不敬)사건). 그 후 오사카(大阪), 구마모토(熊本), 나고야(名古屋) 등으로 옮겨 살면서 저널리스트로서 일본어와 영어로 집필 활동을 했습니다.

그 무렵 청일 전쟁(1894)이 일어났습니다. 그가 당시 쓴 문장 "Justification of the Korean War(청일전쟁의 진실)"의 타이틀에서 알 수 있듯이, 이 전쟁은 한국을 둘러싼 청나라와 일본의 전쟁입니다. 청일 전쟁은, 1894년에 한국 남부의 농민이 일으킨 민씨정권에 대한 반란(갑오농민전쟁)을 발단으로 하여 일어났습니다. 농민의 반란을 진압하기 위해서, 한국 정부가 청나라에 군의 파병을 요청했던 것에 대항하여, 일본도 군을 한국에 보냈습니다. 이전부터 한국의 주도권을 다투고 있던 양국이 충돌해 다음 해에 시모노세키(下關)조약이 체결될 때까지 전쟁은 계속되었습니다.

우치무라는 이 전쟁을 '의전(義戰)'이라고 판단해 동양의 평화와 진보를 위해서는 한국의 독립이 불가결함에도 불구하고 구 문명국의 청나라가 지배하고 있으므로 신 문명국인 일본이 한국을 구제해야 한다는 이론을 전개했습니다. 그러나 전쟁의 결과는 그의 예상과 많이 달랐으며 일본은 한국을 실질적인 지배하에 두었습니다. 그 때문에 우치무라는, 그것은 '의전'으로 시작되었지만 결국은 '욕전(欲戰)'으로 끝났다고 자신의 생각을 정리하게 됩니다. 그리고 러일 전쟁 때에는 '비전(非戰)'을 주창하게 됩니다.

「내가 비전쟁론자가 된 유래」(『성서연구』 1904년 9월)에서는 성서의 가르침, 무저항주의, 평화주의의 신앙, 사상적인 이유 네 가지를 '비전'의 이유로 듭니다만, 과거 10년간의 세계의 역사 동향도 포함되어 있었습니다. 청일 전쟁이 끝났음에도 불구하고 한국의 독립이 이루어지지 않고 있는 점을 우치무라가 중요시하고 있다는 것을 알 수 있습니다.

## (2) 영토 없는 사람들에 대한 관심

1910년의 한일합방에 대해서도 우치무라는 비판적인 견해를 가지고 있었습니다. 예를 들면, 「영토와 영혼」(『성서연구』 1910년 9월) 문장에서는 한국을 획득한 일본의 기쁨도, 그에 따라 나라를 잃어버린 한국의 슬픔도 신 앞에서는 한때의 감정에 지나지 않고, 만약 일본이 영토를 확장해 언젠가 전 세계를 지배하게 된다고 해도 영혼을 잃어버리면 도대체 무슨 이익이 있을 것이냐라는 신앙심에 근거한 비판을 하고 있습니다. 당시, 한일강제병합에 반대하는 의견을 공표하는 사람은 소수에 불과했습니다. 그런 가운데, 그는 청일 전쟁 후의 입장을 바꾸는 일 없이, 한국 사람들의 장래를 염려하고 있었습니다.

우치무라와 조선 사람들과의 인연은 자신의 믿음인 무교회주의를 넓혀 가기 위해서 창간한 잡지 『성서연구』와 성서 연구회에 의해서 만들어졌습니다. 그중에는 YMCA의 일로 도쿄에 온 김정식, 유학으로 일본에 온 김교신 등이 있었습니다. 예를 들면, 1920년에 일본에 온 김교신은 우치무라 간조의 『구안록(救安錄)』을 읽고 감동해 성서 연구회에 참가하게 되었고, 귀국 후에는 성서 연구회에 같이 참가했던 멤버와 함께 무교회주의에 관한 조선어 잡지 『성서 조선』을 창간했습니다. 또한 잡지 『성서연구』에도 조선의 독자로부터 투고가 들어왔습니다. 1930년에 우치무라가 세상을 떠날 때까지 자주 그들에 대한 기대에 대해서 말했습니다.

○ **과정표**

1861년 에도(江戶, 지금의 도쿄)에서 태어남

1877년 삿포로(札幌) 농업학교에 입학

1881년 홋카이도(北海道) 개척사 정부 측 관리가 됨

1884년 미국에 건너감(1888년에 귀국)

1891년 제1고등중학교 불경사건으로 학교를 사직

1894년 "Justification of the Korean War(청일 전쟁의 진실)"를 발표

1900년 『성서 연구』 창간

1904년 「내가 비전쟁론자가 된 유래」를 발표

1906년 김정식과 만남

1910년 「영토와 영혼」을 발표

1920년 김교신과 만남

1930년 사망, 정년 69세.

**생각해 봅시다**

(1) 정의를 위해서라는 명목으로 시작된 전쟁이 결과적으로 타국의 침해에 지나지 않았던 것을 알고, 우치무라는 '의전'에서 '비전'으로 입장을 바꾸었습니다. 여러분은 '의전'이나 '비전'이라는 생각을 어떻게 평가합니까. 또한 그의 의견 변화에 반대하는 사람은 왜 반대를 하고, 찬성하는 사람은 왜 찬성을 하는지 서로 이야기해 봅시다.

(2) 우치무라 주위에 모인 한국 사람들은 우치무라로부터 무엇을 배우려고 했을까요? 또한 그들과의 만남을 통해, 우치무라는 한반도와 한국 사람들에 대해 어떻게 생각했을까요? 서로 이야기해 봅시다.

□ 우치무라 간죠

## 【참고문헌 · 자료】

『우치무라 간조 전집』 전40권, 이와나미 서점, 2001년.

오가와 게이지(小川 圭治) · 지명관(池明觀) 편저, 『일한 크리스트교 관계사 자료』, 신교출판사, 1984년.

니이보리 쿠니지(新堀 邦司), 『김교신의 신앙과 저항, 한국 무교회주의자의 투쟁의 생애』, 신교출판사, 2004년.

「우치무라 간조와 조선」 http://uchimurakorea.hp.infoseek.co.jp

(담당: 나미가타 츠요시(波潟 剛))

# 4 조선민족의 예술을 사랑한 야나기 무네요시(柳 宗悅)

야나기 무네요시(柳 宗悅, 1889∼1961)는 재능이 대단히 풍부한 사람이었습니다. 영문학자이며, 민예운동의 제창자이며, 종교사상의 연구자로서도 활약한 그는 일본의 식민지 지배에 대해 이의를 제기하며 조선 고유의 민족예술의 독특한 아름다움을 인정했던 것입니다. 야나기 무네요시의 생애를 통해서 그 발자취를 더듬어 보기로 합니다.

## (1) 재능 있는 인물

야나기 무네요시는 1889년에 도쿄 아자부에서 당시 해군 소장이었고 귀족원 의원이었던 야나기 나라요시(柳 楢悅, 1832∼1891)의 3남으로 태어났습니다. 그의 어머니도 유도로 유명한 가노 지고로우(嘉納治五郎, 1860∼1938)의 누나였습니다. 아버지는 해군이었지만, 젊었을 때에는 일본 특유의 수학, 와산(和算)의 연구자로서도 알려져 있었습니다. 군인으로서는 일본지도의 작성에 활약했고, 군인을 그만두고 나서는 수산업의 진흥에 힘쓴 사람입니다. 그러나 무네요시가 아버지의 얼굴을 기억하기 전에 아버지는 타계를 합니다. 아버지가 남긴 막대한 유산으로 경제적 어려움 없이 가쿠슈인(學習院) 초등과에 입학하고, 고등과에서는 나중에 일본 근대문학을 대표하는『시라카바(白樺)』를 창간하는 시가 나오야(志賀直哉)나 무샤노코지 사네아츠(武者小路實篤) 등과 친교를 맺고, 이 교류가 무네요시를 문학의 세계로 걷게 만듭니다. 또한 불교학자로 명성이 높은 스즈키 다이세츠(鈴木大拙)나 철학가인 니시다 이쿠타로(西田幾多郎)의 교육을 받은 야나기는 가쿠슈인 고등부를 수석으로 졸업하고 1910년에 도쿄제국대학 철학과에 전학을 합니다.

22세에 최초의 저서인『과학과 인생』을 출판했고, 대학을 졸업한 다음 해인 1914년에는 영국의 시인 브레이크에 대한 연구『리암·브레이크』를 출판해, 영문학자로서도 알려지게 됩니다.

그 뒤, 무네요시의 재능은 더욱더 빛을 발하게 됩니다. 종교철학과 불교미술에 대한 연구에 몰두하게 되고, 그는 평생을 이 분야에 몸담게 됩니다. 불교미술에 대해서는 국제적으로도 활약했습니다. 1929년에서 1930년까지, 미국의 하버드 대학에서 '대승 불교와 미술'이라는 강의를 했습니다. 강의 마지막 날, 무네요시의 수업은 큰 환호를 받았다고 합니다.

야나기 무네요시를 가장 유명하게 만든 것은 '민예(民藝)'라는 예술 개념을 문화운동으로서 널리 전개하고 예술로 승화를 시킨 것이라고 할 수 있습니다. 무네요시는 일반 사람들이 만들어 낸 생활도구 속에서 아름다움을 찾아내, 이것에 '민예'라는 말을 붙였습니다. 그리고 민예 관련의 잡지 「공예」를 창간하였고, 그 후에 '일본민예관'이라는 박물관을 만들었습니다. 이런 활동을 하던 중, 무네요시는 한반도의 민예 예술에 눈을 뜨기 시작하였습니다.

## (2) 한민족에 대한 이해

야나기 무네요시가 한반도로 건너온 것은 1916년, 아사카와 노리타카(淺川伯敎, 1884~1964), 아사카와 다쿠미(淺川 巧, 1891~1931) 등의 안내로 방문한 것이 최초였습니다. 그러나 목적은 순수하게 '민예'에 대한 조사였습니다. 무네요시가 보다 깊게 한반도와 관련을 맺게 되는 계기는 1919년의 3·1운동 발발이었습니다.

그해 5월, 무네요시는 신문에 '조선인을 생각한다'를 발표했습니다. 당시 3·1운동은 일본으로부터 '폭동'이라고 비난받고 있었습니다. 그러나 무네요시는 "우리 일본인이 현재 조선인의 입장에 서 있다고 가정해 보고 싶다. 아마 의분(義憤)을 좋아하는 우리 일본인들이야말로 폭동을 가장 많이 기획하는 사람들일 것이다."라고, 조선의 운동에 대한 이해의 글을 표명하였습니다. 그것뿐만 아니라 다음 해에는, 잡지에 '조선의 친구에게 보내는 글'을 썼습니다. 이 문장에서는 "나는 학대당하는 사람들보다 학대하는 사람들이 보다 죽음의 끝에 가깝다고 생각한다. 전자에 대해서는 아군이 편들고 일어서줄 터이지만, 후자에게는 반드시 자연의 형벌이 주어질 것이다."라고, 일본의 식민지 통치를 신랄하게 비판했습니다.

무네요시가 한국의 독립운동을 전면적으로 지지한 것은 아니었습니다. '조선의 친구에게 보내는 글'에서는, 폭력적인 독립운동은 해서는 안 된다고 호소하고 있습니다. 다른 글에서는 조선 총독부의 직원은 좋은 정치를 위해 노력하고 있다고 쓴 적도 있습니다. 무네요시의 마음을 움직인 것은 식민지 조선에서 우쭐대는 일본인에 대한 분노였습니다. 이것은 1920년에 발표한 '그의 조선행'이라고 하는 글에 잘 나타나 있습니다. 서울시내의 전철에서 갓을 쓴 조선인 노인이 앉아 있었습니다. 그곳에 나타난 일본인은 갑자기 노인으로부터 그 갓을 빼앗아 벗기고는 "꽤 잘 만들어진 모자군." 등의 이야기를 했습니다. 그 순간 아무것도 할 수 없었던 무네요시는 많이 부끄러웠습니다. 이러한 경험이 무네요시를 조선인과 조선문화에 대해 이해할 수 있는 길로 인도해 주었습니다. 1922년에는 서울시내의 광화문 철거에 반대하는 글을 발표했습니다.

독립을 주장하지는 않았지만, 식민지 통치를 비판한 것은 무네요시에게는 위험한 일이었습니다. 한때, 무네요시는 조선총독부의 감시를 받았습니다. 그러나 무네요시는, 1920년, '조선민족미술관'을 만들 것을 제안합니다. '민족'이라는 말을 빼도록 총독부는 요구하지만 무네요시는 받아들이지 않았습니다. 그리고 1924년, 서울 경복궁에 '조선민족미술관'을 개관했습니다. 그 후에도, 무네요시는 몇 번이나 조선을 방문해 많은 생활용구와 미술품을 모았습니다. 이렇게 해서 모아진 미술품이기에 현재의 한국 사회에 전해질 수 있었던 것입니다.

### (3) 왕성한 활동과 끊임없는 연구

야나기 무네요시의 이러한 활동은 해방 후의 한국에서도 높이 평가되었습니다. 무네요시가 사망했을 때, 한국에서도 그의 죽음을 안타까워하는 소리가 들렸습니다. 무네요시가 쓴 책은 한국어로 번역되어 여러 사람에게 읽혔습니다.

한편, 무네요시의 활동과 발언에 대해서 좋지 않은 견해를 가진 사람도 있습니다. 무네요시는 한반도의 예술품의 아름다움을 '비애의 미', '선의 미'라고 했습니다. 그러나 이러한 평가는 조선 민족을 약한 민족이라고 보고 있었기 때문에 나온 것이 아닌가라고 하는 의견도 있습니다.

또한 조선총독부를 신랄하게 비판한 문장을 발표한 무네요시의 의식도 점점 변해 간 것을 알게 되었습니다. 사실은 '조선민족미술관'을 만들 때, 당시의 조선총독인 사이토 마코토(齊藤 實, 1858~1936)로부터 기부를 받았던 것이 알려졌습니다. 그 후 무네요시가 한반도에서 미술품을 모을 때는 조선총독부의 직원이 협력을 했습니다. 그 무렵의 무네요시는 조선총독부에 대한 아무런 발언도 하지 못합니다. 그 뒤 제2차 세계대전 후 무네요시는 한반도에 건너오는 일이 없어지게 됩니다.

일본 최고의 엘리트로 불교학과 예술, 문학, 철학 등 다방면에 지적 능력을 발휘하며 민예라는 예술 장르를 널리 알린 야나기 무네요시는 부조리한 일본의 조선 식민지 통치와 조선 문화 멸시에 대한 옹호를 하며 조선의 전통 민속 예술에 매료되어 조선의 민중 예술의 아름다움을 널리 알린 사람이기도 합니다. 그러나 후반에는 조선에 대한 옹호나 의견이 줄어들어서 그의 의식 변화라고 비판하는 사람들도 많습니다. 그는 노후에 류머티스나 심장발작 등의 병으로 앓다가 1961년 5월에 뇌일혈로 세상을 떠납니다.

무네요시의 생애를 보다 보면 완벽한 인물은 아니었습니다. 그러나 무네요시는 한반도의 미술품을 차별 없이 취급하며, 순수하고 소박한 민예 문화를 미술 작품으로 평가하며, 작품성과 좋은 점을 솔직하게 평가했습니다. 한국에서 비판을 받으면서도 무네요시의 책이 읽히고 있는 것은 그 때문이 아닐까요?

**생각해 봅시다**

야나기 무네요시가 한국이 일본과 대등하다는 입장을 가질 수 있었던 이유는 무엇일까요?

그의 민예 문화 운동에 영향을 미쳤던 배경은 무엇이었을까요?

❏ 야나기 무네요시

## 【참고 문헌 · 자료】

우부가타 나오키치(幼方直吉), 「일본인의 조선관」, 『사상』 제448호, 1961년.

츠루미 슌스케(鶴見俊輔), 『야나기 무네요시』, 평범사, 1976년

츠루미 슌스케(鶴見俊輔), 『잃어버린 전환기』, 『야나기 무네요시 전집』 제6권 해설,
    치쿠마쇼보(筑摩書房), 1981년.

다카사키 소지(高崎宗司), 『방언의 원형』 증보(增補)3판, 물푸레나무사(木犀社), 2002년.

미즈오 히로시(水尾 比呂志), 『평전 야나기 무네요시』, 치쿠마 학예 문고, 2004년.

민예관 공식 사이트

http://www.mingeikan.or.jp/html/yanagi - soetsu.html

『야나기 무네요시 전집』 제6권(조선관련), 치쿠마쇼보(筑摩書房) 출판.

≪아사히(朝日)신문≫, 2009년 11월 16일, 석간 27면.

(담당: 이자오 토미오. 이수경이 일부 가필)

아사카와 타쿠미(淺川 巧, 1891~1931)는 임업 기술자로서 조선의 산에 나무를 심고 한민족이 오랜 역사를 통해 이루어 온 공예(민예)를 공정하게 평가해, 조선 사람들과 서로 신뢰하고 신뢰받는 관계에 있었던 사람입니다.

## (1) 나무 심기

근대 한국에서의 거의 모든 '산'은 사람들의 공유지로 이용되고 있었습니다. 매서운 추위를 막기 위한 온돌의 연료인 장작도 이 '산'에서 얻고 있었습니다. 그러나 정치가 혼란스러워지자 이 '산'의 관리도 소홀하게 되어 많은 '산'이 황폐해지기 시작했습니다.

아사카와 다쿠미는 1914년에 한반도로 건너와서 조선총독부 농상공무부 산림과 임업시험소에서 근무했습니다. 한국의 주요 수목과 수입수종의 양묘에 관한 시험과 조사를 담당하고 있습니다. 한국의 '산'에 맞는 수목을 찾아내 그 수목의 모종을 키워서 한국 각지의 '산'에 심었습니다. 모종을 키우는 것이 곤란하다고 하던 조선 낙엽송이나 조선소나무(적송)의 양묘에도 성공했습니다.

사람의 힘으로 수목의 씨를 발아시키는 것은 몹시 어려운 일이었습니다. 씨를 뿌려도 그해에는 발아하지 않았고, 잘 되면 그다음 해에 싹이 트는 등 불안정했습니다. 다쿠미는 그런 수목의 씨를 뿌리고 그해에 발아시키는 방법을 찾아냈습니다. 그 방법은 '노천 매장법'이라고 불리고 있습니다. 수목의 씨를, 그해(가을)에 모래와 혼합해 6cm에서 15㎝ 정도의 깊이로 묻어 두는 방법입니다. 그렇게 하면 다음 해 봄, 씨를 다시 뿌리면 발아가 잘 된다는 것입니다. 지금은 당연한 기술입니다만 당시로서는 세계적인 발견이었습니다. '노천 매장법'의 발견뿐만이 아니라, '산'의 녹화에는 미야마하기(깊은 산에 피는 싸리나무)가 가장 적합하다는 것을 밝혀내거나, 나무 심기를 통하여 산지의 토사 붕괴를 방지하는 방법을 개발하는 등 한반도의 '산'을 위해서 활약했습니다.

## (2) 한민족의 공예(민예)를 공정하게 평가

아사카와 다쿠미에게는 7세 연상의 형인 노리타카(伯教)가 있었습니다. 노리타카는 한국의 미술 공예품에 강한 매력을 느껴 한국으로 건너옵니다(다쿠미가 한국에 건너온 것은, 이 형을 그리워했기 때문입니다). 조각가가 되는 꿈도 있었지만 한국도자기 연구에 몰입하여 후에 '조선고도기(古陶器)의 신'이라고 불리게 되었습니다. 다쿠미는 임업기술자로 근무하면서 형의 도자기에 대한 연구 및 조사를 도왔습니다. 그리고 형의 연구 · 조사를 통해 한국도자기의 아름다움을 깨닫기 시작합니다.

한국도자기를 비롯해 한민족의 공예(민예)품을 전시하는 '조선민족미술관'을, 1924년 형과 친구인 야나기 무네요시(柳 宗悦)와 세 명이서 설립하게 됩니다. 그러나 당시 일본 식민지정책은 조선의 민족의식이나 전통 등을 인정하지 않도록 하는 것이었습니다. '민족'이라고 하는 말을 붙여 그 '민족'의 긴 역사 속에서 이루어 온 공예(민예)의 아름다움을 전시한(공정하게 평가하는) 시설이 '조선민족미술관'입니다. 미술관을 설립하여 운영한다는 것은 대단한 용기가 필요했습니다. 형의 영향을 받은 도자기 연구부터 평상시의 식사에 사용하는 식기까지 관심을 넓혀 갔습니다. 1929년에는 그 연구를 『조선의 선(膳)』이라는 이름으로 발표했습니다. 도자기의 연구에 관해서는 그로부터 2년 후인 1931년에 『조선도자기명고』의 이름으로 발표되었습니다(이 저작은 사후 출판).

## (3) 조선 사람들과 신뢰관계를 형성

일본의 식민지정책은 한국 사람들에게 한국식의 이름을 일본식의 이름으로 고치게 하거나(창씨개명), 일본어 사용과 신사참배 등을 강요하게 됩니다. 이것을 황민화 정책이라고 합니다. 아사카와 다쿠미는 1931년 4월 급성 폐렴으로 사망합니다. 그렇기 때문에 이 정책을 모릅니다. 그러나 그가 죽기 전부터 일본의 한'민족'을 인정하지 않는 정치적 흐름이 있었습니다. 또한 많은 일본인들은 한국 사람들을 차별하는 마음을 가지고 있었습니다.

예를 들면, 1929년에 광주에서 일어난 학생운동은, 일본인 남학생이 한국인 여학생을 조롱한 일이 계기가 되었습니다. 조롱하지 않도록 주의를 준 한국인 학생을 체포하고, 조롱하던 일본인 학생은 체포하지 않았던 일본 경찰에게 항의

한 대규모 저항 운동이 되었던 것입니다. 또한 다쿠미의 친구인 야나기 무네요시는 여행 중 전차 안에서 한국인 노인의 모자를 무례하게 벗기며 우롱하는 일본인의 모습을 보고 화가 치밀었다고 회술하고 있습니다. 조롱하거나 다른 사람의 소중한 물건을 마음대로 만지고 장난치는 등 당연시해서는 안 될 일들이 아무렇지도 않게 행해지고 있었던 것입니다. 물론 일본인 측은 조롱을 하며 멋대로 가지고 노는 쪽이었습니다.

그러나 아사카와 다쿠미는 그런 일본인이 아니었습니다. 일본인에게 강압적으로 싸게 팔수밖에 없었던 야채를 비싸게 사 주거나 학비가 없는 사람에게 장학금을 주기도 했습니다. 한국 사람들에 대해 차별 없는 태도를 취했기 때문에 임업시험장 내 다쿠미의 집에는 많은 사람들이 모였다고 합니다. 다쿠미 자신도 한국어로 이야기하고, 한복을 즐겨 입었으며, 식사도 한국식이었다고 합니다. 그가 죽었을 때도 많은 사람이 모였습니다. 관을 메게 해 달라고 부탁하는 한국 사람들이 많았으며, 그런 부탁이 너무 많아서 대응을 할 수 없었다는 기록도 있습니다.

1984년, 아사카와 다쿠미의 묘에는 임업시험장 사람들의 손에 의해서 기념비가 세워졌습니다. 거기에는 다음과 같이 쓰여 있습니다.

> 한국이 좋아, 한국인을 사랑하고,
> 한국의 산과 민예에 몸을 바친 일본인, 여기에 한국의 흙이 되다

'한국을 식민지로 한 일본'과 '일본의 식민지가 된 한국'이라는 관계를 넘어, '일본인'과 '한국인'이 같은 인간으로서 서로 신뢰하는 관계로 맺어지는 것은 매우 어려운 일입니다. 그것이 가능했던 아사카와 다쿠미는 인간으로서 정말 훌륭한 사람이었다고 말할 수 있겠습니다.

## ○ 과정표(過程表)

1891년 야마나시현(山梨縣) 키타코마(北巨摩)군 코무라(甲村)(현: 타카네초(高根町))에서 출생

1914년 한국에 도항, 조선총독부 농상공무부 산림과 임업시험소 근무, 1917

년 한국낙엽송 양묘에 성공

1924년 노천 매장법 발표(조선 산림회보 '묘포 담당 친구에게 보낸다'로), 조
　　　선민족미술관 설립

1927년 산의 이용법을 제안(조선 산림회보 '벌거숭이 산의 이용문제에 대해
　　　서'로)

1929년 『조선의 선(膳)』을 발표

1931년 사망. 정년 40세 『조선도자명고』 출판

### 생각해 봅시다

　　여러분이 전철 안에 앉아 있었습니다. 나중에 탄 사람이 '비켜!'라고 하며 무리하게 여러분을 일으켜 세우고 그 자리에 앉으려 합니다. 물론 나중에 탄 사람은 자리를 양보해야 할 노인이나 신체가 부자유스러운 사람이 아닙니다. 그러면 여러분은 어떻게 하겠습니까? 어떤 기분이 들까요?

　　당시의 한국에서는 앉아 있는 한국인에게 '비켜!'라고 무례한 행위를 하는 일본인이 상당히 많았다고 합니다.

　　아사카와 다쿠미는 그런 한국에 있었습니다. 한복을 사주 입었기 때문에 전철 안에서 의자에 앉아 있으면, '여보(한국인에 대한 경멸을 담은 호칭), 비켜!'라는 소리를 들었다고 합니다. 한국인으로 오해를 받은 것입니다. '나는 일본인이다.'라고 하면 계속 앉아 있을 수 있었겠지요. 그렇다면 그는 그렇게 했을까요?

　　다쿠미는 아무 말도 없이 자리에서 일어났다고 합니다. 이때의 다쿠미의 생각은, '한국을 식민지로 한 일본'과 '일본의 식민지가 된 한국'이라는 관계를 넘어, 같은 인간으로서 서로 신뢰하는 관계를 쌓아 가는 것이 중요하다고 생각을 한 것입니다. 여러분 같으면 이런 상황에서 서로의 입장에 서 보고, 어떻게 대응하는지, 서로 이야기해 봅시다.

## 【참고 문헌 · 자료】


아사카와 다쿠미(淺川 巧), 『아사카와 다쿠미 전집』, 소후칸(草風館), 1996년.

아사카와 다쿠미(淺川 巧), 『조선 민예 논집』, 이와나미(岩波) 문고, 2003년.

아사카와 다쿠미(淺川 巧), 『아사카와 다쿠미 일기와 서간』, 소후칸(草風館), 2003년.

타카사키 소지(高崎宗司), 『조선의 흙이 된 일본인』, 소후칸(草風館), 1998년.

타카사키 소지(高崎宗司), 『식민지조선의 일본인』, 이와나미 신서, 2004년.

스기야마 아야(椙山 彩), 『일한 교류의 전조 아사카와 다쿠미』, 요람사(搖籃社), 2004년.

이상진, 「아사카와 다쿠미의 조선관」, 『인간 문화론집』 제4권, 오차노미즈(お茶の水)
　　　여자대학, 2001년.


(담당: 가네코 데츠야(金子哲也))

# 한일 평화를 위해 살다 간 이방자(李方子, 마사코)의 삶

일본은 당시 대한제국(1897년에 나라 이름을 조선에서 대한제국으로 바꿈)과의 사이에 강제로 '한국병합조약'을 맺는 형태로 한반도를 식민지화했습니다. 이로 인해서 일본에 의한 35년간의 식민지 통치가 시작되었습니다. 대한제국의 왕족들은, 형식적으로 일본의 황족에 준하는 대우를 받게 되었습니다. 그리고 조선왕조의 마지막 황태자 이은(李垠, 1897∼1970)은 일본인 여성과 정략결혼을 강요당합니다. 그 아내로 선택된 여성이 바로 이방자(李方子, 1901∼1989)였습니다. 그러나 이방자는 이렇게 강요당한 결혼임에도 불구하고 한일 화합을 위해서 노력하는 삶을 살게 됩니다.

## (1) 성장

이방자는 일본의 황족 나시모토노미야 모리마사(梨本宮守正, 1874∼1951) 왕과 어머니 이츠코(伊都子, 1882∼1976) 사이에서 태어났습니다. 아버지는 육군, 어머니는 에도(江戶)시대 큐슈 사가(佐賀) 지방의 영주였던 나베시마 후작(鍋島侯爵)의 딸이었습니다. 당시 이러한 신분의 여성은 자유롭게 결혼을 하지 못했고, 결혼 상대는 주위의 사람들이 결정했습니다. 이방자 부모님의 결혼도 그렇게 이루어졌습니다. 그리고 화족 여학교(가쿠슈인의 전신)의 학생이었던 나시모토노미야 마사코(梨本宮方子)는 어느 날 갑자기 신문에서 자신의 결혼과 결혼 상대에 대한 기사를 읽고 충격을 받게 됩니다. 그 상대는 한국 왕실의 황태자였고, 황태자도 그런 사실을 미리 알지 못했습니다.

그녀의 결혼상대인 대한제국의 황태자 이은도 파란만장한 운명을 가진 사람이었습니다. 한국이 일본의 보호국이 된 후 일본에 '유학' 중이었습니다. 유학은 허실뿐인 이름이었고, 내실은 일본에 인질로 잡혀 있었던 것입니다. 어린 황태자 이은이 일본에 갈 때 아버지였던 고종(재위, 1863∼1907)은, 아들에게 '인(忍)'이라는 한 글자를 써 주었다고 합니다. 어떤 일이 있어도 참고 견뎌야 한다는 것이었습니다. 한일강제병합으로 한국이 일본의 식민지가 된 다음은 일본 육군이 되도록 교육을 받았습니다. 그리고 나시모토노미야 마사코와의 결혼도 정해졌습니다. 이은의 조카나 이복 여동생조차도 일본인과의 결혼을 강요당했습니다.

황태자 이은에게는 그전에 민갑완(1897~1968)이라고 하는 결혼상대가 정해져 있었습니다. 그러나 조선총독부는 민갑완과의 결혼약속을 억지로 취소하게 했습니다. 게다가 민갑완에게서 이은으로부터 받은 반지까지 강탈해 다른 남성과 결혼하도록 강요했습니다. 이것을 거절한 민갑완은 중국 상해로 망명해 식민지 지배가 끝날 때까지 돌아오지 않았습니다. 이은과 마사코의 결혼식은 1919년으로 정해졌습니다. 그러나 이해에는 결혼식을 올릴 수가 없었습니다. 아버지 고종의 사망이 그 이유였습니다(이 고종의 장례식을 계기로 3·1운동이 발생했습니다).

## (2) 두 사람의 결혼생활

이은은 대한제국의 황족이었기 때문에 일본이 대한제국을 식민지화한 다음에도 특권적인 지위를 부여받고 있었습니다. 이은은 일본의 육군 군인으로 성장해 결국 육군 중장이 되었습니다.

그러나 마사코와 이은의 결혼은 그다지 행복한 스타트라고는 할 수 없었습니다. 결혼이 발표된 후, 마사코의 친가 나시모토노미야 집안에는 협박전화나 전보가 날아들었습니다.

1921년에 마사코와 이은의 장남 진이 태어났지만, 그 다음 해 한국 방문 중에 갑자기 죽었습니다. 마사코와 그의 할머니인 이츠코는 진이 독살되었다고 생각하고, 나중에 태어난 차남 이구(1931~2005)는 한국에 보내지 않았습니다. 대한제국의 마지막 황제인 순종(재위1907~1910)이 독살될 뻔한 것을 알고 있었기 때문입니다.

남편 이은은 우수한 군인이며 또한 부하나 동료 군인에도 매우 친절한 사람이었다고 합니다. 마사코에 대해서도 항상 배려를 아끼지 않는 마음 따뜻한 남편이었다고 합니다. 겉모습만 보면 완전히 '일본인' 같았습니다. 그러나 이은은 역시 아버지의 '인'의 가르침을 지키고 있었습니다. 이은은 일본인에게는 일본어를 사용하고, 한국인에게는 한국어로 이야기했습니다. 그러나 이러한 이은도 일본인으로부터 한국인이라는 이유로 차별을 받았다고 합니다.

　1923년에 발생한 관동대지진 때 많은 한국인과 중국인이 살해당했습니다. 이은과 마사코 부부도 안전하지 못했기 때문에 가족은 피난하지 않으면 안 되었습니다. 이은은 마사코에게만은 자주 "무슨 일이 있을 때마다 한국인은 나쁘다고 단정받는 것이 너무 비참하다." "내가 자신의 자유 의지로 행동할 수 있는 것은 과연 얼마나 될까."라고 본심을 말했다고 합니다. 그런데도 이은은 밖에서는 본심을 말하지 않았고, 육군 군인으로서 2·26사건이나 중일 전쟁 때 일본군의 일원으로서 출동하게 됩니다. 겉보기에는 화려해 보이지만, 정신적으로 압박 속에서 고통받는 매우 힘든 생활이었음은 간단히 상상할 수 있을 겁니다.

　이러한 이은과 마사코 부부의 결혼 생활은 일본이 패전을 하면서 급변하게 됩니다.


## (3) 새로운 길을 향해

　1945년 일본의 패전으로 한국은 해방되었습니다. 그러나 이은과 마사코 부부에게 있어서 일본의 패배는 큰 시련을 의미했습니다. 원래 외국의 왕족인 이은은 황족에 준하는 대우를 받을 수 없게 되었습니다. 한국의 초대 대통령 이승만은 대한제국의 왕족이 한국에 돌아오는 것을 좋게 생각하지 않았습니다. 한국에서도 대한제국의 왕족에 대한 의견이 분분했습니다. "일본의 식민지 지배에 괴로워한 것은 왕족도 마찬가지다."라고 하는 사람도 있었지만, "그들은 일본에서 특별대우를 받았던 민족의 배반자"라고 하는 사람도 있었습니다. 이은·마사코 부부는 패전 후의 일본에서 무국적의 재일 외국인이 되어 버렸습니다(그 후 한때 일본 국적을 취득한 시기도 있었습니다.). 이은은 병으로 쓰러지고, 아들 이구는 이러한 상황 속에서 미국에 건너가 고생하며 공부해 건축가가 됩니다.

　1960년 이승만 정권이 무너지자, 그 후 박정희 군사정권이 이은·마사코 부부의 귀국을 인정하였고, 1963년 두 사람은 한국으로 돌아옵니다. 이때부터 마사코의 한국인으로서의 인생이 시작됩니다. 그러나 식민지의 쓰린 경험을 가진 한국인은, 일본인이었던 마사코를 처음에는 받아들이지 않았습니다. 대한제국의 왕족이 창립한 학교에서 마사코를 이사로 맞이하려고 했을 때 학교에서 반대하는 데모가 일어났습니다. 그 때문에 마사코는 이사 취임을 포기하지 않으면 안

되었습니다.

마사코는 한국에서 지적 장애아의 자립지원 활동을 시작했습니다. 당시의 한국은 장애가 있는 아이를 교육하는 시설이나 지원 활동이 거의 없어서 늘 집에 갇혀서 생활하는 경우가 많았습니다. 마사코는 이러한 아이들이 장래에 자립해서 살아갈 수 있도록 하기 위한 학교와 머물 수 있는 시설, 일하기 위한 시설을 만드는 것이 필요하다고 생각하게 됩니다. 이리하여, '명휘원'과 '자혜학교'라는 두 개의 시설을 설립하도록 노력했습니다. 그러나 이러한 시설을 운영하기 위해서는 많은 돈이 필요합니다. 마사코는 솔선수범하여 시설 운영비를 확보하기 위해 스스로 칠보를 구워 팔았고, 모금을 위해 왕조시대의 옷을 입고 패션쇼에 출연하기도 했습니다. 구 황족 출신자가 남의 눈을 의식하지 않고 모금을 위해 이리저리 뛰어다니는 모습을 싫어하는 사람도 있었습니다. 또 아들 이구도, 이은이 병으로 누워 있음에도 불구하고 집안일은 돌보지도 않고 이리저리 뛰어다니는 마사코를 탓했던 적도 있습니다. 그러나 이러한 노력의 결과, 한국 정부도 경제지원을 하게 되었습니다. 그러는 한편, 마사코는 한국의 전 국토를 걸어 돌아다니며 장애아를 집 안에서뿐만이 아니라 집 밖에서도 활동하게 할 수 있도록 설득했습니다.

이방자는 정치 희생자였다고 말할 수 있습니다. 그러나 만년에는 "나의 조국은 두 개 있다. 태어나서 자란 나라(일본)와 뼈를 묻을 나라(한국)"라고 이야기할 만큼 한국을 모국처럼 사랑하였고, 그렇기 때문에 헌신적으로 자신의 모든 것을 쏟아서 전심전력으로 한국 사회를 위해 일생을 보냈습니다. 이러한 활동은 한국 국민의 반일감정을 초월할 정도였습니다. 1989년, 이방자는 몹시 존경받는 일본 출신자로서 그 생애를 한국에서 마쳤습니다. 그녀의 무덤은 현재 서울에 있고, 많은 사람들의 가슴에 따스한 한국의 어머니로 기억되어 있습니다. 그녀는 끝까지 한국을 사랑하고 남편을 사랑하고 한·일 관계를 위해 노력한 한국의 어머니로 이 땅에 묻히길 원했습니다.

한편, 이은과 이별을 강요당했던 여성 민갑완은 한국전쟁으로 부산에 피난해, 힘든 생활 속에서도 평생을 독신으로 지냈습니다. 이은은 병으로 의식을 잃은 채 귀국해, 1970년 서울에서 눈을 감았습니다. 미국에 건너간 아들 이구는 나중에 한국으로 돌아와 실업가가 되지만 경영하던 회사가 도산해 가족을 버리고 일본에 건너갔습니다. 그리고 2005년, 이구는 도쿄의 한 호텔에서 쓸쓸하게 숨을 거뒀습니다.

❏ 이방자 여사와 치벤가쿠엔 수행여행단

**생각해 봅시다**

　　이방자가 강제적으로 결혼을 하게 된 남편의 나라를 자신의 고향이라고 할 정도로 사랑할 수 있었던 이유는 무엇이었을까요? 이방자나 이은이 비록 특권층이라는 특혜를 받은 경우도 있지만, 그렇기에 더더욱 힘들었던 것은 무엇일까요?

　　그들 역시 불행한 시대의 희생자임을 서로 이야기해 봅시다.

【참고 문헌 · 자료】


이방자의 자전
『동란 중의 왕비』, 고단샤(講談社), 1968년.
『지난 세월』, 자비출판(서울에서), 1973년.
『흘러가는 대로』, 게이유샤(啓佑社), 1984년.
『세월이여, 왕조여』, 산세이도(三省堂), 1987년.
위의 책 중에서 『세월이여, 왕조여』 이외의 3권은 내용이 거의 같음.
아래의 혼다 세츠코(本田節子) 씨의 저서에 의하면, 고스트 라이터(누군가 대필자)가
        이방자의 일기(비공개)를 바탕으로 집필한 것임.


나시모토 이츠코(梨本伊都子), 『삼대의 천황과 나』, 고단샤(講談社), 1975년.
혼다 세츠코(本田節子), 「조선 왕조의 마지막 황태자비」, 문예춘추, 1988년.
와타나베 미도리(渡辺みどり), 『일한 황실 비화 이방자비』, 츄코분코(中公文庫),
        2001년 개정판.
이왕은 전기 간행회 편, 『영친왕 이은전』, 교에이쇼보(共榮書房), 2001년.


                                        (담당: 이자오 토미오)

# 7

## 평생을 조선의 고아와 함께한 다우치 치즈코(田內千鶴子)

다우치 치즈코(한국명은 윤학자, 1912~1968)는 일본 식민지시대에 거지왕이라고 불리며 가족들이 모두 반대하던 한국의 남자와 결혼해 일본의 패전, 한국전쟁 등 거듭되는 시련을 극복하고 일생 동안 3,000명의 조선인(한국인) 고아를 길렀습니다. 주야를 내 아이와 같이 키우며 이 땅의 자식 보살피기에 평생을 보낸 그녀는 일본인으로서는 처음으로 한국의 문화훈장을 수상했습니다.

### (1) 거지대장과의 결혼

1910년, 일본은 대한제국을 강제로 병합하면서 조선이란 이름을 강요합니다. 한일 합방 뒤에 가장 먼저 실시한 것 중의 하나가 '토지조사사업'입니다. 이것은 한국의 토지 제도를 '조사'해 근대적인 토지소유제도로 바꾸려는 '사업'을 표방하였습니다. 당시의 조선에는 모든 사람들이 이용하는 공유지가 있었습니다. 또한 경계선이 불명확한 토지도 있었습니다. 상기의 '사업'이란 그러한 소유자가 불명확한 토지를 몰수하는 것이었고, 그 뒷배경에는 일본 사람들의 유치 및 토지 배분, 일본 정부의 토지 확보 등의 의도가 있었습니다. 토지를 빼앗긴 한국 사람들은 일본이나 당시 '만주'라 불린 중국의 동북지방에 이주해 갔습니다. 생사를 건 이 여행에 어린 아이를 데리고 가는 것은 곤란했기에 많은 고아들이 남겨지게 되었습니다.

전라남도의 항구도시 목포에 '공생원'이라고 하는 고아원이 있었습니다. 윤치호라고 하는 사람이 다리 아래에서 떨고 있던 7명의 고아를 키우기 위해서 시작한 시설입니다. 윤치호는 아이들에게 필요한 것, 특히 음식을 얻기 위해 불철주야로 구걸을 하러 다녔습니다. 그 때문에 '거지대장'이라고 불렸습니다.

한편 다우치 치즈코는 조선총독부의 직원인 아버지를 따라서 1919년, 7세 때부터 목포에 살았습니다. 26세 때, 은인으로부터 '공생원'을 도와 달라는 부탁을 받습니다. 일본의 식민지정책으로 인해 많은 고아가 생겨난 것을 잘 이해하고 있었기에 서슴지 않고 도울 수가 있었습니다. 그러나 '일본인'인 치즈코에게 아이들은 좀처럼 마음을 열어 주지 않았습니다. 그런데도 묵묵히 험한 일들을 해냈기에 2년의 세월이 흘렀을 무렵에는 그녀는 공생원에 없으면 안 되는 존재가 되어 있었습니다.

그런 때에 윤치호로부터 결혼해 달라는 프러포즈를 받았습니다. 시대가 시대인 만큼 주위의 대부분 일본인은 반대했습니다. 한국인과, 게다가 '거지대장'이라고 바보 취급당하는 남자와 결혼하는 것은 일본인으로서 부끄러운 일이라고 했습니다. 그러나 "결혼은 나라와 나라가 하는 것이 아니다. 사람과 사람이 하는 것이다. 한국인이든 일본인이든 관계없다."라는 어머니의 이해를 얻어서, 첫 만남부터 마음이 끌렸던 치즈코는, 윤치호와의 결혼을 마음먹었습니다. 1939(昭和 14)년의 일이었습니다.

## (2) 거듭되는 시련에도 고아들을 버리지 않았다

오로지 사랑하는 사람과의 결혼을 선택했던 치즈코는 그 뒤, 더 큰 선택의 기로에 놓이게 됩니다. 그것은 1945년 8월 15일 일본이 전쟁에 지고 한국이 일본의 지배로부터 해방된 날의 일이었습니다. 일본인은 일본으로 돌아가게 된 것입니다. 연로한 어머니에게 귀국 명령이 떨어졌습니다. 치즈코는 고민 끝에, 한국에 남는 길을 선택합니다. 윤치호는, 이때 치즈코가 아이를 임신하고 있었던 것과 한국에서는 무엇보다 부모를 소중히 하는 관습을 중히 여겼기에 그녀에게 귀국을 권유하였습니다. 치즈코는 어머니와 2명의 아이의 손을 잡고, 무거운 몸으로 일본으로 돌아갔습니다. 이러한 상태가 되어 버린 일본인과 한국인 부부의 상당수는 그대로 헤어지거나 연락이 끊어지는 경우가 많았습니다. 그러나 치즈코는 1년이 조금 못 되었을 때 목포로 돌아옵니다. 윤치호에 대한 사랑과 공생원의 고아들이 자신을 부르는 소리가 들렸던 것이었겠지요. '어머니가 돌아왔다!!'

공생원의 아이들은 뛸 듯이 기뻐하며 치즈코를 맞이했다고 합니다.

윤치호와 함께 고아들에게 모든 애정을 쏟는 날들이 계속되었습니다. 그러나 다시 또 큰 시련이 치즈코에게 닥쳐옵니다. 1950년 6월 25일, 한국전쟁이 시작된 것입니다. 많은 아이들을 데리고 피난하는 것은 불가능했습니다. 공생원은 북한군, 그리고 국제 연합군(한국)에게 번갈아 가며 지배받았습니다. 그때마다 많은 의심을 받았습니다. 가장 어려웠던 것은 아이들이 먹을 음식이 없었던 것입니다. 윤치호는 음식을 구하기 위해 전쟁의 와중에 밖으로 나갔습니다. 그리고 두 번 다시 돌아오지 않았습니다. 납치되어 사라졌다는 설도 있지만 행방은 지금도 알 수 없습니다.

그 무렵 공생원에는 300명의 고아가 있었습니다. 돈도 없고, 물론 식료품도 없었으며, 치즈코는 한국어를 자유롭게 말할 수 없었습니다. 호의적이었던 사람들조차 치즈코의 귀국과 공생원의 폐쇄를 재촉했을 정도였습니다. 더더구나 가장 큰 보호막이고 지친 그녀의 손을 잡아 주던 남편 윤치호도 없는 상황이었습니다. 그러나 치즈코는 포기하지 않았습니다. 일단 아이들의 음식을 위해서 팔 수 있는 것은 모두 팔았고, 아이들도 구두닦이나 봉투에 풀칠하기 등의 일을 하여 식비를 보탰습니다. 치즈코는 리어카를 끌고 부끄러움이나 사람들의 비방 중상에도 거리낌 없이 아이들의 배를 채워 주기 위해 음식을 구걸하러 다녔습니다.

### (3) 일생 동안 3,000명의 고아를 키우다

거듭되는 시련을 견디며 혼신을 다하여 고아들을 돌본 치즈코가 일생 동안 키워 낸 한국의 고아들은 약 3,000명에 이릅니다. 아무나 결코 할 수 없었던 강한 신념과 인도적 역할과 그 공적이 인정되어 1963년 한국문화훈장이 수여됩니다. 일본인으로서는 처음 있는 일이었습니다. 식민지 지배를 한 일본인에 대한 수여에는 큰 반대가 있었습니다. 그러나 당시의 박 대통령은 "다우치 치즈코는 우리와 같은 민족의 피가 흐르는 사람은 아니다. 그런데도 우리의 고아를 지켜 주었다. 이것은 국가를 넘어선 인류애다."라며, 반대하는 사람들을 설득했다고 합니다.

훈장을 받은 후 일본에 일시 귀국해 성대한 환영을 받으며 유명해집니다. 그러나 그로부터 불과 4년 후, 그동안의 고생으로 인한 후유증과 폐암으로 숨을 거두었습니다. 장례식은 목포시가 그녀의 공헌에 감사하는 의미에서 목포 시민장으로 치렀습니다. 한국의 전국에서 모인 공생원에서 자란 고아 등 3만 명이, 그녀의 죽음을 슬퍼했다고 합니다. 원아를 대표해 17세의 이재식 씨가 슬픔의 인사말을 했습니다. 거기에는 다음과 같은 말이 있었습니다.

"일본이란 고향을 가지고 있으면서, 언어도 풍속도 다른 이 나라에 당신은 무엇을 위해 오셨습니까? 40여 년 전, 탄압 정치가 계속되던 일제시대에 울면서 배고픔을 호소하는 고아들을 모아 당신은 학원을 만들었습니다. 그리고 자신의 손으로 밥을 지어 아이들에게 먹였습니다. 옷이 없는 사람에게는 옷을 만들어 주었습니다. 당신은 가냘픈 몸속에 매우 강한 의지를 가지고 계셨고, 그 의지 하나로 우리를 키워 주셨습니다. (후략)"

'일본인', '한국인'이라고 하기 전에 눈앞의 고아를 바라보고 어린 생명을 소중히 여기며, 애정을 가지고 꼭 부둥켜안고 키워 온 다우치 치즈코의 생애를 어떻게 생각하면 좋을까요? '3,000명의 고아를 키웠다.'라고, 간단하게 말해 버려서는 안 된다는 생각이 듭니다. 아이들이 건강하고 튼튼하고 건전하게 자랄 수 있는 사회를 만들어 가지 않으면 안 되며, '일본인', '한국인'이라며 서로 적대시하거나 차별하는 사회가 되어서는 안 된다는 것을 다우치 치즈코의 생애가 우리들에게 가르쳐 주는 것 같습니다.

윤치호와 다우치의 숭고한 인도적 정신은 그 자식과 손자들에게까지 강한 의지로 계승되고 있습니다. 그들의 손녀인 정애리는 한국전쟁 등으로 급증한 전쟁고아 20만 명 이상이 해외에 입양되어 한국을 떠나, 성장한 후 부모와 자기 뿌리 찾기 등으로 고생을 하고 있는 것을 알고, 그들을 위한 본격적인 지원을 위해 InKAS(국제한국입양인 봉사회)를 설립합니다. 1999년 3월에 설립된 InKAS는 12개국의 단체에 대한 지원과 국내의 많은 아이들의 교육, 고아의 내외 양자, 입양 지원에 진력하고 있습니다. InKAS는 헌금과 취지를 이해해 주는 유지·제기관 등의 지원을 받아 운영되고 있습니다. 그 때문에 대규모의 사업이라고는 할 수 없지만, 지금까지 많은 사람들의 부모와 가족 찾기를 실시하였고, 또한 입양자에 대한 지원을 계속해 왔습니다. 정 대표는 월급도 없이 헌신적으로 양자들의 지원 활동을 통해 국제 교류에도 힘을 쏟고 있습니다. 박애정신, 서로 돕고 사는 마음은 현대의 이 삭막한 사회에서도 따뜻하게 이어지고 있습니다.

○ 과정표

1912년　고우치현(高知縣) 도사군(土佐郡) 시모치(下知) 마을(현: 고치시와카
　　　　마츠쵸(高知市 若松町)에서 태어남

1919년　한국에 도항

1936년　공생원에서 봉사 활동을 시작

1938년　윤치호와 결혼

1945년　일본 패전, 한국이 해방됨

1950년　한국전쟁 시작

1951년　윤치호가 행방불명됨(북한에 ? )

1963년　한국정부로부터 '대한민국 문화훈장'을 받음

1968년　공생원에서 생을 마침. 정년 56세, 목포시민장으로 장례식이 치러짐

 **생각해 봅시다**

　　　1950년에 시작된 한국전쟁은 전장이 남쪽에서 북쪽으로 마치 롤러를 굴리듯이
이동된 같은 민족끼리의 전쟁이었습니다. 사망자는 126만 명. 가족이 뿔뿔이 흩어
진 이산가족은 무려 1,000만 명이라고 알려져 있습니다. 비참한 전쟁이었습니다.
공생원에는 전쟁으로 가족을 잃게 된 아이들이 많이 수용되었습니다.

　　　이 전쟁이 한창일 때, 윤치호가 행방불명이 됩니다. 치즈코는 울고 있는 아이를
위로하며 밤새 한잠도 잘 수 없었습니다. 그러나 해가 뜨면 아이들을 굶길 수 없
었기에 리어카를 끌고 음식을 구걸하러 다녔습니다. 아이들의 상당수는 영양실조
였습니다. 공생원에서 죽어 가는 아이도 있었습니다. 그때, 치즈코는 움직이지
않게 된 작은 몸을 깨끗하게 닦아 같은 이불 안에서 하룻밤을 함께 지냈다고 합
니다.

　　　하룻밤, 무슨 생각을 하며 보냈을까요? 어떻게 그런 나날들을 보낼 수 있었을
까요? 어떻게 3,000명의 고아를 키울 수 있었는지, 서로 상상해 보고, 이야기해
봅시다.

□ 다우치의 결혼사진

## 【참고 문헌 · 자료】

오쿠야마 다다마사(奥山忠政), 「다우치 치즈코 — 3000명의 한국 고아를 키운 일본
　　　　여성」, 『일한간의 다리가 된 사람들』, 아카시(明石)서점, 2003년.
야기 데츠로(八木哲郎), 「한국의 고아3천명을 기른 다우치 치즈코」, 『자원봉사로 사
　　　　는 삶』, 동양 경제신보사, 1993년.
기무라 나리히로(木村成宏), 「일한의 다리 · 목포의 어머니 다우치 치즈코」, 『일본인
　　　　의 발자국3』, 산케이(産経)신문사, 2002년.
무라나카 리에(村中李衣), 「다우치 치즈코 한국의 고아 3700명을 키우다」, 『20세기
　　　　의 멋진 여성들 8』, 이와사키(岩崎) 서점, 2000년.

(담당: 가네코 데츠야, 일부 이수경 가필)

8

## 교육과 신앙으로 한국에 생을 바친 마스토미 안자에몽(枡富安左衛門)

일제 강점기 시대의 한국에서 교육과 신앙 활동에 전념하며, 당시의 전라북도 김제·월봉리에서 마스토미 농장을 경영하는 한편, 농지개발이 늦어지고 있던 산촌에 학교를 설립해 많은 학생을 배출하도록 공헌한 일본인이 있습니다. 조선의 독립을 바랐던 마스토미 안자에몽(枡富安左衛門, 1880~1934).

그의 공적은 전후 반일의 물결 속에서도 칭송받아 후에 한국정부로부터 국민훈장까지 받았습니다. 황폐한 땅을 개척하면서, 학교 설립이나 빈민지원, 교회 설립 등을 통해서, 교육사업과 농지개발, 신앙 활동에 진력한 그의 열의와 공적은 지금도 현지 사람들의 마음속에 깊게 남아 있습니다.

### (1) 식민지시대의 전라도 지방에 농부로서 이주

후쿠오카현(福岡縣) 모지시(門司市)에서 간장 제조업을 하는 집에서 태어난 마스토미 안자에몽은 1896년에 시모노세키(下關) 상업학교에 입학하지만, 다음 해인 1897년에 부친이 타계해 가업인 간장 양조업을 잇게 됩니다. 1899년에 동 학교를 졸업 후, 지원병으로 종군하였고, 제대 후에는 와세다 대학의 싱과에 신학하지만, 농업의 이민 정책을 생각해 중퇴합니다. 그러나 러일 전쟁이 발발해 참전 중, 병참지역에 대한 조사를 겸해 출장차 방문했던 전라도 지방의 광대한 평야와 농지를 목격하게 됩니다. 전쟁이 끝나면 이 토지에서 무언가를 하고 싶다고 생각하고 있던 마스토미는 1906년 7월, 러일 전쟁 후, 한국의 군산항에 상륙해 자택과 사무소를 지어 김제군 월촌면 월봉리의 농지를 구입해 농장을 경영합니다.

다음 해인 1907년 4월 3일에 히가시노 데루코(東野照子)와 결혼해, 1908년 5월 11일에 군산에서 생활을 시작합니다. 아내 데루코는 1888년, 후쿠오카에서 사족의 딸로 태어나 후쿠오카 에이와(英和) 여학교를 졸업 후, 세례를 받은 경건한 크리스천이었습니다. 결혼 3년 후, 마스토미 안자에몽이 크리스천으로서 세례를 받습니다. 신앙에 매진하게 된 것도 아내 데루코의 영향이 컸다고 말할 수 있습니다.

두 사람은 농장을 경영하면서, 경제적 이윤만을 목적으로 하며 노동자를 착취하는 다른 농장주와는 틀렸으며, 식림사업이나 소작인 등의 복지에도 마음을 쓰고 있었기 때문에, 현지 사람들에게 신뢰를 받았습니다. 또한 1911년에는 고창군 부안면 오산리에 마스토미 농장을 만들어 사과를 중심으로 과수원사업을 확대해 갑니다. 당시 오산이라고 하는 마을은 123채 정도의 취락이 있는 벽지였습니다. 그 속에서도 일본인 주민은 농장 직원 이외에 수백 미터 떨어진 시장 주변에 5~6채가 겨우 있을 정도로, 전기도 없이 램프 생활을 하였고, 교통도 몹시 불편한 곳이었습니다. 그러나 사과 재배에 적합한 환경이었고, 우량품의 사과가 수확되었습니다.

그전 해, 아내의 설득에 의해서 신앙을 보다 본격적으로 공부하기 위해서 1912년 4월에 고베(神戶) 신학교의 본과에 입학합니다. 그즈음 머지않아 이 지역에 대한 포교·전도 활동은 현지 사람이 해야 한다고 생각해 3명의 장학생(양태승, 윤치정, 김영구)의 유학비용을 부담하여 같은 해 9월에 같은 신학교의 예과에 유학시킵니다.

신앙의 포교와 교육을 진지하게 생각하고 있던 안자에몽은 그 후 학교와 자선병원 등을 통한 신앙 활동을 생각해 학교 설립 등을 모색합니다. 또 경제적으로 곤궁한 학생에게 학자금이나 병원 입원비 등을 제공하고, 독립운동에 관련되어 위험한 상황에 있던 사람의 보증인이 되어 주는 등 농장 경영으로 얻은 수입으로 많은 사람에 대한 지원 활동을 폈습니다. 그리고 문화적 시설이 별로 없던 당시의 오산에 교육 시설이 필요하다고 생각해 고베 신학교에 재학 중이던 1912년 11월 21일에 사숙인 흥덕학당을 가설 교사(仮設校舍)로서 엽니다. 이 학교는 기초 교육의 장소로서 무료로 교육을 제공하는 학원으로 고베로부터 돌아온 3명의 장학생을 전속 교사로 두었습니다. 그 후 학생 수도 증가해 1918년에 교사를 신축하였고, 1919년에 사립 오산 보통학교로 바뀝니다. 그 후 부안 국민학교(초등학교)가 되어, 오산지역의 초등교육에 공헌하게 됩니다.

## (2) 포교 활동과 교육사업

당시는 1910년의 한일강제 병합에 의해서 일본이 한국을 식민지로서 지배하고 있었습니다. 그 때문에 일본인의 이주 촉진을 위해서 총독부는 일본인에게 아주 싼 가격으로 토지를 제공해 생활에 유리하도록 하고 있었기 때문에 농장 등을 경영하고 있던 일본인의 상당수는 막대한 재산을 얻는 구조로 되어 있었습니다. 그러나 일본과 한국은 하나라는 국책을 내걸고는 있었지만 오래전부터 독자적인 풍습이 남아 있던 한국은 그들에게 있어서 문화가 다른 이국이었습니다. 익숙해질 수 없었던 병약한 아내 데루코는 몸 상태가 좋지 않아 잠깐 일본으로 돌아가 휴양하였으며, 애처가였던 안자에몽은 간병을 위해 점점 일본에서 생활하는 시간이 많아집니다.

1917년에 일본에서의 휴양으로부터 돌아온 아내와 함께 안자에몽은 전도 활동을 적극적으로 전개하려고 생각해, 같은 해 11월 30일에 부안면 오산리의 일각에서 오산교회를 시작합니다. 그리고 다음 해인 1918년 4월 1일, 보다 적극적인 포교 활동을 위해 교육이 필요하다고 생각한 안자에몽은, 오산교회에 임시학교를 만들어 학생 8명을 모아 수업을 시작합니다. 학교로서는 1919년 4월 14일에 사립 오산학교로 정식으로 인가받아 도내의 첫 정규 중학교가 탄생했습니다. 다음 해인 1920년 3월 27일에 4년제인 사립 오산 고등보통학교의 설립을 인가받아 안자에몽은 오산 보통학교와 오산 고등보통학교 두 학교를 경영하게 됩니다. 그러나 전후 경제 공황의 영향으로 농장의 경영곤란에 빠져 있던 안자에몽은 더 이상의 학교 경영이나 경제적 지원을 할 수 없게 되어, 1921년 12월에 보통학교의 토지·건물 및 시설을 기부해 공립 보통학교로 개편함과 동시에, 오산 고등보통학교의 폐교를 결정합니다. 그러나 이미 학생이 존재하고, 오산의 첫 교육시설이 된 학교의 폐교에 반대 의견을 내세워 학교를 재단화해 인계하도록 하는 움직임이 일어납니다. 고창군수인 정장욱과 고창군 내의 지주 13명이 자금을 서로 모았고, 또한 안자에몽이 학생들을 타 학교로 이동시킬 때 사용할 이동비로 준비한 자금을 모아 학교 유지에 진력했습니다. 그리고 귀중한 교육시설을 오산과 같은 벽지에 두지 말고 보다 많은 학생들이 이용할 수 있도록 고창군 소재지에 이동하게 됩니다. 그로 인해 학교명도 고창 고등보통학교로 바꿨습니다. 그 학교가 현재의 고창고등학교입니다.

안자에몽은 초대 이사장 겸 교장으로서 맞이되었습니다. 1926년 본관의 낙성식에는 당시의 조선총독부의 총독이며, 1919년의 3·1독립만세운동 후, 이른바 문화정책을 실시한 사이토 마코토(齋藤實) 총독도 참가해, 안자에몽의 김제군 월촌면에 있던 농장에도 들릅니다. 그다음 해에 그는 농장이 있던 월봉리로 돌아가지만, 교육 현장에서의 활동과 아내의 간병 등으로 안자에몽도 건강이 많이 나빠져 있었습니다. 그리고 1931년 6월 24일, 한국인에 의한 한국식의 교육을 해야 한다고 하며 교장 및 이사직을 사임하였고, 교육 직으로부터 물러납니다. 또, 다음 해에 오산의 사과농장을 학교의 재단 이사장인 홍종철에게 싸게 양도해, 1934년 7월부터 9월까지 한국 땅을 밟은 것을 마지막으로, 같은 해 11월 6일, 54년간의 생애에 막을 내립니다. 그가 선택한 장학생으로서 고베에 유학해, 후에 고 고등보통학교의 2대 교장이 된 양태승이 "선생님의 한국에서의 업적은 무엇으로 성공을 했다든가 혹은 어떤 명성을 남겼다든가 등의 종류와는 결코 다른 것이었다고 기억하고 있습니다."라고 한 추도문에서 알 수 있듯이, 마스토미 안자에몽의 한국에 대한 애착은, 사업가가 현지에서 얻은 이익을 교육시설이나 장학금으로 환원하는 것처럼 흔히 있는 일과는 달리, 무조건적으로 한국의 자립과 발전, 그리고 전도생활을 실천하는 가운데 학교 설립과 어려운 상황 속에 있는 많은 한국인을 지원했습니다. 그의 죽음을 슬퍼해 도쿄에서는 재도쿄 고창 출신자에 의한 추도식이 고창의 교정에서도 추도식이 거행되었습니다. 게다가 1994년 11월 6일에도 타계 60주년 추도식이 서울의 영세교회에서 열렸고, 다음 해인 12월 15일에는 마스토미 안자에몽의 공적을 칭송해 한국의 국민훈장 모란장이 주어졌습니다.

마스토미 안자에몽이 뿌린 씨앗은 현재의 고창중고등학교로 성장해, 2006년 2월 현재, 약 15,000명의 졸업생을 배출해 사회 여러 분야에서 활약할 인재를 기르고 있습니다. 또한 고창고등학교 졸업생에 의한 교류도 적극적으로 이루어지고 있으며, 해마다 많은 문화행사가 개최되고 있습니다. 안자에몽이 한국의 장래를 염려하여 학교 교육과 복지 활동, 농업개량 등을 위해 행한 숭고한 정신은 국가나 민족을 초월한 두터운 신뢰와 존경으로서 고창지방에 살아 있습니다.

**생각해 봅시다**

마스토미 안자에몽이 많은 한국인에게 존경받고 있는 것은 왜일까요? 학교를 세운 것만으로는 이렇게 평가될 수는 없을 것입니다.

당시의 전라북도는 19세기 말에 일어난 갑오농민전쟁과 의병의 난 등으로 황폐해 있던 지역이며, 한국 타 지역의 사람도 이주하지 않던 지역이었습니다. 그러한 벽지에도 불구하고 마스토미 안자에몽 부부는 그 땅의 사람들과 함께 지역 개발을 위해 노력하였고, 현지 사람들을 지원했던 것이 많은 사람들의 마음에 감동을 끊임없이 주고 있는 요인이라고 할 수 있습니다. 최초의 한국행은 이민농업이 취지였지만, 현지에서 생활을 하는 동안 현지인의 입장에 서서 사회발전을 위해서 노력을 아끼지 않았던 점, 많은 사람을 지원하면서도 결코 스스로 그것에 대한 보답을 요구한 적이 없었던 점, 독립운동 관계자라고 해도 망설이지 않고 보증을 선 점, 농장의 이익을 소작인의 복지를 위해 사용하는 등 사람들을 사랑으로 대한 것이 그에 대한 존경으로 나타나고 있습니다. 여러분은 이러한 헌신적인 교육활동의 인물로 누구를 떠올립니까?

## 【참고 문헌 · 자료】


60년사 편찬 위원회 편, 「고창중고 60년사」, 한국 서울, 고창중고등학교 · 고창고등학
　　　교 동창회, 1982년.
고창고등학교 성산 학우회 사무국의 협력.
고창고등학교 공식 홈페이지 http://gochang.hs.kr/
고창중고 28 · 58 동문회 공식 홈 페이지 http://go2858.netian.com/
기타데 아키라(北出 明), 「풍설의 시인」(고단샤(講談社) 출판 서비스 센터, 2001년),
　　　32～34항 참조.
오쿠무라 도모미(奧村明美), 「한국의 문화훈장을 수상한 마스토미 안자에몽」, 나고시
　　　후타라노스케(名越二荒之助), 『일한　공명(共鳴)이천년사』, 메이세이샤(明成
　　　社), 2002년, 548～557항 참조.


（담당: 이수경）

□ 마스토미 안자에몽

□ 마스토미 안자에몽이 설립한 학교

# 기독교 포교에 생을 바친 노리마츠 마사야스(乘松雅休)

한국의 크리스트교 포교에 앞장선 노리마츠 마사야스(乘松雅休, 186 3~1921) 역시 일본인으로 조선의 크리스트교 포교를 위해 헌신한 사람입니다. 노리마츠 부부는 한국 사람들과 고락을 함께하면서 한국 각지에 그리스도의 가르침을 전파해, 이윽고 그 뼈까지 한국의 흙이 되기를 바랐습니다.

## (1) 한국과 크리스트교

여러분은 종교를 가지고 있습니까? 세상에는 여러 가지 종교가 있습니다만, 크리스트교의 경우, 현재 일본 총인구에서 차지하는 비율은 약 1% 미만이라고 합니다. 그와 비교해 이웃나라인 한국은 크리스트교도의 비율이 1999년의 시점에 벌써 25%를 넘고 있으며, 더욱 증가할 경향이 있습니다(한국 통계청의 발표에 의함). 또한 한국의 교회 수도 전국에 5만 개 이상 있으며, 이것은 일본 전국에 있는 편의점의 총 점포 수(2004년도의 편의점 총 점포 수는 4만 2,046개: 일본경제신문의 조사[2004년 7월 27일]에 의함)보다 많게 됩니다.

일본과 한국은 거의 같은 시기에 크리스트교의 선교가 시작되었음에도 불구하고 한국에서의 크리스트교는 불과 1세기 동안 눈이 휘둥그레질 만큼 성장했습니다. 그 주된 요인은, 크리스트교가 전래된 19세기 후반이 구미열강의 아시아 진출이 활발해졌던 시기였으며, 일본에 의한 식민지 지배와도 겹쳐 있었기 때문입니다. 교회는 불안정한 사회정세 속에서 마음 의지할 곳 없는 민중에게 정신적 위로와 피난 장소를 제공함으로써 사람들의 결속력을 높여 신앙심을 더욱 깊게 했습니다. 또한 망국의 위기에 직면한 조국의 독립운동을 주도하는 중심적 역할도 담당하고 있었습니다.

이와 같이 한국의 크리스트교는, 19세기 후반부터 다양한 고난 속에서 그 토대가 구축되었으며, 그 주역으로서 외국에서 온 선교사들의 존재를 들 수 있습니다. 그리고 그중에는 한국에서도 일반인들에게는 별로 알려져 있지 않습니다만, 일본인 선교사도 다수 포함되어 있었던 것을 잊으면 안 됩니다.

## (2) 한국에 복음의 씨를 뿌리다

노리마츠 마사야스는 에도(江戸) 시대에 시코쿠(四國)의 이요노구니(伊予國), 지금의 아이치(愛知) 현 마츠야마(松山)에서 태어났습니다.

성인이 되어 가나가와(神奈川) 현청에 근무하고 있을 무렵, 요코하마(横浜)의 교회에서 일어난 리바이벌로 큰 감명을 받은 것을 계기로 전도자가 되어 신으로부터 주어진 길을 걷기로 결심합니다. 그리고 일본 최초의 해외 전도자로 불리는 노리마츠가 포교의 땅으로서 선택한 것은 다름 아닌 한국이었습니다.

1896년 겨울의 일입니다.

≪국민일보≫(2004/4/18)에서

한국 전도의 동기에 대해서는 몇 개의 설이 있습니다. 예를 들어, 1892년경, 일본에서 크리스트교를 믿게 되어 한국에 귀국한 한국인 청년이 금지령을 어긴 죄로 얼마 되지 않아 처형에 처해졌다는 소문을 들은 것이 동기라고 하는 설, 청일 전쟁 직후, 일본 공사·군인·장사들이 조선 왕궁에 침입해 명성황후를 학살한 사건을 알고 매우 마음 아파했다는 설, 그리고 한국을 시찰하고 돌아온 친구로부터, 한국인이 무종교 상태 속에서 가슴 아픈 생활을 하고 있다는 이야기를 들었기 때문이라고 하는 설도 있습니다. 그 이유야 어쨌든 이웃에게도 그리스도의 은혜와 사랑을 가지고 구제하고 싶다는 노리마츠의 종교심을 느낄 수가 있습니다.

노리마츠와 그 가족은, 한복을 입고 한국인이 사는 집에 살며 한국인의 생활을 하면서, 무엇보다도 한국어로 그리스도의 복음을 전했다고 합니다. 처음에 마을사람들은 벽촌으로 옮겨 와 사는 일본인 일가에 대해서 호기심과 의심의 시선을 보냈지만, 차츰 마음을 열어, 나중에는 최고의 존경을 가지게 되어, 노리마츠의 명성은 주변은 물론 먼 곳까지 알려졌다고 합니다. 그것은 노리마츠가 자신은 한 모의 두부로 한 가족 3명이 하루를 보낼 정도의 빈곤한 생활을 하면서도, 궁핍한 사람들이나 환자, 아이들을 돌보았다고 할 정도의 인도주의자였기에 당연한 결과일지도 모릅니다.

이리하여 노리마츠 마사야스는 일본인이면서도 그리스도의 사랑을 스스로 실천함으로 인해서 한국인의 마음을 움직였습니다. 약 100년 전에 노리마츠가 조선에 뿌린 작은 복음의 씨앗은 큰 나무가 되어, 지금은 한국으로부터 많은 선교사가 복음을 전하기 위해서 일본에 오고 있습니다.


○과정표

1863년 지금의 마츠야마시에서 이요 마츠야마(伊予松山) 번사 노리마츠 다다지로(乘松忠次郎)의 장남으로 태어남

1887년 하숙집의 노부인의 권유로 요코하마 해안 교회에 처음으로 출석. 이나가키 마코토(稻垣　信) 목사로부터 세례를 받고 전도자의 길을 걷기 위해 메이지 학원에 들어감

1896년 한국에 건너감

1908년 결핵으로 인해 일시 귀국

1921년 폐렴으로 인해 오다와라(小田原)에서 사망

1922년 "한국에 뼈를 묻어 달라"는 유언에 따라 생전 선교의 땅 조선의 수원에 묻혔고, 묘비가 세워짐

【참고 문헌】

오노 아키라(大野 昭), 『노리마츠 마사야스 각서』, 그리스도 신문사, 2000년.
이이누마 지로우(飯沼二郎) 외, 『일본 제국주의화의 조선 전도』, 일본 기독교단 출판
    국, 1985년.
미우라 신조(三浦眞照), 「조선 전도에 대한 고찰 — 일본조합교회의 조선전도이론과
    노리마츠 마스야스, 소다 가이치」, 『복음주의 신학』 26호, 1995년.

(칼럼 담당: 김정애)

## 9

## 가네코 후미코(金子文子)와 박열

가네코 후미코(金子文子, 1903∼1926)를 이 책에서 다루는 것을 반대하는 사람이 있을지도 모르겠습니다. 가네코 후미코는 그녀의 파트너 박열(1902∼1974)과 함께 범죄자로서 체포된 사람이기 때문입니다. 그 이유는 "황태자(나중에 쇼와 천황) 암살을 위해 폭탄 테러를 계획했다."는 것이었습니다. 그러나 사실은 한·일 간의 불행한 역사와 후미코의 불행한 인생은 맞물려 있었습니다. 가네코 후미코가 이러한 인생을 보내야 했던 것은 도대체 왜였을까요?

### (1) 존재하지 않는 아이

가네코 후미코는, 1903년(러일 전쟁 1년 전)에 태어났습니다. 그러나 후미코는 오랫동안 '법률상으로 존재하지 않는 아이'였습니다. 일본에서는 1871년에 호적제도가 만들어져 아이가 태어나면 출생 신고를 하고, 호적에 등록하지 않으면 안 됩니다. 그러나 후미코의 아버지는 후미코를 자신의 딸로서 호적에 넣지 않았습니다. 1912년이 되어서야 1902년에 태어난 친어머니의 여동생으로서 신고되었습니다. 그 때문에 후미코는 초등학교도 제대로 다닐 수 없었습니다. 경찰이면서 사생활이 문란했던 후미코의 아버지는 결국 가족을 버리고 도망쳐 버렸습니다.

후미코는 어머니와 함께 어머니의 고향으로 향했는데, 그곳에서 후미코는 더 큰 어려움을 당하게 됩니다. 어머니는 후미코를 그 집에 방치한 채, 다른 남성과 재혼해 버렸습니다. 이렇게 해서 후미코는 부모에게서 완전히 버림을 받게 된 것입니다. 후미코가 나중에 검찰관에게 조사를 받을 때, "나에게 진정한 가정은 없다."라고 대답했던 것은 이런 연유가 있었기 때문입니다.

## (2) 복수 다짐

1912년, 한국에 있던 친할머니가 후미코 앞에 나타납니다. 후미코에게 한국에 있는 자신의 집에 오면 학교에도 갈 수 있고, 충족한 생활을 시켜 주겠다고 약속했습니다. 후미코는 행복해질 수 있다고 믿고, 지금의 한국 충청북도로 건너왔습니다.

그러나 후미코에 대한 약속은 지켜지지 않았습니다. 후미코는 '무적자'(호적이 없는 사람)로 차별받았습니다. 그 집은 후미코가 한국인이나 가난한 집의 아이들과 친구가 되는 것을 허락하지 않았습니다. 처음에는 학교에 보내 주었지만, 학교에서 농업에 대한 수업이 있었던 것을 후미코가 이야기하자 학교를 못 다니게 합니다.

그리고 집안에서는 하루 종일 착취를 당했습니다. 어느 날 후미코는 집안에서 하라는 일을 거절했기 때문에 심한 폭력을 당했고, 집에서 쫓겨나 버렸습니다. 이때, 근처에 사는 한국인 여성이 쫓겨난 후미코를 자신의 집으로 들어오게 해, 한 그릇의 보리밥을 내밀었습니다. 이때 후미코는 태어나 처음으로 인간에게 정이 있다는 것을 알았다고 합니다. 너무나 괴로워서 자살도 생각했지만, '복수를 유일한 희망으로'(자전) 삼고 살아남을 것을 결심했습니다. 후미코가 한국 땅에서의 추억을 떠올릴 때는 언제나 큰 소리로 울음을 터뜨려서 어느 누구도 말릴 수가 없었다고 합니다. 과거의 쓰라린 그런 경험은 후미코가 한국의 독립운동에 공감을 하게 되는 계기가 되었습니다. 일본인에게 사랑받지 못했던 후미코는 "나는 일본인이지만, 일본인이 너무 미워서 미칠 것 같습니다."라고 말하고 있습니다.


## (3) 동경으로

한국에서 7년간의 생활을 보낸 1919년, 후미코는 할머니 댁과 더 이상 정을 느낄 수 없어서 반항적 태도를 나타내었고, 후미코는 결국 일본으로 추방당합니다.

3·1운동을 경험한 후미코는 일본의 어머니 친정으로 돌아가지만, 결국 도쿄 행을 결심하게 됩니다. 지방에서 올라온 여성이 혼자서 일하면서 생활하는 것은 지금과 비교가 안 될 정도로 어려웠던 시대입니다. 후미코는 일하면서 공부를

시작합니다. 이런 생활 속에서, 후미코는 크리스트교와 사회주의 운동가들과 만나게 됩니다. 그러나 후미코에게는 결국 모두가 자기 자신만 생각하는 이기주의가 만연한 사회라는 것을 깨닫습니다. 크리스트교 신자의 소개로 가정부로서 일할 때 본 것은, 가능한 한 급료를 지불하지 않고 많은 일을 시키려고 하는 주인의 모습이었습니다. 새로운 세상을 만들려고 주장하는 사회주의 운동가에 대해서도, 권력을 잡으면 똑같은 인간이 될 것이라는 의혹마저 갖게 되었습니다. 후미코는 조사 때 "나의 사상에 근거하는 나의 운동은 생물의 멸종운동"이라고 하는 절망적인 말을 했습니다. 어차피 인간은 약육강식이나 에고이즘을 버릴 수 없고, 그러한 것이 없는 이상(理想)에 도달할 것을 요구한다면, 모두 멸망할 수밖에 없다는 것입니다.

그러던 어느 날, 후미코는 한 편의 시를 읽었습니다. 「개 고로(犬コロ)」라는 제목의 시는 후미코의 마음을 흔들어 놓았습니다. 그 시를 적은 사람은 바로 박열이었습니다. 박열은 원래 경북 문경 출신으로 경성고등보통학교를 다니다 3·1운동 연루로 퇴학을 당한 뒤, 도쿄로 와서 시내에 있는 세이소쿠가쿠엔에서 수학을 하였습니다. 그는 근대적인 일본을 동경하고 있었지만, 한국에서 학교를 다니기 시작했을 때부터 의문을 가지고 일본의 식민지 지배에 반대하게 된 인물이었습니다. 무정부주의, 사회주의와 깊은 교류를 가지고 있던 박열과 만나게 된 후미코는 사상 활동을 하면서 같이 살기 시작합니다.

## (4) 박문자로서

두 사람은 '불령사'라는 조직을 만들어서 활동하기 시작했습니다. 당시, 일본에 저항하는 한국인을 '불령선인'이라고 불렀습니다. 일본에 복종하지 않는 건방진 조선인이라는 뜻입니다. 이 말을 일부러 사용한 것입니다. 여기서 나온 신문이나 잡지는 매호마다 격렬하게 일본의 식민지 지배나 일본인의 한국인 차별을 비판하는 기사를 썼습니다. 후미코는 '박문자'라고 자칭하며 고려인삼을 팔았습니다. 후미코는 한국인에 동정적인 일본인에 대해서도 차가운 태도를 취했습니다. 신문 속에서 후미코는 철저하지 못한 인간애를 가볍게 휘두르는 것 같은 것은 그만두라고 쓴 적도 있었습니다. 일본인이 한국인을 대등한 인간으로 보고 있지 않다는 것을 알고 있었기 때문입니다.

그러나 두 사람의 행동은 문제가 있었습니다. 경우에 따라서는 일본의 회사를 위협하여 돈을 받기도 하였습니다. 이때쯤 박열은 한국의 독립운동가와 만나고 있었습니다. 이 독립운동가가 박열에게 폭탄을 입수하고 싶다고 이야기한 것이, 두 명이 체포되게 된 계기였습니다.

## (5) 재판, 그리고 자살

1923년 9월에 도쿄 주변을 뒤흔든 관동대지진이 일어난 혼란 상황이 가시기 전에 두 사람은 체포되었습니다. 용의는 '황태자 암살을 위한 폭탄 테러 계획' 이었습니다. 당시의 일본 형법에서는, 천황이나 황족에게 해를 끼치는 것은 계획하는 것만으로도 사형을 받게 되는 중대한 범죄였습니다. 두 사람은 죄를 인정했지만, 정말 그러한 암살을 생각하고 있었는지 어땠는지는 명확하지 않습니다. '불령사'에 있던 다른 사람들을 돕기 위해서, 두 사람이 죄를 뒤집어쓴 것이 아닐까라는 설도 있습니다. 3년간에 걸친 조사와 재판 뒤, 1926년 3월, 두 사람은 사형 판결을 받았습니다. 후미코는 사형을 선고받았을 때 '만세'라고 외쳤다고 전해지고 있습니다.

그러나 일본 정부는 두 사람을 무기 징역으로 감형시켰습니다. 한국인의 반일 감정을 유화할 목적과 화제성이 있는 사건이었던 만큼, 일본 정부, 특히 왕실의 관대한 이미지를 홍보하려는 의도도 있었습니다.

후미코는 그 후 도쿄에서 떨어진 도치기(栃木)의 형무소로 옮겨졌지만, 1926년 7월, 갑자기 사망합니다. 자살이라고 알려져 있지만, 그 이유는 아직도 불확실합니다. 후미코의 유골은, 박열의 가족에 의해서 한국에 옮겨지고, 박열의 고향 동산에 묻혔습니다. 묘가 만들어진 것은 식민지 지배가 끝난 다음의 일이며, 지금은 박열의 생가 맞은편에 깨끗하게 무덤이 만들어져 있습니다.

후미코가 쓰다 남긴 자신이 자라온 내력은, 1931년, 『무엇이 나를 이렇게 만들었는가』라는 제목으로 출판되었습니다. 체포 후, 후미코가 남긴 것은 이 자전과 형무소에서 쓴 시와 편지, 그리고 조사 때의 기록뿐입니다. 다음에 소개하는 후미코의 이 시는, 고독 속에 있었던 후미코의 마음의 풍경일지도 모르겠습니다 (야마다 쇼지(山田昭次) 씨의 책에 나와 있습니다).

붉은 태양에 등을 돌리고…
파란 나무그늘에 잠시 걸음을 멈추면
옅은 보랏빛의 슬픔에
까맣게 전율하는 우리의 마음
은빛을 하고선 종이 울린다.

그 후 박열은 1935년에 지금까지의 생각을 버리고 일본 측에 순종하겠다는 전향을 선언합니다. 일본 패전 후 박열은 한국계 거류민단의 단장으로 활약하다가 나중에 한국으로 돌아왔습니다. 그러나 한국전쟁 중에 갑자기 북한으로 건너갑니다. 납치된 것이 아닌가라는 소문도 있지만 명확한 사실은 모릅니다. 단지, 다른 가정을 가졌으면서도 후미코의 제삿날이 오면 하루 종일 방 안에서 나오지 않고 그녀를 추모했다는 이야기가 있습니다.

그 후 1974년에 북한에서 사망했다고 전해지고 있지만, 박열이 일본을 떠난 뒤, 구체적으로 어떤 삶을 살았는지는 잘 알려져 있지 않습니다.

### 생각해 봅시다

인간 불신의 삶을 강요당해 왔던 후미코가 어떻게 박열만은 믿을 수 있었을까요?
우리 주위에는 수많은 아픔을 가진 사람이 많습니다.
물론 가네코 후미코와 같은 극단적인 사례도 있을 수 있습니다.
여러분이 후미코와 같은 삶의 친구를 알고 있다면 어떤 식의 교류가 가능할까요?

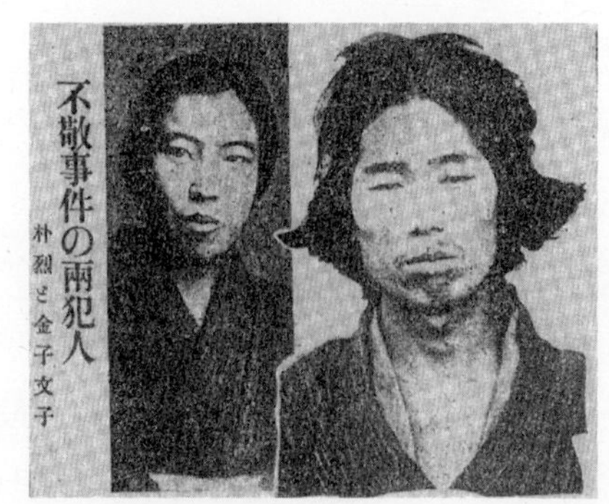


❏ 가네코 후미코 사건 기사

❏ 박열, 가네코 후미코가 다녔고, 카프 문인들이
다녔던 도쿄의 세이소쿠가쿠엔 (이수경 촬영)

## 【참고 문헌 · 자료】


가네코 후미코(金子文子), 『무엇이 나를 이렇게 만들었는가』 증보판, 흑색전선사,
　　　1975년.
『박열 · 가네코 후미코 재판 기록』, 흑색전선사, 1991년.
야마사키 도모코(山崎朋子), 『아시아 여성 교류사 메이지(明治) · 다이쇼(大正)편』,
　　　치쿠마쇼보(筑摩書房), 1995년.
야마다 쇼지(山田昭次), 『가네코 후미코』, 가게쇼보(影書房), 1996년.
스즈키 치즈루(鈴木千鶴), 「가네코 후미코의 조선관」, 『橘史學』 19호, 2005년.


(담당: 이자오 토미오)

## 10

## 인도주의를 실천에 옮긴 후세 다츠지(布施辰治) 변호사

후세 다츠지(布施辰治, 1880~1953)는 인권이 충분히 보장되어 있지 않았던 전쟁 전 일본 사회와, 인권이란 개념이 통용되지 않았다고 할 수 있는 식민지의 한국에서 어디까지나 약자의 입장에 서서 변호사 활동을 했습니다. 그의 묘비에 새겨져 있는 "삶은 민중과 함께, 죽음은 민중을 위해서"라는 말을 이념으로 삼고, 각지의 노동쟁의, 농민 소작 쟁의를 비롯해 전후의 미타카(三鷹) 사건, 마츠카와(松川) 사건 등의 원죄 사건 변호도 맡아 정력적으로 활동했습니다. 그리고 식민지 통치하 시대, 솔선하여 한국 독립운동가들의 변호로 분주하여, 한국에서는 '우리들의 변호사', '일본인의 쉰들러-'라고 불려 2004년에는, 이미 고인임에도 불구하고 일본인으로서는 처음으로 한국 건국훈장을 받았습니다.

### (1) 성장

후세 다츠지는 1880년 11월 13일, 일본의 동북지방인 미야기현(宮城縣) 오시카(尾鹿)군 헤비타(蛇田) 마을(현재의 이시노마키(石卷)) 시의 농가의 차남으로서 태어났습니다. 1899년에 도쿄로 와서 메이지(明治) 법률학교(메이지 대학의 전신)에서 법학을 배웠습니다. 1902년에 졸업을 하고, 판사·검사 등용시험에 합격, 사법관 시보로서 우츠노미야(宇都宮) 지방재판소에 부임하지만, 불과 10개월 만에 사직서를 제출하고선 도쿄에서 법률 사무소를 열어 변호사 활동을 시작합니다.

그의 신조인 묵자(墨子)의 '겸애주의'(자타를 구별하지 않고 사랑하는 것), '자기완성'을 이상으로, 재판소에서는 권력자의 입장에 있으면서도 농민이나 노동자의 편에 서려고 했기 때문에, 불기소를 연발해, 마침내 유아 세 명과 동반자살을 도모했다가 마음을 고쳐 자수한 어머니를 자살미수로 기소할 수 없어서 변호사 직을 버렸던 것입니다.

1905년 히라사와 미츠코(平澤光子)와 결혼했을 무렵부터 톨스토이를 공부하기 시작하였고 보통선거운동을 시작했습니다. 게다가 「자기 혁명의 고백」을 발표하며 사회의 약자들을 구제하는 사회운동의 일환으로서 변호사 활동에 종사할 것을 결심합니다.

1906년의 전철비 인상 반대 소요 사건의 변호를 시작으로 쌀 소동 사건, 고베(神戶)미츠비시(三菱)·가와사키(川崎) 두 조선소의 대규모 데모, 한국 독립운동 의열단사건, 관동대지진하의 한국인 학살사건과 가메이도(龜戶) 사건, 박열·가네코 후미코(金子文子) 사건, 후쿠다(福田) 대장 저격사건, 공산당 관계사건, 농민조합사건 등 수많은 사회운동 탄압사건과 관련하여, 국가권력의 횡포에 맞서 과감하게 싸웠습니다.

한편, 자유법조 단결식에 참가하며 잡지 『법정에서 사회로』나 『생활운동』을 발행하거나 가차인(家借人) 동맹을 창설해 법률 지식의 계몽과 가차인의 단결을 제창했습니다.

그 과정에서 자주 징계처분으로 인해 변호사 활동을 정지당하였고, 치안유지법 위반으로 형무소 생활을 하기도 했습니다.

전쟁 후는 미타카(三鷹) 사건의 변호 단장을 맡아 일관된 인권옹호의 입장을 관철해, 1958년 9월 13일, 숨을 거두기 직전까지 변호 활동을 정력적으로 했습니다.


## (2) 한국인을 위해서

후세는 소년시절, 한문서당에 들어가 학문을 통해 중국·한국에 대한 경의를 품고 있었습니다. 청일 전쟁으로부터 귀환한 마을사람들로부터 한국 사람들의 비참한 상황을 듣고 동정의 마음을 키웠으며, 메이지 법률학교 시절 때도 일본인 학생보다 한국, 대만에서 온 유학생과 친하게 지냈다고 합니다. 또한 「한국의 독립운동에 경의를 표한다」라고 하는 논문을 써, 관헌으로부터 주의를 받은 적도 있었습니다.

1919년 2월 8일, 도쿄에서의 한국 독립선언 전단지 배포 사건을 무보수로 변호한 후세는, "지금의 '민족자결'은 세계적 추세이며, 일본의 재판관이 내란죄 등의 중죄로 대처한다면 세계의 웃음거리가 될 것이다."라고 열변을 토하여 피고인 유학생들을 감동시켰습니다. 이 재판을 계기로, 유학생들은 후세를 신뢰하게 되고 1923년 7월, 유학생 사상단체인 북성회(北星會)의 변사(弁士)로서 한국으로 건너가, 수십 회의 강연을 실시해, 한국 독립을 목적으로 하는 테러리스트 결사 · 의열단 사건을 위해, 변호인의 한 명으로서 경성 지방법원의 법정에도 섰습니다.

같은 해 9월 1일에 발생한 관동대지진으로 인해 약 6천 명이라는 한국인 대학살에 대해서는 진상구명과 항의 활동으로 분주했고, 그와 관련해 천황 암살의 대역죄(후미코는 황태자를 목표로 했다고 하지만, 사실은 아무것도 구체화되어 있지 않았다)로 기소된 박열 · 가네코 후미코 부부의 재판도 담당했습니다. 그전부터 그들의 사상과 행동을 알고 있던 후세는, 법정이 한민족을 대표해 일본에 대한 증오를 털어놓는 무대가 되도록 배려했습니다. 한국 각지에서는 일본 정부가 강제적으로 농민의 토지를 빼앗는 사건이 일어났고 이 투쟁에도 후세는 아낌없는 지원 활동을 했습니다.

1923년부터 27년에 걸쳐, 후세는 4회나 한국으로 건너가, 수많은 탄압 재판의 변호를 맡고 각지를 돌아다니며 강연, '한국인의 친구'로서 착취와 학대, 차별 문제 등을 규탄해 많은 한국인을 옹호했습니다. 그 활동은 전쟁이 끝난 후에도 변함없이 재일한국인 관련의 변호를 맡게 됩니다. 또한 1946년 4월, 그는 '조선 건국헌법 초안'을 발표해 해방된 한반도에 자유 · 인권 · 민주주의가 널리 퍼지기를 열망했습니다. 후세는 많은 한국 · 재일교포로부터 '우리들의 변호사 후세 다츠지(布施辰治)'로서 오랫동안 존경받았습니다.


### (3) 사상적 본질

후세는 한때 '사회주의 변호사'라는 말도 들었지만, 그 자신은 그것을 부정했으며, 톨스토이의 제자로서 인류구제, 인도주의, 박애주의에 철저한 사람이었다고 말할 수 있겠습니다. 전후의 변호사법 제1조에 있듯이 변호사의 사명은 "인권의 옹호와 사회정의 실현에 있다."라는 조문을 전쟁 전부터 이미 실천하고 있었으며 사회주의자도, 테러리스트도, 농민도, 노동자도, 외국인도, 모두 차별 없이 공평하게 변호해야 한다는 마음을 가지고 있었습니다. "올바르고 약한 사람을 위해서 내가 강해지자."라는 후세의 또 하나의 이념이 그것을 나타내고 있습니다. 후세 다츠지 연구자인 모리 다다시(森 正)는, 그를 '전투적 인도주의자'이며, '전투적 민주주의자'였다고 평가하고 있습니다.

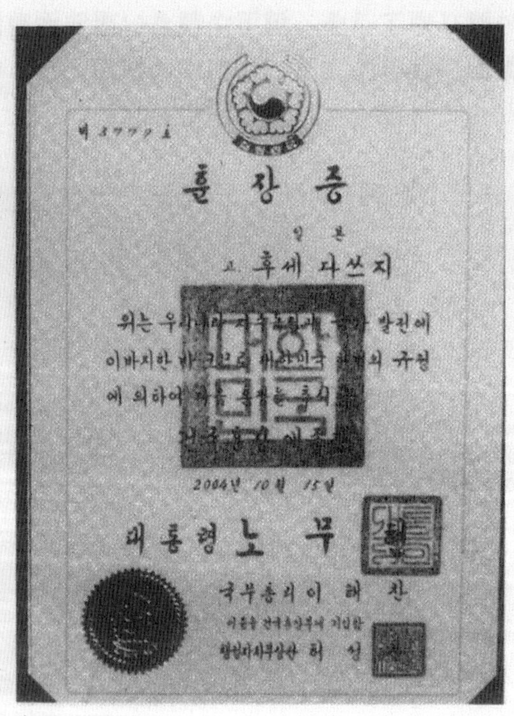

❑ 한국건국훈장 애족장

□ 후세 다츠지 변호사

**생각해 봅시다**

후세 다츠지가 한국 독립을 위해서, 원조를 아끼지 않고 몸 바쳐 행동할 수 있었던 것은 왜였을까요? 그 원동력에 대해서 생각해 봅시다.

## 【참고 문헌 · 자료】

후세 고지(布施柑治), 『어느 변호사의 생애』, 이와나미(岩波) 서점, 1963년.
후세 고지(布施柑治), 『후세 다츠지 외전』, 미래사, 1974년.
『자유 법조단 이야기 · 전전(戰前)편』, 일본 평론사, 1976년.
모리 다다시(森 正), 「후세 다츠지 · 괴로워하는 사람들과 함께 달린 생애」, 『한국 ·
　　　조선과 마주한 36명의 일본인』 수록, 아카시(明石), 2002년.
야마이즈미 스스무(山泉 進)편, 『후세 다츠지 · 자유와 인권』, 메이지 대학 법학부,
　　　2005년.


* 미야기(宮城)현 이시노마키(石卷) 시에는 그를 추모하는 추모비가 있으며, 이시노
마키 문화 센터에 전시 코너가 상설되어 많은 관계 자료가 소장되어 있다. 또, 메
이지 대학 도서관에도, 유족으로부터 기증된 많은 자료가 소장되어 있다.

(담당: 오오와다 시계루)

## 11

## 언론의 양심을 관철한 「다네마키(種蒔) 잡기(雜記)」

「다네마키(種蒔) 잡기(雜記)」는 1923년에 도쿄 · 요코하마(게이힌, 京浜) 지방에서 일어난 관동대지진(M7.9, 사망자 · 행방불명이 14만 2천8백 명의 대참사) 때, 많은 사람이 관헌이 흘린 유언비어에 속아 집단적 학살과 폭력을 행사할 때, 또한 언론매체가 그 와중에 일어난 한국인 대량학살 사실을 묵인하고 있었을 때 용기를 내어 잘못된 학살이라고 주장을 하며 일본의 언론이 비열한 침묵을 한다고 신랄히 비난한 잡지였습니다.

### (1) '다네마키(種蒔)사'와 관동대지진

1921년, 아키타(秋田)현 츠치사키(土崎)항에서 잡지 『씨뿌리는 사람(種蒔く人)』이 창간되었습니다. 프랑스에서 1차 세계대전을 겪고, 반전 평화의식에 눈을 뜬 고마키 오미(小牧近江)가 귀국해, 친구인 가네코 요분(金子洋文)과 친척 · 친구 등이 발행한 문예 소책자였습니다. 문예 활동을 통해 민중의식을 높이고자 하는 취지였습니다. 그러나 자금 문제로 일시 휴간한 후, 같은 해 10월에 새롭게 도쿄판 『씨뿌리는 사람』이 발행되어 사회의 부조리를 비판함과 동시에, 많은 문학작품의 소개나 국제적 뉴스 등을 적극적으로 알리려고 합니다. 그러나 1923년 9월 1일에 도쿄주변 지역을 덮친 대지진으로 인해 다네마키사는, 물질적 피해와 점점 더해지는 사상탄압의 불안한 상황에 의해 해산의 기미가 보입니다. 그런 움직임 속에서, 처참한 대량학살을 목격한 다네마키사의 작가들은 「씨뿌리는 사람 제도진재호외(帝都震災号外)」를 발행해, 관동대지진 직후에 일어난 인재(人災)와 대량학살의 실태를 전하려고 노력했습니다.

관동대지진 직후, 정부당국은 국민의 불안한 감정이 점점 혼란해지자 그 화살이 정부로 향하는 것을 저지하기 위해 당시 값싼 노동력으로 착취당하던 무력한 한국 노동자들을 희생의 대상으로 삼고, 한국인들이 일본인들의 고용에 불만을 품고 우물에 독을 넣었다는 유언비어를 퍼뜨려 죄도 없이 일본의 내선일체를 믿고 객지에 일하러 온, 이른바 3K(더러움, 힘듦, 싼 월급. 한국의 3D)와 같은 일을 하며 착취와 억압 속에 살던 한국의 노동자 6,000명 이상을 잔인하게 학살했습니다. 일본인들은 혼란과 불안 속에서 헛소문만 믿고 자기들을 지키기 위해 죽창 등으로 무장을 하여 한국인 사냥을 하기 위한 자경단을 조직하였습니다. 군대보다도 일반 사람들의 자기중심적 정의감으로 무장하여 멋대로 행해지는, 통제되지 않은 학살사건이 얼마나 무서운가를 여실하게 보여 주는 사건이 되었습니다. 한국 사람들에 대한 잔인함은 물론, 표준어 교육이 실시되고 있지 않았던 당시, 같은 일본인이라도 방언이 심한 오키나와나 아오모리 같은 지방사람 혹은 조선인과 닮았다는 것만으로도 공격의 대상이 될 정도로, 사회는 완전히 냉정을 잃고 있었습니다.

## (2) 용기 있는 「씨뿌리는 사람 제도진재호외(帝都震災 号外)」의 발행

「씨뿌리는 사람 제도진재호외(帝都震災 号外)」는 지진재해가 일어난 다음 달인 10월 1일에 발행된 4쪽의 호외지만, 인쇄소는 아키타(秋田)현 츠치사키(土崎)항 아사히(旭) 마을의 태양당이라는 이름으로 되어 있는 것으로 보아, 지진이 일어난 도쿄로부터 떨어진 곳에서 만들어졌다고 생각할 수 있습니다. 발행인 겸 편집인인 이마노 겐조(今野賢三)는, '휴간에 대해서 씨뿌리는 사람의 입장' 중에서, "기만이라고도 할 수 없는 끔찍한 시체의 산을 만든다. 그 외에 많은 사람들의 생명, 그리고 과거의 생활까지도 상기된다. 그것들의 다수가 프로레타리아(무산 노동자)였다고 한다면, 우리가 아무리 많은 눈물을 바친다고 해도 부족한 느낌이 든다."는 표현으로 학살에 대한 분노를 노골적으로 나타내고 있습니다. 특히, 학살의 슬픔, 저주와 증오해야 할 일들을 가능한 한 냉정하게 생각하고자 하는 자세를 취함과 동시에, "과연 저 조선인의 생명에 영향을 미친 큰 사실은, 유언비어 그 자체가 몰고 온 것에 지나지 않는 것일까? 유언비어를 퍼뜨린 사람은 누구였는가? 어떤 이유로 그 유언비어가 이 모든 결과를 낳아 버린 것일까? 중앙의 큰 신문들은 청년단의 공을 칭송할 뿐, 그 과실에 대해 왜 책임을 묻지 않는가? 왜 침묵만 지키려고 하는 것일까?"라며, 신문의 침묵을 통렬하게 비판합니다. 실제, 도쿄에서 재해는 입었지만 소실을 면한 ≪도쿄 일일 신문≫, ≪호치(報知)신문≫, ≪미야코(都)신문≫ 세 신문 중에서 ≪도쿄 일일 신문≫이나 『호치신문』은 등사판 등으로 호외를 발행하였고, ≪오사카(大阪) 매일 신문≫

도 9월 1일 당일에 5회의 호외를 발행해, 진원지 정보와, 관동지역에서 막대한 재해가 발생한 것은 전하고 있지만, 한국인의 움직임에 대한 기사는 어느 신문에도 없었습니다.

이마노가 이 원고를 쓴 9월 17일까지 중앙의 모든 신문이 그토록 잔인하게 행해졌던 한국인 학살사건에 대해서 침묵한 것과 거대권력에 의해 언론통제를 당하고 있던 것을 시사하는 내용입니다. 그러한 상황 속에서, 혼죠 후카가와(本所深川)의 참해 등을 들면서, 고토(後藤) 내무장관이 요구한 부잣집 저택의 해방 실행안에 대해서 신랄하게 추궁하고 있는 것 등에서 이마노의 양심적 용단을 엿볼 수 있습니다. 또한 이재민을 위한 구제운동의 호소와 행동과 비판을 기본으로 하는 씨뿌리는 사람의 정신적 자세, 자신들의 사회적 역할도 언급하면서 휴간하지 않을 수 없는 사정을 말하고 있는 면에서는 이마노의 갈등과 힘든 결단을 엿볼 수 있습니다.

### (3) 저널리스트의 양심으로서 사실을 전한 「다네마키 잡기(種蒔き雜記)」

다네마키사는 다음 해인 1924년 1월 20일에 『다네마키 잡기』를 발행해, 도쿄의 가메이도(龜戶) 경찰서에서 학살된 동지 아홉 명의 이름과 함께, 총동맹으로부터 빌린 가메이도 사건의 조사 기록을 바탕으로 한 9편의 고발문을 게재하고 있습니다. 이 추모집은 가네코 요분의 이름을 내건 고발집이었으며, 당국의 엄격한 탄압을 받아 잔혹한 모습으로 학살된 사람들의 진실을 호소하는 사료이기도 합니다.

「다네마키 잡기 – 가메이도의 순난자를 애도하기 위한 제1권」의 첫 페이지에는 "이 잡기를 가메이도(경찰서)에서 암살된 동지 히라사와 게이시치(平澤計七), 카와이 요시토라(川合義虎), 스즈키 나오이치(鈴木直一), 야마기시 지츠지(山岸實司), 곤도 고우조(近藤廣造), 기타지마 기치조(北嶋吉藏), 가토우 고우쥬(加藤高壽), 요시무라 고우지(吉村光治), 사토 긴지(佐藤欣治)의 영혼에 바친다."라고 적혀, 그들의 억울한 죽음에 대한 진술 등의 내용이 집필되어 있습니다.

예를 들면, 『히라사와 군의 구두』에서는, 노동운동가로서 알려진 히라사와 게이시치(1889~1923, 노동자 출신의 소설가)의 의심스러운 죽음을 통해 가메이도 경찰서에서 한국인과 중국인, 사회주의자 등이 하룻밤에 320명이나 살해당

한 사실을 고발하고 있으며, 그 시체를 옮긴 순경이 가르쳐 준 장소에 가서 시체를 태우고 있는 광경을 목격하고 잔혹한 학살행위를 진술하는 야지마 쿄이치(八島京一) 씨의 인터뷰를 게재하고 있습니다. 또한 그 외에 수록된 내용으로서 노동조합 활동을 하고 있던 가와이 요시토라(川合義虎)에게 조합 본부에 묵고 있던 스즈키 나오이치(鈴木直一)의 죽음에 대해서, 가와이의 어머니인 가와이 다마(川合 タマ) 씨의 진술에 근거하여, 경찰의 조직적 연극과 잔인함을 호소하고 있는 「기병 제13연대의 종이쪽지」가 실려 있습니다.

게다가 한국인 학살을 목격하고 동정의 말을 하는 바람에 살해당한 야마기시, 곤도 두 사람의 주변 이야기인 「한국인을 동정하여」가 게재되었고, 근무하던 공장으로부터 부당 해고되었기 때문에 사장과의 교섭위원으로서 선택된 기타지마를 죽인 범인이 형사라는 것을 알리는 「기타지마 군과 하치스카(蜂須賀) 형사」가 게재되어 있습니다. 또한 히라사와 게이시치와 함께 가메이도 경찰서에서 살해당한 카토 고우쥬(加藤高壽)의 성실함을 아내가 진술하고 있으며, 죽인 사람의 시체를 '돌려주었다'라고 거짓말하는 야스지마(安島) · 하치스카 형사에 대한 분노를 적은 「남편이 남기고 간 임금」이란 글 외에, 요시무라 고우지(吉村光治)의 유골조차 건네주지 않고 변명을 하는 가메이도 경찰서장 모리(森)와 요시무라의 친형과의 교섭을 통해, 무책임하고 비정한 경찰의 실태를 호소하고 있는 「뼈」, 한국인으로 오인받아 끌려간 군대에서 '사토 긴지(佐藤欣治)는 일본인'이라고 주장을 해도 결국 돌아올 수 없는 사람이 되어 살해당한 이유를 적은 「혁명가를 부른 점」, 권력에 의한 살인에 대한 울분을 담담하게 서술하고 있는 「조선인으로 오해받아」가 적혀 있습니다.

또한 미나미가츠(南葛) 노동조합 이사인 후지누마 에이시로(藤沼 榮四郎)가 받은 가메이도 경찰서에서의 고문 경험과 다치바나 하루키치(立花春吉)가 가메이도 경찰서에서 매일 밤 살해당하는 한국인, 중국인, 일본인 등의 모습을 쓴 「지옥의 가메이도 경찰서」 등이 다큐멘터리로서 기록되어 있습니다. 그중에서도, 다치바나 하루키치가 말한 「지옥의 가메이도 경찰서」에서는 죽음을 기다리는 한 명의 한국인이 슬픈 소리로 울면서 "내가 살해당하는 것은 나라에 처자를 두고 온 죄인가, 나의 저금한 돈은 어떻게 되는 거지?"라고 원망의 말을 중얼거리는 모습이 재현되어 있습니다. 이 글은 객지에 돈을 벌러 와서, 이국땅에서 가족과의 재회도, 고생해서 저축한 돈도 손에 넣을 수 없는 채 살해당하는 안타까움과 절망감에, 정상이 아니었던 당시의 시대를 강렬하게 고발하고 있습니다. 당시의 무참한 상황을 적나라하게 밝힌 다네마키 잡기는, 저널리스트 의식이 높고, 철저한 사실 전달의 자세를 지녔던 가네코 요분 등의 제안으로 발행하게 되었습니다. 편집 발행 겸 인쇄인의 이름도 가네코 요분이었습니다.

전대미문의 재해에 대응할 수 없었던 정부는, 혼란한 민심을 수습하기 위해서 형편없는 유언비어를 퍼뜨려, 그로 인해 벌어진 대량학살책의 은폐를 위해서, 그 후의 사상 활동에 대한 엄중한 단속과 통제를 실시합니다. 그 부조리의 탄압 속에서, 그 어느 신문이나 잡지도 대량 학살에 대한 사실을 밝히려고 하지 않았을 때, 다네마키사는 사실을 전해 진실을 역사에 남길 수 있도록 용기 있는 보도를 했습니다. 또 다네마키사 창립 멤버 중의 한 명인 고마키 오미(小牧近江)는, ILO의 국제회의를 위해서 1924년 6월, 파리를 방문했을 때, 잡지 『유마니테』사에 들러 「다네마키 잡기」의 초역을 건네주었고, 같은 해 8월 17일 『유마니테』에서 그 활동상황이 게재되어 국제사회에 그 잔혹한 참사를 널리 알리게 되었습니다.

 생각해 봅시다

주변의 많은 사람이 근거 없는 소문을 믿고, 어떤 대상을 무시하거나, 집단폭행을 행할 때, 그 행동이 잘못되었다는 것을 알면서도 입 밖으로 내는 것은 그리 쉬운 일이 아닙니다. 바로 거기에 '이지메(왕따)'와 '차별'의 본질이 숨어 있습니다.

그리고 세월이 흘러 그것이 잘못되었다는 것을 알았을 때, 당시의 행동을 반성하는 사람도 있지만, 어쩔 수 없었다는 태도를 취하는 것으로 자신을 정당화하는 사람도 적지 않습니다. 바로 그러한 심리가 근대사의 역사청산을 가로막는 벽이 되어, 사회문제로서의 왕따나 차별의 구조, 나아가서는 역사왜곡과도 연결되는 하나의 원인을 자아내기도 합니다.

잘못을 잘못이라고 확실하게 말하는 것, 그것은 자신감을 가진 사람이 아니면 어려운 점도 있지만, 틀린 것을 틀렸다고 깨닫게 하도록 노력하는 것이 재발 방지와 문제 해결에 이어진다는 사실을 인식하면서, 주변의 그런 사례를 생각해 봅시다.

| 씨뿌리는 사람의 활동 연구서 | 씨뿌리는 사람 제도진재호외 |
| --- | --- |

## 【참고 문헌·자료】


「씨뿌리는 사람 제도진재호외(帝都震災号外)」, 1923년 10월 1일, 다네마키사.
『오사카(大阪) 매일 신문 호외』, 1923년 9월 1일, 마이크로필름 참조.
이수경, 『근대 한국의 지식인과 국제 평화운동』, 아카시 서점, 2003년.
이수경, 『제국의 틈새에 산 일한 문학자』, 료쿠인쇼보(綠蔭書房), 2005년.
이수경 외, 『프론티어의 문학 잡지 「씨뿌리는 사람」의 재검토』, 론소사(論創社),
    2005年.
이수경 외, 『「씨뿌리는 사람」의 정신』, DTP출판, 2005년.
이토 쇼토쿠(伊藤正德), 『신문 오십년사』, 마스쇼보(鱒書房), 1943年.


(담당: 이수경)

오카와 츠네키치(大川常吉, 1877~1940)는 관동대지진 직후, 유언비어로 인해 많은 사람들이 무차별 살해를 당하던 때, 부조리에 대한 경찰의 신념으로 정의를 관철하여 경찰의 귀감이 된 인물입니다.

1923년 9월 1일에 도쿄 주변의 관동지방을 덮친 대지진 때, 한국인이 우물에 독을 넣었다는 등의 유언비어가 퍼져, 그것을 믿고 불안에 휩싸인 일본인들은 자경단을 독자적으로 결성한 뒤, 한국인 대량학살사건을 일으킵니다. 오보가 난무하는 가운데, 사실 규명이나 판단 자료도 제공되지 않는 상황에서 한국인이 무차별로 살해되는 가운데, 요코하마(橫浜)의 츠루미(鶴見) 경찰서의 오카와 츠네키치 서장은, 그 부조리에 의문을 가집니다. 그리고 이미 폭도로 변해 버린 일본인 자경단 단체를 설득하면서 선량한 사람들을 유언비어만 믿고 죽이는 살인을 해서는 안 된다고 설득하면서 301명의 한국 사람의 생명을 지켰습니다. 오카와 서장은 지금 무슨 일이 일어나고 있는지를 직시하고, 잘못된 정보로 사람을 함부로 죽여선 안 된다는 신념으로 용기 있는 행동을 취했던 것입니다.

## (1) 혼란 중에 일어난 폭동

점심 식사를 준비하던 대낮의 도쿄와 요코하마 지방을 갑자기 덮친 큰 지진으로 인하여, 당시 세계 5대국 열강임을 자랑하던 일본의 수도 기능은 마비되고, 아수라장이 되었습니다. 같은 날 오후 1시 10분, 군당국의 비상경계 명령이 내려졌고, 다음 날에는 도쿄 부근에 계엄령이 내려집니다. 당국은 아비규환으로 모든 기능이 정지되었고, 실태를 전하는 정보나 통신이 두절된 상황 속에서, 불안한 민심이 격한 감정으로 소란을 피울 것을 두려워하여, 다른 공격대상을 만들어 그 위협을 넘기면서 국민연대와 의식응집, 구원책임의 회피 등을 꾀하고자 합니다.

그리고 불령선인(한국인)에 의한 습격, 우물에의 독극물 투여, 불령단체의 봉기를 조종한 사회주의자의 폭동이라고 하는 과대 유언비어가 떠돌자, 순식간에 일본은 다른 사회적 혼란을 불러일으키고 맙니다. 그것들로부터 국민을 지킨다는 이유로 군대나 경찰이 출동하였고, 각지에서는 자경단이 결성되어 객지에 돈을 벌러 온 한국인이나 중국인 노동자, 사회주의자 또는 사투리를 사용하는 일본의 지방 출신자 등까지도 검증되지 않은 유언비어의 희생자가 되어 버리는 사태가 발생합니다. 이 사건의 사실이 오보였던 것이 밝혀졌을 때는 이미 많은 사람들이 희생이 되었고, 6,000명 이상의 한국인이 살해되어, 중국인이나 노동자의 저임금문제와 노동환경 등을 비판하던 문학자들이 혼란 속에서 경찰이나 자경단 등에게 살해당합니다.

9월 4일에 겨우 ≪오사카(大阪) 매일 신문≫이 호외로, '조선인 일부의 폭동은 이미 완전하게 단속되었다'라고 하는 제목으로 한국인의 대부분은 선량하다고 3일자의 경시청의 급고 통달을 실었습니다. ≪오사카(大阪) 매일 신문≫ 9월 15일에는 유아사(湯淺) 경시총감에 의한 '다수의 조선인은 선량하다'라고 하는 담화와, '위험에 처한 조선인을 도운 요츠야(四谷) 서장의 미담'을 싣고 있으며, 마치 한국인의 대량살해를 은폐하려고 하는 듯한 움직임이 보도되었습니다. 당시의 육군관계 사료에서는, 한국인에 대해 법에 없는 대우를 하지 말 것, 소문에 의한 폭행은 죄가 된다는 등의 내용이 관동 계엄사령부로부터 공표되고, 9월 19일의 육군 정보에서는 나라시노(習志野)에서 수용보호 중의 한국인이 3,075명에 이르고 있었으며, 많은 한국인이 보호의 명목으로 붙잡혀 있었습니다.

그것은 조선총독부로부터 "만일을 고려하여 수용보호하고 있는 사람에게는 점차적으로 직업에 대한 도움도 줄 생각이므로, 안심하고 앞으로 더욱더 내선융화의 열매를 거둘 결심을 해 주길 바란다(중략)."라는 유고(諭告)가 공표되어 보호 중인 사람들에게 안심하라고 말하지만, 유언비어에 의한 대량살해와 한국 내부에서의 반발에 대한 융화책이라고밖에 할 수 없는, 그야말로 병 주고 약주는 정책이었습니다.

9월 15일자 『요미우리(讀賣)신문』을 보면, '조선인의 소문은 어디에서 나왔을까?'라는 제목으로 당국에서 "조선인으로서 일본인을 죽인 사람은 한 명도 없다."라고 단언하면서, 지금도 유언비어가 사라지지 않고 있기 때문에 큰일이라고 보도하고 있습니다. 그러나 사실은 그와 너무나도 현저하게 다른 지옥의 참

상이 일어났었음을 수많은 사람들이 목격을 하고 있고, 시체의 산들을 태우는
강가에는 연기가 끊이지 않았다는 목격자들의 증언을 한결같았습니다.

## (2) 오카와 츠네키치의 우직하고 성실한 신념

지진재해는 진원지에서 가까운 가나가와(神奈川)에도 많은 비극을 남겼습니
다. 요코하마(横浜)의 츠루미(鶴見) 임해부의 매립작업이 시작되자, 게이힌(京浜)
공업지대가 형성되었고, 1920년 전후부터 시오타(塩田) 지구에 한반도나 남쪽
지방인 오키나와(沖縄) 출신의 노동자가 많이 이주해 오게 되었습니다. 당시의
요코하마는 서양인의 출입은 잦았기 때문에 친밀감을 가지고 있었지만, 식민지
한국인에 대한 차별과 편견은 뿌리 깊게 남아 있었습니다. 그 때문에, 관동대지
진 때, 착취당하며 처참한 생활을 보내던 한국인 노동자 등이 평소부터 가지고
있던 불만으로 폭동을 일으켜, 우물에 독을 넣었다고 하는 유언비어가 퍼졌고,
요코하마에서도 그 유언비어로 흥분한 재향군인이나 젊은이 등으로 구성된 자
경단 등에 의해서 한국인이 습격당했습니다.

그러던 중, 병을 가지고 걷고 있던 중국인처럼 보이는 4명의 남자를 한국인이
니까 죽여 버리자고 소리치던 사람들이 그들을 츠루미 경찰서로 연행해 오지만,
병 속에 든 것은 중국 간장과 맥주였습니다. 오카와 서장이 그 사실을 전달해도
자경단 등은 믿지 않고 독이라고 우겼기 때문에, 그렇다면 스스로 마셔 보겠다
고 하여, 차례차례로 병 속에 든 것을 마셨습니다. 그 사건은 이렇게 하여 안정
은 되었지만, 한국인이 끊임없이 연행되어 왔고, 그중에서 불합리한 연행에 도
움을 요구하며 우는 사람들을 보고, 오카와 서장은 일시적으로 관내 소지사(總
持寺)라는 사찰에 경찰을 배치하여 301명을 보호했습니다. 그런 소문을 들은
츠루미구의 마을회의에 불려 간 오카와에게 의원들은, "경찰서장이 솔선수범하
여 한국인을 단속하고 불안을 없애야 하는데, 오히려 300명을 보호하는 것은
폭탄을 안고 있는 것과 같은 것"이라며 조선인 보호에 항의를 합니다. 그러나
오카와는 그들을 경찰서로 불러, 선량한 사람들인 것을 확인하도록 했습니다.
오카와는 한국인 폭동이 근거 없는 유언비어라고 단언하였고, 보호 중인 한국인
의 소지품을 검사해 봐도 작은 칼 하나도 나오지 않았던 것과 경찰로부터 떨어
지면 바로 전원이 살해당할 것이기 때문에 수용 인원 수가 늘어난다 해도 보호

하겠다는 방침을 전했습니다.

### (3) 경찰서를 포위한 군중을 설득하는 오카와 츠네키치 서장

악질 유언비어가 억측을 부르던 9월 3～4일경에는 민심의 불안과 흥분이 절정에 달해, 이른바 '한국인·중국인 사냥'은 최악의 상태가 됩니다. 소지사(總持)의 조선인 보호설이 퍼지자 자경단을 포함한 1,000여 명의 일본인이 한국인을 발견하는 대로 때려죽이라고 외치면서 츠루미 경찰서로 몰려듭니다. 이미 폭도의 움직임을 보이고 있었고, 한국인의 편을 드는 경찰도 때려 부수라고 소리지르는 군중을 향해 오카와는, 경찰이 보호하고 있는 한국인은 모두 좋은 사람이며, 그만큼 자신을 신용할 수 없으면 자신을 죽이고 서 내에 들어가라고 역설합니다. 당시 26세로 오카와를 가까이에서 보아 왔던 모지 료(門司 亮)는 군중이 이성을 잃고 있을 때, 오카와 서장이 갑자기 "조선인이 독을 투입했다고 하는 우물물을 가져오라. 내가 먼저 제군들 앞에서 마실 테니까. 그리고 이상이 있으면 조선인은 제군들에게 인도한다. 이상이 없으면 나에게 맡겨라."라고 말해, 사람의 생명을 끝까지 지켰다고 술회했습니다. 그 결단력과 행동력에 의해서 301명은 9월 9일, 기선 가잔마루(華山丸)를 타고 고베(神戸) 등으로 이동했습니다. 출신이 틀리더라도 같은 생명이며, 시민과 사회를 지키는 것이 경찰의 역할이라는 신념을 관철하여, 목숨을 걸고 수많은 생명을 지킨 오카와 츠네키치의 용기 있는 행동은 현대 사회에도 시사하는 바가 큽니다.

그 후 오카와 츠네키치는 오이소(大磯) 경찰서와 아츠기(厚木) 경찰서의 서장을 거쳐 1927년 3월에 본인의 의사로 경찰을 사직하게 됩니다. 오카와의 손자는 조부가 한국인을 도운 것이 그만두는 한 요인으로 작용한 것일 수도 있다는 의문을 품고 있지만, 사실 내용은 확인이 되지 않고 있습니다. 오카와는 그 뒤, 요코하마 청과시장의 주사 등을 맡았습니다.

1953년, 오카와 츠네키치의 필사적이었던 옹호 정신에 감사하며, 그 공덕을 잊지 않았던 재일 교포 유지들은 츠루미 시오타 3가에 있는 오카와계의 무덤을 관리하고 있는 도젠지(東漸寺)에 다음 내용의 감사비를 세웠습니다.

"관동대지진이 발생한 당시 유언비어에 의해 격분한 일부 폭민이, 츠루미에 살고 있는 조선인을 학살하려고 하는 위기에 처했을 때, 당시 츠루미 경찰서장 고 오카와 츠네키치 씨가, 죽음을 각오하고 잘못된 점을 강하게 경고하여 3백여 명의 생명을 구한 일은 실로 미덕이라 아니할 수 없으므로 우리들은 이에 고인의 명복을 빌고, 그 덕을 영구히 찬양한다."

1940년에 63세로 타계한 오카와의 무덤 옆에 있는 감사비는 지금도 그를 그리워하는 사람들의 가슴에 '정의'와 '인간 평등'과 '생명을 존중하고, 시민을 지키는 경찰로서 신념을 관철하는 것'의 중요함을 전하고 있습니다.

## 생각해 봅시다

비상시의 언론매체 등의 정보 전달기능의 마비와 불안한 상황하의 군중심리를 악용하려고 하는 움직임에 휘말려 들지 않기 위해서는 어떻게 하면 좋을까요? 상대방도 자신도 같은 상황에 처해 있다는 점, 곤란한 상황에 놓여 있다는 점, 자신의 생명을 소중히 생각하는 만큼 상대방의 생명도 소중하다는 점을 결코 잊어버리지 않는 것이 판단기준이 됩니다. 천재지변 등 비일상적인 불안과 공포를 시사하는 역사적 사례는 반드시 과거의 일이라고만은 할 수 없습니다. 매년 다가오는 태풍과 폭우, 지진과 쓰나미 등은 오늘날에도 자주 일어납니다. 우리들은 과거의 불행한 역사를 통하여 재삼 그런 불행한 일이 되풀이되지 않도록 대처하는 데 협력해야 합니다.

## 【참고 문헌】


『오사카(大阪)매일 신문 호외』, 1923년 9월 4일, 마이크로 필름 참조.
이수경, 『근대한국의 지식인과 국제평화운동』, 아카시(明石)서점, 2003년.
이수경, 『제국의 틈새에서 산 한일 문학자』, 료쿠인쇼보(綠蔭書房), 2005년.
이수경 외, 『프론티어의 문학 잡지 「씨뿌리는 사람」의 재검토』, 론소사(論創社), 2005년.
이수경 외, 『세계사 속에서의 관동대지진』, 일본경제평론사, 2004년.
박경남, 『두둥실 달이 떠오르면』, 산고칸(三五館), 1995년.
나고시후타라노스케(名越二荒之助), 「재일조선인을 구한 오카와 츠네키치 경찰서장」, 『일한공명 이천년사』, 메이세이샤(明成社), 2002년.
하타 이쿠히코(秦郁彦) 편, 『일본근현대인물 이력사전』, 도쿄대학출판회, 2002년.
마츠오쇼이치(松尾章一) 감수, 사카모토노보루(坂元昇) 외 공편, 『관동대진재 정부 육해군관계자료Ⅱ권 육군관계자료』, 일본경제평론사, 1997년.
「사진설명·요코하마(橫浜)의 역사」 편찬위원회 편, 『사진설명 요코하마의 역사』, 요코하마시 시민국 시민정보실 홍보센터, 1989년.
아사히(朝日)방송, 「보도STATION」, 2004년 9월 1일 방송내용.
http://www.tv－asahi.co.jp/hst/contents/special/040901.html
http://japanese.chosun.com/site/data/html_dir/2005/07/04/20050704000033.html
http://www.city.yokohama.jp/me/tsurumi/info/kokusai/
http://news.hankooki.com/lpage/opinion/200507/h2005070319130224180.htm
http://www5d.biglobe.ne.jp/～kabataf/kantoujisin_isibumi/yokohama/yokohama_touzenji/kantouyokohama6.htm


(담당: 이수경)

## 사랑을 실천한 어머니 모치즈키 가즈(望月カズ)

모치즈키 가즈(望月カズ, 1927~1983)는 일가친척 하나 없는 한국에서 빈곤한 생활 속에서도 고아를 위해서 평생을 고아 키우기에 몸 바친 박애정신의 지주였습니다. 그런 그녀의 헌신적 인간애가 높이 평가되어 한국 정부의 광복상을 받았으며, 지금도 '사랑의 이발사', '38도선의 마리아'로 불리고 있는 사람입니다.

### (1) 가즈, 만주에 건너가다

가즈가 어렸을 때, 일본군은 만주(지금의 중국 동북부)에 새로운 나라 '만주제국'을 만들어 일본의 세력을 확대하려고 하였고, 많은 일본인이 신천지를 향해 이주해 갔습니다. 그리고 도쿄에 살고 있던 가즈도 1931년(昭和 6)에 어머니 치카에(近衛)와 만주의 적도(滴道)에 이주해 살기 시작했습니다.

그러나 가즈가 6세 때 어머니가 사망해, 이국의 땅에서 그녀는 고아가 되어 버렸습니다. 그때부터 가즈는 어느 중국인의 집에서 노예와 다름없이 혹사당하였고, 일본 헌병대로 도망쳐 그곳에서 일본어 공부를 했습니다. 16세(1943년) 때에 고아인 자신의 일본인으로서의 호적이 없는 것을 알고, 거짓 호적을 샀습니다. 그리고 그다음 해에 나가마츠 아키라(永松 晃), 레이고(禮子) 부부와 양녀의 인연을 맺어 일본 국적을 얻어서 '나가마츠 가즈'가 되었습니다.

### (2) 고아들과의 만남

1945년에 일본의 패전과 더불어 제2차 세계대전은 끝났습니다. 가즈는 종전의 혼란 속에서 양부모와 갈라진 채 평양에서 서울로 건너와, 다시 도쿄에 돌아갔습니다.

친척이 없는 일본에서 가즈는 친어머니의 무덤이 만주에 있는 것을 생각하고 1948년, 21세 때에 다시 만주로 갈 결심을 합니다.

가즈는 처음에 부산에서 서울로 가서 만주에 가려고 했습니다만, 한국, 북한

양쪽 다 경비가 삼엄하여 38도선을 넘을 수가 없었습니다.

구 만주에 건너갈 기회를 살피기 위해서 가즈는 서울에 머물렀습니다. 거기서 한국전쟁에 휘말려 버린 가즈는 1950년, 서울에서 일어난 격렬한 총격전이 벌어지는 속에서 자신의 눈앞에서 총탄에 쓰러진 한국인 여성에게 안겨 있던 남아를 구해 냈습니다. 그것이 가즈와 고아와의 생활의 시작이었습니다. 서울에서의 시가전이 나날이 격렬해져, 서울 시민들은 남쪽으로 피난을 떠나기 시작했습니다. 그 피난길 속에서 가즈의 옆에는 많은 고아가 몰려들었습니다.

### (3) 고아들과의 생활

빈곤한 생활에도 불구하고 한 명, 두 명씩 아이들을 거둬들여서 돌보기 시작하면서 그녀의 가족들은 늘어납니다. 많은 아이들과 생활하고 있던 가즈는 부산에서 항만 노동자로서 일하면서 아이들을 키우고 있었습니다. 그러다가, 가즈는 구 만주에 살고 있을 때 이발관에서 일했던 적이 있었기 때문에, 많은 피난민이 모이는 부산 일각에 이발관을 열어 생활에 보태고 있었습니다.

1953년 7월, 판문점에서 같은 민족끼리 상잔의 아픔을 낳은 전쟁은 휴전이라는 형태로 협정을 맺고, 오늘에 이르기까지 남북 대치상태로 있습니다.

그동안 가즈가 돌보며, 함께 살고 있던 고아는 17명으로 늘어났습니다. 그 아이들 중 대부분이 서울 출신이었기 때문에 다음 해, 가즈는 아이들과 함께 서울로 돌아와, 판잣집에서의 생활을 시작했습니다. 가즈는 가지고 있던 기술을 살려 노점에 이발관을 열었고, 아이들도 시루떡을 팔며 생활을 도왔습니다.

가즈는 한국에서 정식 이발사의 자격을 가지고 있지는 않았지만, 주위의 원조자나 당시의 박정희 최고회의 의장(후의 대통령)의 배려로 특별히 시험을 볼 수 있었습니다. 그리고 가즈가 36세(1963년) 때 당당하게 이발관을 운영할 수 있게 되었습니다. 그러나 당시 가즈와 함께 살고 있던 아이들은 40명 이상이었고, 이발관 운영만으로는 결코 편하게 지낼 수 없는 상황이었습니다.

### (4) 주변으로부터의 주목과 지원

1964년 11월 7일, 가즈는 한국의 고아를 기르고 있는 점을 평가받아 '서울 명예 시민장'을 수상했습니다. 일본인인 가즈가 한국에서 친척도 없는 고아들과 생활하고 있는 것은 일본의 텔레비전에서도 다루어졌습니다. 그 인연으로 가즈는 양아버지인 나가마츠 아키라 씨와도 재회할 수 있었습니다. 또한 가즈를 모델로 한 영화가 한국에서 제작되어 일본에서도 상영되었고, 국경을 넘어 많은 사람들이 눈물을 흘렸으며 감동을 받았습니다.

1965년에는 일본의 패전 이래 국교가 없었던 한국과 일본 정상화 협정을 맺고, 일본인 관광객이 한국을 방문하게 되었습니다.

가즈는 과로로 건강이 나빠져 쓰러지기도, 입원도 반복하지만, 이발관 외에 목장갑을 파는 등 아이들을 위해서 헌신적으로 일했습니다. 혈액을 파는 일도 자주 있었습니다. 그 덕분에, 중학교나 고교, 대학에까지 다니는 아이도 있었습니다. 그런 가즈가 40세인 1967년, 한국 정부는 그녀의 민족을 초월한 인간애와 인도적 행위를 높이 평가하여 이례적인 '광복장'을 수여했습니다. 그러나 그것은 어디까지나 그녀의 박애정신에 대한 정부 측의 평가일 뿐, 다음 해에는 가즈와 그녀의 아이들이 살고 있던 판잣집이 서울의 도시계획에 의해서 철거되어 버립니다. 그로 인해 더욱 곤궁에 몰린 가즈는 혼자 이국땅에서 어떻게 할 수 없는 낭떠러지에 떠밀린 고독과 아픔으로 자살을 기도하지만, 다행히 미수에 그치고 맙니다. 이 사건이 계기가 되어 아이들이 붙잡고 주변에 어려움이 알려지면서 그녀와 그녀의 가족을 위한 지원의 손길이 밀려들게 되고, 많은 사람들과 단체가 가즈의 활동을 돕게 됩니다.

1971년에는 당시의 박정희 대통령으로부터 명예 훈장 '동백장'이 수여되었습니다. 가즈가 44세 때였습니다. 1976년에는 일본에서도 가즈가 오랜 세월 계속해 온 눈물 나는 노력과 인도적 사랑에 대해, 제10회 요시카와 에이지(吉川英治) 문화상이 주어졌습니다. 그리고 1982년, 가즈가 55세 때에는 네모토 다카시(根本 隆), 가스야 후미코(粕屋芙美子) 변호사의 노력으로, 염원이었던 자신의 본래 호적인 '모치즈키(望月)' 성으로 바꿀 수가 있었습니다. 그렇게 조금은 정신적 안도감으로 안정된 생활을 하는가 싶었지만, 가즈는 다음 해 가을, 서울의 자택에서 뇌출혈로 인해 쓰러져, 그 후 의식을 회복하는 일은 없었습니다.

1983년 11월 6일, 56세의 가즈는 많은 아이들과 지원자들이 지켜보는 가운데 숨을 거뒀습니다. 그리고 일본 정부는 가즈에게 '훈5등 보관장(勳五等寶冠章)'을 보냈습니다. 가즈가 기른 고아들의 수는 133명에 이릅니다.

한국의 묘지 외에, "후지산이 보이는 곳에 묻히고 싶다."라고 한 가즈의 유언에 의해, 시즈오카(靜岡)현의 즈이린지(瑞林寺)의 묘지에도 카즈의 뼈는 분골되어 있습니다. 그 묘비에는 가즈가 걸어온 생애가 기록되어 있습니다.

가즈는 한국이라고 하는 이국땅에서 많은 고아들을 훌륭하게 기르는 데 자신의 일생을 바쳤습니다. 가즈는 아무나 흉내 낼 수 없는 인간적인 따스함과 애정 어린 정성, 어머니의 책임을 겸비하며 자신과 같은 처지에 처한 아이들의 어머니로서 한국과 일본을 초월한 아름다운 우호의 씨를 뿌린 인물이었습니다.

### 생각해 봅시다

가즈는 고아들을 키우는 동안, 많은 사람들의 지원을 받을 수 있었습니다. 그 사람들 중에는, 고아들을 기를 수 있는 시설을 만들 것을 건의한 사람도 있었습니다. 그러나 가즈는 결코 그러한 건의를 받아들이지 않았습니다. 그 이유를, "공인된 시설이 되어 버리면, 가즈는 원장 선생님이 되어 버려 아이들의 엄마로 계속 남을 수 없게 된다고 생각했을 것이다."라고 추측하는 사람도 있습니다. 시설을 만들어 나라로부터 원조를 받으면서 생활하는 것이 편하다는 이점은 있지만, 고아들을 위해서 평생을 그들의 엄마로서 존재해 왔고, 그 때문에 일하면서 돌보아 온 아이들과 자신의 가족 관계에 거리를 만드는 일은 하지 않았습니다. 가즈의 입장과 그녀가 가졌을 마음을 헤아려 보며, 그녀와 아이들과의 관계도 생각해 봅시다.

## 【참고 문헌】


후지사키 야스오(藤崎康夫), 『사랑의 다리는 사라지지 않고 한국의 고아를 키운 모
　　　치즈키 가즈의 일생』, 구몬출판, 1985년.
38도선의 마리아의 모임, 『한국 고아와 함께 지원자에 의한 모치즈키 가즈에 대한
　　　추억』, 1986년.
나가마츠 카즈(永松カズ), 『사랑의 등불은 꺼지지 않고』, 고단사(講談社), 1971년.
나가마츠 카즈(永松カズ), 『이 아이들을 버릴 수 없다』, 오리온사, 1965년.
나고시후타라노스케(名越二荒之助), 『일한공명2천년사』, 메이세이사(明成社), 2002
　　　년. 『일본 인명 대사전』, 고단사(講談社), 2001년.
『일본 여성 인명 사전』, 일본 도서 센터, 1993년.


　　　　　　　　　　　　　　　　　　　　　　　　(담당: 고이케 미하루)

‘이웃을 사랑한다는 것’은 인류보편적인 아름다운 말이지만, 삭막한 현대 사회에서는 좀처럼 실천하기가 어렵습니다. 상대방을 이해하는 것조차 어려워지는 사회가 되고 있습니다. 그런 가운데, 어려운 일본 생활 속에서 많은 도움을 받고, 그에 감사를 느껴 온 한국 유학생들 및 주변 사람들의 추천을 받은 한국 정부는 비록 타계한 뒤이지만 그녀의 행적을 기리기 위해 정부 포상을 하였습니다.

그 일본인의 이름은 와타나베 사토코(渡辺 サト子). 전쟁이 격화되던 1940년 11월, 후쿠시마(福島)현 후타바(双葉)군 도미오카(富岡) 마을에서 태어난 와타나베는 2005년 11월에 심장병으로 사망할 때까지 수녀의 생활을 하면서, 일생 동안 가난하고 곤경에 빠진 사람들을 도와주었습니다.

어릴 때부터 징용되어 일본으로 온 조선인 노동자의 고난을 보면서 자란 와타나베는, 1962년에 성덕 영양전문학교를 졸업하고, 영양사와 사회복지사 자격을 가지고 복지관계의 일을 하다가, 1967년에 종교법인 가톨릭 연옥 원조 수도회(煉獄援助修道會)의 회원이 됩니다. 그리고 1980년부터 일본 패전 후에도 귀국을 하지 못하고 성요셉원에서 요양 중이었던 한국·조선인 노동자들을 돌보게 됩니다. 종교 활동도 하면서, 그들의 정신적 지주가 되어 다방면으로 그들의 아픔을 덜어 주려고 많은 노력을 합니다.

그 후 교토(京都), 오쿠라(小倉), 구로사키(黒崎) 교회 등으로 옮겨 다니면서 그녀의 봉사 활동은 더욱 헌신적 정신을 발휘하게 됩니다.

일본에서는 국제화라는 말을 오래전부터 사용해 오면서도, 외국인이라는 이유로 부동산 업자로부터 입주를 거부당하는 경우가 자주 있습니다. 그 때문에 임대주택을 구하는 것이 그리 쉽지는 않습니다. 그런 사정을 잘 알고 있는 와타나베는 방 찾기에 고민을 하고 있는 유학생들에게 자신의 집을 임시주택으로 제공하거나, 경제적으로 여유가 없는 이웃 재일 한국인에게는 기타규슈(北九州) 시의 원조수도회와 구루메(久留米) 시의 이마무라(今村) 가톨릭 교회의 밭에서 자가 재배한 야채 등 식품을 주기적으로 제공해 왔습니다. 또한 재일 한국인의 일본에서의 법적 지위 향상을 위해서도 진력하는 한편, 한국인 유학생에 대한 지원 활동과 정보 제공, 병에 걸린 유학생을 돌보는 등 한국과 깊게 관련된 민간지원 활동을 펼쳐 왔습니다. 종교인의 입장이라 하지만, 헌신적이고 지속적인 이웃사랑의 실천 활동은 아무나 할 수 있는 일은 아닙니다. 그 사정을 잘 알고 있는 일본인은 물론, 그녀의 헌신적 활동을 이대로 잊혀 버리게 할 수는 없다고 생각한 재일 한국인 및 유학생 등 지원을 받거나 그녀의 사랑을 기억하고, 은혜를 갚고자 하는 109명의 한일 양국 관계자들은 연명으로 그녀의 생전의 업적을 정부 차원으로 칭송해 주길 바란다며 탄원서를 한국 정부에 냅니다. 그리고 2006년 5월에 정부의 국민고충처리위원회는 그런 내용을 검토한 결과, 마침내 2007년 10월 25일에 후쿠오카 영사관에서 그녀의 가족과 성당의 지인 관계자 21명이 보는 가운데서 와타나베 수녀는 정식으로 대통령 표창을 받게 됩니다. 비록 그녀의 몸은 그곳에 없었지만, 한국 정부가 와타나베 수녀의 인도적 사랑을 기억하도록 수많은 은혜를 입은 관계자들의 감사하는 마음이 국경을 초월한 움직임을 만들었고, 그녀의 실천하는 사랑이 한일 관계를 더더욱 돈독히 이어 주는 아름다운 순간이 되었습니다.

저출산 소자화의 물질적 풍요로움이 넘치면서 이기적인 자기주의가 만연하는 현대 사회지만 이런 사랑이 있음으로 인해 국경을 넘은 국제화 사회가 가능하게 되고, 인정 어린 훈훈한 사회로 유지된다고 할 수 있습니다. 우리가 사는 지구촌 사회는 모순적이고 나쁜 일만 일어나는 별만이 아니라는 것을 가르쳐 주는 사례라고 할 수 있습니다. 시민 교류를 통해 지구가 키워 온 다문화를 함께 향유할 수 있는 것에 내일의 평화사회가 존재한다는 것을 새삼스럽게 생각하게 해준 와타나베 사토코 수녀의 생애.

여러분도 어려움에 처한 사람을 만났을 때는 상대방의 입장에 서서, 얼마나 어려운 처지인가를 이해하며, 자신이 할 수 있는 범위 내에서 손을 내미는 여유를 가질 수 있다면 이 사회는 한층 더 아름다운 사회로 바뀔 겁니다. 따뜻한 마음을 가진 아름다운 사람이 있기에 그런 정을 받고 우리는 힘차게 내일을 향해 살 수 있는 겁니다.


http://www.ombudsman.go.kr/pub root/korean/index.asp
http://news.media.daum.net/politics/administration/200608/21/yonhap/v1374978
http://news.media.daum.net/politics/administration/200608/21/govpress/v13768215.html


(칼럼 담당: 이수경)

# 고아 양육에 생을 바친 소다 가이치(曾田嘉伊智)

소다 가이치(曾田嘉伊智, 1867~1962)는 일제 강점기의 한국에서 일본인임에도 불구하고 한국의 고아들의 부모로서, 그들에 대한 교육과 구원 활동에 전념한 인물이었습니다. 그의 아름다운 정신을 기리는 마음으로 한국 정부는 그에게 문화 훈장으로 그동안의 노고를 치하하고 격려했습니다.

## (1) 방랑시절을 거쳐 조선으로

소다 가이치는 1867년에 현재의 야마구치(山口)현 구마게(熊毛)군에서 태어났습니다. 그는 25세 무렵부터 홍콩이나 중국 등에서 방랑 생활을 하고 있었습니다. 그러던 중 대만의 길거리에서 쓰러지는 사건이 있었습니다. 그때 우연히 지나가다가 도와준 사람이 한국 사람이었습니다. 생명 은인의 조국에 흥미를 가진 소다는 38세 때 조선에 건너와 한성(현재의 서울)에서 YMCA(크리스트교 청년회)의 어학 교사가 되었습니다. 그리고 평양의 전도 집회에서 신앙에 눈떠, 경성 Methodist 교회의 정주(定住) 전도사가 되어 교회일에 봉사하게 되고, 크리스트교 서점을 경영하면서 성서판매 전도를 시작했습니다.

당시, 한국의 YMCA에는 독립운동에 참가하는 젊은이가 많이 있있습니다. 1919년의 3월 1일, 파고다 공원에서 33명의 지사들이 독립선언문을 발표한 것을 발단으로 독립에의 움직임이 전 국토로 파급되었습니다(3·1운동). 민중운동으로 불거지자 급한 나머지 일본 경찰들은 독립운동에 참가한 사람들을 가차 없이 탄압하기 시작했습니다. 그 당시 소다는 이미 YMCA의 일자리에서 나와 있었지만, 협력자와 함께 경찰서를 돌아다니며 서장을 설득해, 투옥된 YMCA의 멤버를 구해 냈습니다.

## (2) '가마쿠라(鎌倉) 보육원'에서의 생활

도쿄 근처 가마쿠라(鎌倉) 주재의 의사였던 사다케 오토지로(佐竹 晋次郎)가

'가마쿠라 어린이 보육원'을 개설해, 1913년에는 뤼순과 경성, 후에는 타이페이, 타이롄, 베이징에도 지부를 마련했습니다. 사타케로부터 직접 경성 지부의 경영을 의뢰받은 소다 부부는, 조의 고아들의 구제 및 양육에 전념하게 됩니다.

'카마쿠라 보육원'의 경영은 결코 편한 것은 아니었습니다. 경제적 문제뿐이 아니라 정신적인 면에서도 많이 힘들었습니다. 기부금을 모으러 가도 좀처럼 이해해 주지 않을 뿐만 아니라, 한국 사람들에게서는 한국의 고아들에게 한국을 부정하는 교육을 시키고 있는 것은 아닐까라는 의심을 받았고, 일본 사람들에게서는 고아들에게 한국 독립의 사상을 가르치고 있는 것은 아닐까라는 험담을 듣는 상황이 계속되었습니다. 그러나 꾸준하게 성실한 대응으로 자신들의 취지를 보여 주자 조금씩 한국 사람들이 호의를 느끼기 시작해 봉사 신청을 하기도 했습니다.

소다 가이치가 대리 목사로서 원산 Methodist 교회에 부임한 뒤에도, 아내인 다키는 후임인 스다 곤타로(須田權太郎)를 지원하며, '가마쿠라 보육원'의 사업에 전념하고 있었습니다. 1945년 8월이 끝나갈 무렵, '가마쿠라 보육원'은 창고의 일부만을 남겨 놓은 채 전소했기 때문에 원아들은 다른 시설로 옮겨졌습니다. 그런데 원아들은 곧바로 돌아와 버렸고, 설득해 다시 새로운 시설에 데려가도, 또다시 울며 돌아왔다고 합니다. 애정으로 아이들을 키우던 소다 부부와의 생활에 아이들도 떠나고 싶지 않았던 것입니다. 그런 이유로, 지부의 불탄 자리에 '영락보린원(永樂保隣院)'을 세워서 아이들과 함께 살아가는 길을 모색합니다.


### (3) 한국으로의 '귀환'

1947년 10월, 소다는 혼자서 조국 일본으로 향했습니다. 그렇게 한 것은, 전후 황폐한 일본의 상황을 들었기 때문입니다. 당초는 반년 정도의 예정으로 일본 각지를 돌아다니는 평화운동 여행을 떠났습니다. 그러나 그 후 한반도의 정세가 혼란해져, 소다는 길게 일본에 머물게 되었고, 한국에 혼자 남은 다키 부인은 마지막 인사도 못 하고 눈을 감습니다. 장례식은 사회장으로 치러져 한국 정부의 고관, 경기도지사, 서울시장 등도 참례했습니다.

소다는 아내가 죽은 후, 쇼도지마(小豆島)에서 교회수(敎會守) 생활을 보내었고, 그 후 아카시(明石)시의 애로원에서 일하게 됩니다. 그리고 1955년에는, 재일본 한국YMCA에 초대되어, 도쿄에서의 감사회에도 참가했습니다. 이 감사회는 전후 10년을 기념하여, 한국 사회에 공헌을 한 공로자에게 감사의 뜻을 표시하는 것으로, 소다를 비롯해 스다 곤타로나 아사카와 타쿠미(淺川 巧) 부인 등 11명이 초대되었습니다.

그리고 94세가 된 소다는 전부터 바라고 있던 한국행을 실현합니다. ≪아사히신문≫에 게재된 기사가 그 계기였습니다. "이승만 씨. 당신은, 일본의 이 흰색 수염의 늙은이를 기억하고 계십니까"라는 문구로 시작되는 이 문장은, 한국 YMCA 시절 때의 아는 사람이며, 당시의 한국 대통령인 이승만을 향해서 쓰인 메시지입니다. 이승만 대통령이 실각해, 일단 계획이 좌절될 조짐도 있었지만, 1961년이 되어 '영락보린원'으로부터 초대장이 도착해, 드디어 한국에 초대받았습니다. 환영을 받으며 서울로 돌아온 소다는, 그다음 해에 '영락보린원'에서 눈을 감습니다. 수많은 고아들을 키워 낸 아버지이자 교육자였던 소다의 장례식은 사회장으로 성대히 치러져, 그다음 해에 일본인으로서는 처음으로 한국정부로부터 문화훈장을 받았습니다.

○ **과정표**

1867年 스오(周防) 구마케(熊毛)군 소네(曾根) 마을 스미다(隅田)(현재의 야마구치(山口)현 구마케(熊毛)군 히라오(平生)마을)에서 태어남

1905年 한국으로 건니가 YMCA에서 어학교사가 됨

1906年 경성 Methodist교회의 정주 전도사가 됨

1908年 우에노 다키(上野タキ)와 결혼

1921年 가마쿠라(鎌倉) 보육원 경성지부장이 됨

1943年 원산 Methodist 교회의 대리목사로 부임

1947年 일본에 돌아와, 세계평화운동의 여행을 함

1950年 다키 부인 사망

1961年 한국에 초대됨

1962年 서울에서 소타 가이치(曾田嘉伊智) 사망

□ 소다 가이치

□ 다키 부인

## 생각해 봅시다

1961年, 소다 가이치(曾田嘉伊智)는 94세라는 나이에도 불구하고 한국에 건너 갑니다. 이것은 소다가 생의 마지막 장소로 한국이란 땅을 선택한 것이고, 한국 사회를 '고향'으로 생각했던 것이기에 가능했습니다.

여러분에게 있어서 '고향'이라는 곳은 어떤 장소입니까? 태어난 곳입니까? 아니 면, 가족이나 친구가 있는 곳입니까? 그것도 아니라면 공부나 일을 위해서 장기간 머무는 곳입니까? 만약, 이런 장소가 타국이라 하여도 그곳을 '고향'이라고 생각할 수가 있을까요? 여러분의 '고향'에 대해서 생각해 봅시다.

【참고 문헌】

사메지마 모리타카(鮫島盛隆), 『한국 고아의 자애로운 아버지 소다 가이지옹』, 목양
　　　사, 1975년.
히키다 케이치로(疋田桂一郎), 「한국이야말로 나의 고향—"고향"으로 달리는 마음」,
　　　≪아사히신문≫, 1960년 1월 1일.

(담당: 나미가타 츠요시)

## 15

## 35년을 한결같이 한일 청소년 교류에 몸 바친
## 치벤가쿠엔(智辯學園)의 후지타 데루키요(藤田照淸)

어떠한 곤란이 닥쳐와도, 내일을 짊어질 아이들에게 국제적 감각을 익히게 하고 건전한 역사적 교육을 통해, 아시아 화합을 위한 인재를 육성하고자 하는 교육적 신념으로 한일 양국에 대한 이해를 높이고, 만 35년 간의 일제 강점기 기간을 어떤 일이 있어도 교육을 통해 내일을 짊어질 일본의 학생들에게 한국이해를 시키며 교육을 통한 청소년 교류로 미래를 이어가겠다고 초지일관으로 한국 수학여행을 관철시킨 사람은 바로 일본 명문사학인 치벤가쿠엔의 후지타 데루키요(藤田 照淸, 1929~2009) 이사장입니다. 후지타 이사장은 한국 정부로부터 한결같은 교육적 자세를 높이 평가받아 두 번이나 대통령 표창을 받았습니다. 교육계에 몸을 담아 학생의 수학여행지를 규슈(九州)에서 한국으로 바꾼 이래 일본과의 역사적 관계가 깊은 한국에서 다양한 이문화와 공통되는 문화체험을 통해 산교육을 받은 학생 수는 이미 15,000명을 넘고 있습니다.

### (1) 후지타 데루키요 이사장의 이웃나라와의 우호를 위한 신념

후지타 데루키요는 1929년, 고베(神戸)시에 있는 산노미야(三の宮) 근처에 있는 불교사원인 성덕원(聖德院)의 차남으로 태어났습니다. 기타노(北野)의 초등학교에서는 외국인도 많은 이국적 분위기에 자극을 받으면서 자라지만, 전쟁으로 인해 모든 것이 일순간에 바뀝니다. 학교교육은 전쟁수행을 위해서 철저한 애국교육으로 바뀌어, 나라를 위해 죽는 것이 유일한 애국심의 증거인 마냥, 군국소년을 전장으로 향하게 하는 사회적 구도가 되어 갑니다. 그 와중에 후지타의 2살 위의 형이 항공대에 입대합니다. 그 때문에 부모님은 "너까지 전쟁터에 가서는 안 된다."라고 경고하지만, 애국심에 불타던 15세 소년 후지타는 1944년 가을, 부모님께 비밀리에 해군 갑종비행 예과연습생(소년항공대원, 별칭은 예과련, 일본식 발음으로는 요카렌)의 시험을 보고 미에(三重) 해군항공대에 입대합니다. 그 사이, 부친은 아들을 단념시키기 위해서 절에 하숙하고 있던 해군장관에게도 부탁하지만, 본인은 결국 부친의 얼굴도 보지 않고 출발하게 됩니다. 후에 여동생으로부터 부친이 울었다는 것을 듣고 알게 되지만 이미 부친은 미군 공습 때 세상을 떠납니다.

예과련에서 반년 정도를 지낸 후, 고치(高知) 항공대에 있을 때, 모친이 기차와 배를 번갈아 타고 면회를 왔습니다. 그리고 고베(神戶)는 3월의 공습으로 반가까이 타 버렸고, 후지타가 집에 돌아올 무렵은 부모는 이미 없을 테니 반드시 살아 돌아와서, 형제 셋이서 사이 좋게 살라는 말을 남깁니다. 가족 전원이 살아남기 위해서, 예과련을 선택했던 것이건만 도리어 전쟁의 아픔으로 가족이 이렇게 떨어졌다는 생각에 그는 매우 괴로워하고, 그해 6월 5일, 고베 대공습으로 인해 부모님은 모두 세상을 떠나고 맙니다. 16세의 후지타는 재가 된 들판에 우두커니 서서 무념에 빠집니다. 돌아갈 곳도 없고, 고독과 통한으로 괴로워하는 날들이 계속되지만, 생전의 부친이 남긴 "앞으로의 시대는 대학을 나오지 않으면 안 된다."라는 말을 떠올려, 항만노무 등의 일로 학비를 모아서 대학에서 공부를 합니다. 그리고 전쟁의 끔찍함을 체험한 후지타는, 앞으로 일본을 짊어질 젊은이들은 결코 같은 잘못을 되풀이하지 않도록 해야 한다는 신념을 가지게 됩니다. 그리고 학생들이 보다 넓은 세계에 관심을 가지고 전 세계에 전쟁이 없는 평화사회를 추구해 주도록 교육을 시켜야겠다는 취지로, 국제화 교육을 도입하게 됩니다. 그런 그의 강한 의지로 인해 치벤가쿠엔은 일본의 진학 명문은 물론, 야구 명문 학교로서 부동의 위치를 자랑하게 되고, 국세화 교육의 실천의 장으로 명성을 떨치고 있습니다.


## (2) 수학여행을 한국으로

교통·통신이 고도로 발달한 오늘날, 한국을 수학여행으로 방문하는 일본의 고교생은 연간 6만 명을 넘고 있습니다. 국제화 교육과 이웃나라와의 교류를 통해서 내일을 짊어질 젊은이들이 공통되는 문화를 가지고, 이문화를 체험할 수 있는 외국, 그리고 일본과도 깊은 관계가 있는 한국을 적당한 예산과 부담이 적은 일정으로 수학 여행지로서 선택하는 학교가 증가하고 있기 때문입니다. 그 때문에 많은 일본의 학생들이 한국을 알 기회를 얻고 있습니다.

그러나 치벤가쿠엔이 처음 한국으로 여행을 왔던 1975년 당시는 한일 정상화로부터 10년이 되는 해로, 한국 방문자 수가 연간 겨우 1만 명을 넘는 정도였습니다. 지금은 연간 왕래자 수가 400만 명에 육박하는 상황이고, 2005년 8월부터는 하네다(羽田)에서부터 하루 8편의 비행기가 서울로 운행되고 있으며, 당일치기 비즈니스 시대에 돌입하고 있는 현실입니다. 그러나 당시는 고도산업·경제개발의 정책에 의해서, 한국전쟁의 폐허가 된 사회를 재건 중이었으며, 지금 상황에서 본다면 사회는 대단히 혼돈스런 분위기였습니다.

치벤가쿠엔은 1964년에 창립되어, 그다음 해부터 고교 제1기생이 입학했습니다. 그리고 교육과정의 중요 행사인 수학여행의 장소를 규슈(九州)로 정하고, 1974년까지 매년 아소산(阿蘇山)을 포함한 규슈행이었습니다. 그러나 시대와 함께 해외여행이 친숙해짐과 동시에, 아소산의 분화로 인해, 규슈여행의 중요한 코스를 돌 수 없게 되자, 일본의 고대 나라(奈良) 문화의 원류인 한국 여행에 대한 검토를 시작합니다. 그리고 일본과 가까운 문화를 향유하고 있으면서도, 규슈 여행의 예산 5만 엔(당시) 정도로 국제 교육의 장소가 가능하다는 판단하에 한국을 새로운 수학여행지로 변경하게 됩니다.

그 결정의 계기가 된 것은, 1970년의 나라시와 한국의 경주시, 1972년의 아스카(明日香)마을과 백제 문화가 번영했던 부여군과의 자매도시 체결이었습니다. 그 소식을 듣고 있던 후지타는 현지정보를 자세히 얻기 위해서 당시의 나라 시장과 아스카 마을 촌장을 방문해, 한국으로의 수학여행에 대한 조언을 구합니다. 그리하여, 이 한국행이 의의 있는 수학여행이 될 것이라 확신하기에 이르렀고, 1973년 12월 21일에 학생을 모아 수학여행을 한국에 가기로 한 것을 전달합니다. 또한 23일은 보호자회의에서 그 취지를 설명하고, 설득하여 한국행을 결정하게 됩니다.


## (3) 한국에서 만난 역사

1975년 3월 28일에 신칸센(新幹線)을 타고 시모노세키(下關)에 도착 후, 그곳에서 부관(일본에선 간푸(關釜)라고 부름)훼리로 한국으로 향합니다. 3,800톤급의 작은 배로 몹시 흔들리는 현해탄을 넘었기에 출렁이는 파도로 전원은 뱃멀미로 고통을 받습니다. 그리고 겨우 부산항에 도착하여 눈앞이 빙글빙글 도는 상황 속에서 겨우 입국 심사를 받게 되지만, 일본인 학생들의 단체 여행도 흔치 않았거니와 당시의 입국 심사는 여러모로 어려움을 주었습니다. 왜냐하면, 그전 해에 재일 교포에 의해 대통령 암살 미수 사건(문세광 저격사건)이 있었고, 그 로 인해 대통령 부인인 육영수 여사가 암살된 사건이 있었기 때문입니다.

그 나라를 방문하는 관광객을 맞이하는 최초의 얼굴이기도 한 입국심사원의 엄격한 대응은 시사하는 바가 큽니다. 삼엄하고 불친절한 입국절차에 대한 항의 등으로 시작된 한국 여행은 그 후 나라시와 아스카마을의 자매도시의 시장들의 배려로 국빈 취급을 받으며 차츰 충실한 내용으로 여행을 할 수 있게 됩니다. 부산에서부터 경주·부여 등을 견학 후, 서울에서는 당시 창덕궁에 머물던 이 방자 여사를 방문하여 한국과 일본에 대한 이야기를 듣거나, 서울고등학교·경 성고등학교 등에서 교환회를 실시했습니다. 보리밥과 김치 등의 식생활 문화 차 이나 숙소인 온돌방의 습관 차이를 체험하면서, 백제문화를 접하고 정겨움을 느 끼는 여행이 되어, 결과적으로 많은 학생들로부터 가치가 있는 여행이 되었다는 평가를 듣게 됩니다.

그 후 갈 때는 부관 훼리로, 돌아올 때는 서울에서 비행기를 탔습니다. 그동 안 우여곡절도 많아 매년 다양한 경험을 하게 되지만, 롯데관광 김기병 회장의 지원으로 한국의 미림여고와의 교류, 한양공업고등학교 김영재 교장과의 교류로 인한 자매 학교 협정, 단기유학 등을 실현할 수 있었습니다. 그 30여 년의 역사 는 한일 교육계의 역사이기도 하지만 차세대를 짊어질 아이들에게 결코 불행한 전쟁의 역사를 남겨서는 안 된다는 강한 교육 신념과 뼈아픈 체험에서 시작된 한일 미래를 약속하는 만남이기도 했습니다.

35년이라고 말하는 것은 간단하지만, 누구나 쉽게 흉내 낼 수 있는 역사는 아닙니다. 한일 근대사를 직시하고 그런 아픔을 넘어서려는 노력은 물론, 진정 한 교육적 사랑을 이해하는 많은 사람들의 지원에 의해서만 가능했던 '우정의 약속' 그 자체입니다.

어떠한 상황에서도 굴하지 않는 강한 의지로 한 발씩 이루어 온 한일 민간인 교류. 역사에 남을 만큼 두터운 성원과 그것을 지키려는 움직임도 활발해지고 있 습니다. 그것은 한·일 간의 소중한 재산이며, 사회로 나간 15,000명 이상의 추 억이 가득 찬 기억의 앨범이기도 합니다. 그 앨범을 만든 후지타 데루키요 이사장의 용기 있는 행동력과 추진력이 없었다면, 지금의 한국과의 기억도 없었겠지요. 전쟁과 비참한 아픔을 알기에 그 아픔을 넘어서려고 무던히 애써 온 후지타 이사장은, 한국에서 일본이 지배했던 만35년간의 식민지 기간을, 적어도 35년간의 수학여행을 통해 그 역사의 상처자국을 조금이라도 신뢰 관계로 구축하며 우호 관계를 이어 가려는 자신의 신념을 관철했습니다. 80세의 후지타 데루키요의 교육적 신념과 민간인 교류, 국제화 세계의 인재 육성과 한일의 미래를 생각한 뜨거운 열정은 처참했던 폐허와 가족 희생이 있었기에 결코 식을 줄 모릅니다.

2009년 6월 12~13일에 도쿄가쿠게이 대학교와 나라 교육대학교, 공주 대학교가 공동 주최한 백제문화 국제 심포지엄에 참석한 후지타 데루키요 이사장의 장남이자 치벤가쿠엔 와카야마(和歌山) 초/중/고 일관제 학교 후지타 기요시(藤田淸司) 교장은 그동안 이어 온 35년간의 한일 청소년 교류 및 수학여행을 통한 풀뿌리 교육 협력의 결과를 내일의 한일 사회의 재산으로 이어 갈 것을 역설하였습니다. 후지타 데루키요의 미래를 향한 굳은 신념은 그의 가족과 주변 사람들에게 계승되고 있습니다.

결코 이기적 무력침략으로 전쟁을 일으키고 죄없는 수많은 사람들을 학살하는 잔인한 미래를 만들어서는 안된다는 그가 남긴 평화교육에 대한 신념은 글로벌 시대의 교육자가 가져야 할 기본적 자세이자 거울로 영원히 남겨질 것 입니다.

❏ 후지타 데루키요(치벤가쿠엔 이사장)

## 생각해 봅시다

  35년을 한결같은 신념으로 추진해 나갈 수 있는 일이 있다고 하면, 우리는 무엇을 할 수 있을까요? 후지타 데루키요를 움직인 한국과의 교류, 그것은 일본과의 교류를 계속하는 한국 측의 역사이기도 합니다. 그 역사에 의해서 우리는 전쟁이 없는 현재의 한·일 관계를 향유하고 있다고 말할 수 있습니다. 그 평화를 지켜 준 많은 사람들에 대해 생각해 보고, 미래를 짊어질 청소년에게 건전한 내일을 위해 무엇을 전해야 하는지 깊이 생각해 봅시다.

## 【참고 문헌】


「치벤가쿠엔고교 후지타 데루키요 교장」, 『롯데 관광 뉴스』 제106호, 1994년 가을호.
「대통령 표창」, ≪한국 여행 신문≫, 1994년 9월 30일.
「한국 대통령 표창을 받고」, ≪사학 시보≫, 1994년 11월 20일.
「후지타 교장에 한국 대통령 표창」, ≪나라신문≫, 1994년 9월 30일.
「한국으로부터 대통령 표창」, ≪와카야마(和歌山) 신문≫, 1994년 9월 30일.
≪서울 신문≫, 2005년 4월 21일.
≪매일 경제≫, 2005년 4월 21일.
≪중앙 일보≫, 2005년 4월 21일.
「후지타 데루키요 · 치벤가쿠엔 이사장」, ≪아사히(朝日)신문≫, 2005년 9월 27일.
「한국 정부 후지타 치벤가쿠엔 이사장에게 산업 포장」, ≪나라신문≫, 2005년 9월
　　　25일.
후지타 데루키요, 「제군, 이웃을 사랑하라」, ≪나라신문≫ 연재, 2004년 12월~2005
　　　년 7월. 본 자료는 치벤가쿠엔 고등학교에서 제공받음.
[백제문화 국제 심포지엄]에서 만난 후지타 기요시 교장과 필자와의 인터뷰 참조.
http://japanese.tour2korea.com/12Home/Notice_Read.asp?oid=1138&iPageToGo=1
http://www.zenshigaku-np.co.jp/others/2003/others2003081319010903.html
http://japanese.chosun.com/site/data/html_dir/2005/04/20/20050420000056.html
http://www.asahi.com/obituaries/update/1205/OSK200912050087.html?ref=rss
http://www.mainichi.jp/select/person/news/20091218ddn041060013000c.html


(담당: 이수경)

## 16

## 일제 강점기의 민심을 소설로 나타낸 나카니시 이노스케(中西伊之助)

나카니시 이노스케(中西伊之助, 1887~1958)는 소설가이자 평생을 다양한 사회운동에 몸 바쳐서 싸워 온 파란만장의 삶을 보낸 인물입니다. 그는 1922년, 어느 누구도 한국과 관련한 작품을 적으려고 하지 않았을 당시, 한국을 무대로 한 장편소설『적토에 싹트는 것(赭土に芽ぐむもの)』(改造社출판)으로 문단에 데뷔해 사회적인 센세이션을 일으켰습니다. 일본의 가혹한 식민지 정책하에서 생활의 터를 잃은 한국 민중의 모습을 소설 등으로 그려 내는 한편, 식민지 해방을 위해 싸우는 사람들과의 교류를 통해 많은 지원을 아낌없이 했습니다.

### (1) 그의 행보

그의 고향은 녹차의 명산지로 알려진 교토의 우지(宇治)입니다. 복잡한 가정 사정 때문에 14세 때부터 화약공장이나 철도 차고에서 잡부로 일을 했습니다만, 공부를 하고 싶은 마음을 버릴 수가 없어서 러일 전쟁 때는 츠시마(對馬)의 해군 수리공장에 가서 학비를 저축하여 도쿄로 갑니다. 가서 우선 크리스트교리에 깊은 관심을 갖다가 자신도 포함되는 약자나 가난한 자를 구하기 위해 사회주의 이론을 공부합니다.

20대 전반에 재혼한 어머니가 계시는 평양으로 건너가 ≪平壤일일신문≫ 기자로서 초대총독으로 무단정치를 행했던 데라우치 총독 공격이나 일본 기업의 노동자 학대를 폭로하였기 때문에 신용훼손죄로 4개월간 감옥에 들어가는 등 그의 강한 정의감을 발휘했습니다. 출옥 후 그는 만주를 돌아본 뒤 1913년에 일본으로 귀국하여 아직 노동조합이 결성되지 않아서 비참한 상황에 놓여 있던 철도노동자를 위하여 1919년에 교통노동조합을 창립하여 초대 이사장이 되었습니다. 대우 개선의 요구를 외치며 약 6개월간의 노동쟁의를 벌여서 다시 감옥소에 수감되었고, 출감 후에 적은 소설이『적토에 싹트는 것(赭土に芽ぐむもの)』이었습니다. 그 뒤, 다시 한국을 무대로 한 해방운동가들의 이야기인『너희들의 배후에서(汝等の背後より)』나『농부 기헤이의 죽음(農夫喜兵衛の死)』,『사형수와 그 재판장(死刑囚とその裁判長)』등의 작품을 차례로 발표하며, 잡지『씨뿌리는 사람(種蒔く人)』,『문예전선(文芸戰線)』에 참가하여 프롤레타리아 문학작가로서의 부동의 지위를 얻게 되는 것입니다. 그 뒤 농민자치회를 창립하여 농민운동을 전개, 합법무산정당의 간부로서도 활약하고, 또 변호사 후세다츠지(布施辰治, 앞의 내용 참고)의 가르침을 받으며 사법제도 개혁에도 적극적으로 발언을 합니다. 전시하에서는 자기의 신념을 굽히지 않고 군국주의에 영합하지 않았고, 전후에는 일찌감치 사상이념을 초월한 인민문화동맹을 결성하여 잡지『인민전선(人民戰線)』을 발행, 공산당의 중의원의원도 2기를 지냅니다.

## (2)『적토에 싹트는 것(赭土に芽ぐむもの)』과 그 외의 작품

『적토에 싹트는 것』은 지금도 나카니시의 대표작으로 꼽히고 있습니다. 이 소설에는 김기호(金基鎬)라는 농민과 일본인 신문기자인 마키시마(槇島久吉, 작가 자신이 우지의 마키시마 출신이란 점에서 본인을 그림)라는 두 사람의 주인공이 있습니다. 김기호는 일본의 토지수탈정책 속에서 강제적으로 농지를 뺏기고 살아갈 희망을 잃어버리고 살인사건을 일으킨 사형수라는 설정입니다. 한편, 마키시마는 강한 정의감으로 탄광 노동자 학대의 고발기사를 적어서 투옥됩니다만 그는 우연히 김기호와 같은 방에 배치되어 서로 동정하게 되고, 그 뒤 김기호의 처형 직전의 모습을 보고선 큰 충격을 받고 민중을 위해 앞으로도 싸울 것을 맹세하며 방랑의 길을 떠납니다. 한국을 소재로 그려진 소설에는 그 외에도『(불령선인)不逞鮮人』,『(너희들의 배후에서)汝等の背後より』가 있습니다만, 두 작품 다 불굴의 의지로 식민지 해방을 추구하는 운동가들의 모습이 절실하게 그려져 있습니다.

## (3) 수필 「조선인을 위해 말한다(朝鮮人のために弁ず)」

나카니시는 자주 한국을 방문하였습니다. 한일 근대문학 연구자인 권영민은 그의 방문은 3·1운동을 기점으로 하여 그 취지가 달라진다고 지적합니다. 즉 3·1운동 전의 방문은 신천지 한국을 꿈꾸고 있던 나카니시의 기대가 무단통치하의 암담한 상황을 목격한 뒤 부서지고, 여기서부터 그의 문학적·사상적 원

점이 형성되었다고 보고 있습니다. 그리고 3·1운동 이후의 그의 조선 방문은 사회적·계급적 조직과의 관계에서 행해진 것이며, 예를 들면, 1925년 8월, 나카니시는 여성해방운동가인 오쿠 무메오(奧むめお)와 함께 화요회, 무산자 동맹, 조선노동당, 북풍회의 4단체의 초청으로 서울을 방문했습니다. '사상 대 강연회' 등의 격렬한 연설은 많은 민중들의 공감을 불렀으며, 그의 동향은 ≪동아일보≫ 등 주요 각지에 소개되어 조선인 활동가나 작가들은 일본인 작가이면서 "용감하게 우리들의 외침을 호소하는 자는 나카니시 씨뿐이다."라며 그의 언동과 작품에 많은 것을 배우려고 했습니다.

나카니시는 일본에서 하던 일을 접고 어머니가 계신 한국으로 건너왔지만, 식민지의 참상을 보고서는 한국의 사회나 역사를 다시 배우며 한국 사람의 마음을 자기 마음처럼 헤아리는 데 노력을 다했습니다.

1923년 9월의 관동대진재 때, 유언비어로 인해 죄도 없는 한국인이 6,000여 명이나 학살당한 사건을 접한 나카니시는 즉시 「조선인을 위해 말한다(朝鮮人のために弁ず)」(1923년 12월 『후진고론(婦人公論)』)란 글을 공표합니다. 주요 부분을 여기에 인용해 보도록 하겠습니다.

"조선은 오히려 일본보다 선진국이라 하여도 결코 과언은 아닙니다. 그 4,000년 역사는 웅변으로 이것을 증명하고 있습니다." 근대에 와서 정한론이나 청일 전쟁이라는 "역사적 사실에 휩쓸려 온(조직당해 온) 일본인보다 훌륭한 조선. 일본인의 두뇌에서 오랜 역사상 광휘로 넘쳐 온 조선의 역사를 완전히 말살해 버린 것입니다." "나는 도리어 묻노라. 이번 조선 사람들의 폭동의 유언비어는 이 일본인이 잠재의식에서 니온 자연스런 폭발은 아니었던가? 이 어두운 환영(幻影)에 대한 이유 없는 공포는 아니었던가?" "조선 및 조선인에 대한 일본인의 근대적 지식은 내가 보기에 전혀 없다고 해도 과언이 아니겠고, 그에 대한 지식의 보급이 완전히 결여되어 있다고 해도 결코 잘못된 내용은 아닐 겁니다." "조선은 4,000년의 역사를 지닌 동양의 군주국입니다. 유교의 감화는 세 살배기 어린 아이까지 파급되어 있습니다." "조선 민족은 평화의 민중입니다." "조선은 예술의 나라입니다. 동양의 형상미술은 오히려 조선이 그 발상지라고 하여도 결코 과언이 아닙니다." "조선은 경승지의 국토입니다. 그 웅대한 산수는 일본과 비교해도 결코 뒤지지 않을 뿐 아니라 오히려 훨씬 우월하다는 것을 나는 늘 느끼는 바입니다." "조선인은 사귀기 쉽고, 서로 사랑하기 쉬운 민족입니다." "일본인이 생각하는 광폭한 민족성은 그 어디에도 볼 수가 없습니다." "나는 일본인에 대해서 결코 많은 것을 바라지는 않습니다. 사랑하는 동포로서 믿어야 할 붕우(친구)민족으로서 그 아름다운 반도의 사람들을 친절한 마음으로 이해해 주길 바라는 바입니다." "일본의 형제여, 부디 그대들의 머릿속 깊은 곳에서 검은 환영이 되어 있는 조선인을 지워 버려 주시오."

그야말로 당시 일본인의 차별의식을 정확하게 지적하고 있습니다만 이 같은 발언을 한다는 자체가 관동대지진의 암운이 가시기 전이었던 만큼, 대단히 용기가 필요한 행동이었다고 생각할 수 있습니다.

□ 교토 우지시에 걸린 나카니시의 기념플레이트(촬영 이수경)

### 생각해 봅시다

나카니시 이노스케가 이같이 조선 및 조선인에게 깊은 이해를 가지려고 노력했던 계기는 무엇이었을까요? 왜 그 당시에는 조선을 배경으로 한 소설이나 작품이 안 나왔을까요?

## 【참고 문헌】


다카야나기 도시오(高柳俊男), 「나카니시 이노스케와 조선(中西伊之助と朝鮮)」, 『三千里』 제29호, 1982년 2월.

『일본 프롤레타리아 문학집 6 나카니시이노스케집(日本プロレタリア文學集・6 中西伊之助輯)』, 신니혼슛판사(新日本出版社), 1985년 7월.

오와타 시게루, 『社會文學・一九二〇年前後』, 후지슛판(不二出版), 1992년 6월.

권영민, 「나카니시 이노스케와 1920년대의 한국 계급문단(中西伊之助と一九二〇年代の韓國階級文壇)」, 『社會文學』 제7호, 1993년 7월.

나카니시 이노스케 연구회 공식 홈페이지. http://nakanishiinosuke.kir.jp


(담당: 오오와다 시게루)

## 17

## 한국에 즉석면을 전수한 오쿠이 기요스미(奧井淸澄)

일본의 대표적인 식품회사 묘죠(明星) 식품의 창업자인 오쿠이 기요스미(奧井淸澄)는 일본의 인스턴트 면에 영향을 준 것뿐만 아니라, 한국의 인스턴트 라면 탄생에도 큰 공헌을 한 인물입니다. 그의 한국과의 관계에 대해 살펴보도록 합시다.

### (1) 한국 즉석라면 탄생의 비화

2005년 말, 젊은이에게 인기가 있는 도쿄 오다이바(お台場)의 후지TV 사옥 입구에는 붉은 부스가 설치되어 한국의 신라면 판매와 홍보에 열심인 모습이 눈에 띄었습니다. 그리고 2009년 현재, 동네 슈퍼마켓 어디에나 신라면 등의 한국 라면이 진열되어 있습니다. 다양한 맛의 인스턴트 라면을 세계시장에서 판매하고 있는 신라면은 많은 일본산 즉석면이 경쟁하는 일본에서만도 2004년의 매상이 약 20억 엔이 됩니다. 거기에는 신춘호 회장의 '한국인이 맛있다고 생각하는 것은 세계에서도 인정받는다.'라는 신념에 근거한 상품개발과 시장전략에 있다고 평가되고 있습니다. 이와 같이 세계적으로 규모를 넓히고 있는 한국의 즉석라면은, 독자적인 면류나 맛을 도입하고 있어 그 종류도 풍부합니다. 고추나 야채, 고기와 생선 등으로 좋은 맛을 낸 스프를 면과 함께 삶아 먹는 즉석면은 연간 38억 식을 생산하는 인기 식품입니다.

이런 즉석라면이 한국에서 탄생한 것은 한국전쟁의 상흔이 남아 있는 1963년 9월의 일입니다.

한국 라면의 종가라고 불리는 삼양(천·지·인을 배양하고자 하는 소원을 나타냄)식품은 전중윤(2010년 현재 89세)에 의해서 창업되었습니다.

전중윤은 동방생명이란 보험업을 하고 있던 50년대 후반에 도쿄에서 발매된 지 얼마 되지 않은 즉석면을 보고선 그 편리성에 매료됩니다. 일본에서는 1958년 8월에 뜨거운 물을 부어 3분 만에 먹을 수 있는 세계 최초의 즉석면이라고 하는 '치킨 라면'이 발매되었고, 1960년에는 묘죠식품이 '묘죠 양념라면'을,

1962년에는 양념된 것이 아닌 스프 별첨의 '시나(支那) 죽순 장아찌 첨부 묘죠 라면'을 발매하는 등 젊은이들 사이의 인기와 더불어 일본의 즉석면 시장은 확대되어 갑니다. 간단·편리·싼 가격의 매력을 가진 즉석라면이 일본에서 유행하고 있던 1960년대 초반, 한국의 전중윤은 우연히 지나가던 남대문 시장에서, 한 그릇의 죽을 사기 위해서 줄을 서 있는 사람들을 보고, 한국에서도 싸고 영양 있는 음식 보급이 우선과제라고 인식합니다. 그리고 도쿄에서 맛본 즉석면을 어떻게 한국에서 생산·보급할 수 없을까라고 생각해 일본의 여러 라면 메이커를 찾아다녔습니다. 그러나 일본은 이미 즉석면의 경쟁이 격렬한 시대였던 만큼, 어느 회사도 즉석면의 제조기술이나 제면기계 등을 양보해 주지 않았습니다. 1963년 봄, 전중윤은 묘죠 본사를 방문해 당시의 오쿠이 기요스미 사장에게 한국전쟁 후의 식량부족 사정과 한국에서의 즉석면 제조에 대한 협력을 호소합니다. 오쿠이 사장은 그 사정과 열의를 받아들여, 민간교류 차원으로 제조기술의 무상공여 등을 약속합니다. 그리고 설비를 저렴한 가격에 제공하였으며, 기술자의 한국 파견 등을 준비해 주는 등 한국의 즉석면 보급에 공헌했습니다. 그 결과, 1963년 9월에 삼양식품은 상공부로부터 경제적 지원을 받아, 한국 최초의 즉석라면을 발매하게 되었습니다. 그로부터 47년의 역사를 가지는 한국의 라면은 고추나 김치 등 다종다양한 맛과 면류의 개량을 거쳐, 현재는 해외 70개국에 수출하고 있습니다.

## (2) 묘죠의 창업자 오쿠이 기요스미

세계적으로 연간 700억 개 이상이 소비되는 즉석면은, 중국(홍콩을 포함), 인도네시아, 일본, 미국, 한국이 세계 총수요국의 상위 5개국이 됩니다. 2003년도의 일본 즉석 식품 공업협회의 데이터를 참고하면, 그 상위 5개국의 수요만으로도 516억 8천만 식이 됩니다. 이렇게 방대한 소비식품이 된 즉석면은 양념된 면, 스프 별첨, 용기면 등으로 분류할 수 있습니다. 그중에서도 묘죠식품은 스프 별첨 라면의 선구자로 라면업계에 선풍을 일으켰습니다. 일본을 대표하는 즉석면 회사의 하나인 묘죠는 1950년에 오쿠이 기요스미와 야와라 마사모토(八原昌元) 등이 중심이 되어 창설됐습니다. 오쿠이 등은 그때까지와 다른 세계에 뛰어들어, 악전고투를 반복하면서 독자적인 라면 연구에 진력해, 1962년에는 이탈리아의 파스타·리치사와 제휴하였고, 스프 별첨인 라면 개발에 성공합니다. 그다음 해, 43세 전중윤이 정력적으로 즉석면업계를 개척하고 있던 오쿠이 기요스미를 방문하게 됩니다.

오쿠이 기요스미는 1922년 3월 12일, 교토부(京都府) 가사군(加佐郡) 신마이즈루마치(新舞鶴町)에서(현·마이즈루시(舞鶴市)) 아버지 오쿠이 만조(奧井萬藏)와 어머니 후사(奧井ふき)의 차남으로 태어났습니다. 1928년 4월에 신마이즈루(新舞鶴) 신죠(尋常) 고등초등학교 초등과에 입학해, 1934년에 같은 학교 고등과에 진학하여, 1936년에 사립 후쿠치야마(福知山) 상업학교에 진학합니다. 1939년에 졸업한 기요스미는, 야스다(安田) 은행(현·미즈호 은행)에 입사해, 호리에(堀江)서(西)지점의 서기보로 배속되어 은행에서 근무를 하게 되지만, 전쟁 중이었던 점과 인간관계 등으로 인해 1942년 5월 11일에 은행을 퇴사합니다. 그 후 수개월을 고베(神戶)의 고무 회사인 '동양고무'에서 근무하지만, 같은 해 12월 1일에 임시 소집을 당해 효고(兵庫)현의 제2항공 교육대 제3중대에 입대합니다. 다음 해인 1943년 8월부터 간부 후보생으로 채용되어 시가(志賀)현과 센다이(仙台), 도쿄도 스기나미(杉並)구 등으로 옮겨 다녔으며, 1945년의 패전으로 소집해제가 되었을 때는 중위의 자리에 있었습니다. 그 후 자동차 수리공장이나 부품판매 등을 전전하는 가운데, 절친한 친구가 되는 야와라 마사모토와 만나게 됩니다. 그리고 우여곡절을 거쳐 1950년 3월 28일, 법인 등기를 끝내고, 오쿠이 기요스미와 야와라 마사모토, 야와라의 백부인 야와라 마사테루(八原 昌照) 등 7명이 창립 발기인이 되어, 도쿄 무사시노(武藏野)시 기치죠우지(吉祥寺)에 묘죠식품 주식회사를 창립하게 되었습니다. 냉국수나 소면 등 마른 국수의 제조에서부터 라면제조회사로 변모하면서, 제면기술이나 스프의 양념, 설비문제와 자금부족 등 다양한 곤경에 처하면서도, 명실 공히 일본을 대표하는 라면회사의 하나로 성장해 나갑니다. 지금은 대기업이 된 묘죠의 성장을 위해 헌신적으로 일한 오쿠이 기요스미는 1973년 1월 6일, 50세의 젊은 나이로 타계하였고, 같은 해 1월 11일에 츠키지(築地)의 혼간지(本願寺)에서 2,000명이 지켜보는 가운데 장례식이 치러졌습니다.

## (3) 전중윤과 오쿠이 기요스미의 만남

1963년 4월 초, 전후 한국의 식량 사정을 전중윤으로부터 들은 오쿠이 기요스미는, 한국전쟁의 특수경기로 돈을 벌어 심각한 경제 상태를 회복시킨 적도 있어, 민간 외교의 관점에서 전면적으로 협력하겠다고 흔쾌히 허락합니다. 오쿠이 기요스미도 바로 1년 전에 이탈리아의 리치 사장으로부터 호의적으로 스프 별첨의 라면기술을 제공받아, 그 후 라면의 전통을 구축했던 만큼, 한국에도 그 이익의 일부를 나눠 주고 싶었는지도 모릅니다. 그러나 다른 회사는 자신의 기술을 숨기거나 고액으로서 거래를 하려 할 때, 기요스미는 기술료를 무상으로 해, 제조장치도 실비로 제공했습니다. 전중윤은 후에, "한국이 일본으로부터, 무상, 무기한의 기술공여를 받은 예는, 이 이전에도 이 이후에도 없을 것이라고 생각합니다. (중략) 그 이후로 저는 묘죠식품에 대한 감사의 마음을 잊은 적이 없습니다."라고 말했습니다. 그리고 전중윤이 교토의 아라시야마(嵐山) 공장에서 10일간의 실습을 끝내자 그 사이 전중윤의 신원조사, 신용조사를 끝낸 기요스미는 정식으로 각서에 조인해 계약을 체결합니다. 각서의 제8항에는 일본에 삼양제품의 역수출은 할 수 없다고 규정되어 있습니다. 그 때문에, 품질이나 녹황야채를 독자적인 맛으로 개량해 세계적인 식품기업으로서 평가받고 있는 삼양라면이지만, 그 약속을 계속 지키기 위해서 일본에는 수출을 하고 있지 않습니다.

기업가로서의 양심과 신뢰성, 사회적 책임을 느낀 두 사람의 만남에 의해서 태어난 삼양라면은 1963년 9월, 120그램짜리 1봉지에 10원으로서 한국 사회에 소개되었습니다. 처음에는 제조문제나 제품보급문제 등으로 적자가 계속되었지만, 1966년부터 '삼양라면'은 한국정부의 고도경제정책화 움직임의 영향 속에서 폭발적인 인기를 얻게 됩니다. 그리하여, 지금은 한국을 대표하는 식품기업의 하나가 된 삼양식품은 "제품이 공장에서부터 고객의 입에 닿을 때까지 최상의 상태가 유지되도록 마음을 담아서"라고 한 기요스미의 말을 공장에도 걸어 두고 있으며, 2009년 현재, 120그램짜리 1봉지가 750원으로 판매되는 '삼양라면'의 상품에도 '안전한 식품'이라고 적어, 즉석라면의 개량·발전과 지구촌 모든 이들의 건강을 위한 라면 제조에 공헌하고 있습니다.

○ 과정표

1950년 묘죠식품은 자본금 100만 엔으로 창업, 마른 국수 및 우동의 제조·
　　　　식량청에 납품
1954년 오쿠이 기요스미, 일본 최초 마른 국수의 실내 이행식 자동 건조기를
　　　　개발
1959년 즉석면의 개발에 착수
1962년 이탈리아의 파스타·리치사와 제휴해, 스프 별첨의 라면을 개발
1963년 묘죠 리치(주)를 설립. 한국의 삼양식품에 기술 공여, 한국에서 최초
　　　　의 즉석라면이 등장
1966년 묘죠 차르멜라 발매
1970년 싱가포르 묘죠식품(주) 설립, 대만의 미왕(味王)발효 공업과 베트남의
　　　　월남천향미정(越南天香味精)에 기술 공여
1973년 오쿠이 기요스미 사장, 50세로 사망
1978년 미국과 말레이시아에 묘죠식품(주)을 설립

그 후 창업에 참여한 야와라 마사모토가 사장에 취임해, 착실하게 신제품을
개발하고 있으며, 2005년 9월 30일 대차대조표에 의한 자산 합계는 380억 엔의
기업으로서 성장을 계속하고 있다.

□ 삼양식품 전중윤 회장

□ 오쿠이 기요스미

### 생각해 봅시다

한국전쟁으로 인해서 식료품 부족에 고생하던 국민에게 값싸고 편리하게 섭취할 수 있고 영양 있는 음식을 제공하려고 노력하던 전중윤과 그 취지를 이해하여 무상으로 기술을 제공한 오쿠이 기요스미. 그 만남에서 두 사람은 어떤 약속을 하게 됩니다. 삼양식품이 발전해 뛰어난 제품을 생산하게 된다 하더라도 일본에는 수출하지 않을 것. 그리고 40년이 지난 지금, 세계적 레벨의 즉석라면회사가 된 삼양 그룹의 전 회장은 일본에만은 수출을 하지 않겠다고 한 약속을 계속 지키고 있습니다. 이 두 사람의 약속은, 자신들의 사리사욕이나 인의를 무시하고 금전욕으로 움직이는 삭막한 사회가 되고 있는 오늘날, 신뢰관계를 유지하는 비즈니스사회의 양식 있는 행동으로서 시사하는 바가 큽니다. 한일을 넘어선 두 기업가의 만남과 약속에 대해서 다시 한 번 생각해 봅시다.

【참고 문헌】


(주)에이시시(ACC) 편, 『면 만들기, 맛 만들기: 묘죠식품 30년의 발자취』, 묘죠식품, 1986년.
야와라 마사모토(八原昌元), 『면 담의』, 치쿠마슈한사(千曲秀版社), 1989년.
사사키 아키라(佐々木亮), 「즉석면 번성기 매운 것이 자랑, 신상품 잇달아」, ≪아사히(朝日)신문≫ 2005년 5월 25일, 석간, 3항.
일본 즉석식품공업협회 http://www.instantramen.or.jp/data/data02.html
묘죠식품 http://www.myojofoods.co.jp/a/a_ff.html
삼양식품 http://www.samyangfood.co.kr/customer/c_view.asp?gubun=notice&seq_no=18
한림대학의료원 http://www.hallym.or.kr/~webzine/200011/2025.htm
http://kr.ks.yahoo.com/service/ques_reply/ques_view.html?dnum=KAK&qnum=4405821
http://kr.ks.yahoo.com/service/ques_reply/ques_view.html?dnum=KAK&qnum=4157847
kttp://www1.meijigakuin.ac.jp/~osiosemi/research_1.htm

(담당: 이수경)

## 18

## 한국 여성문제를 파헤친 마츠이 야요리(松井やより)

마츠이 야요리(松井耶依, 1934~2002)는 '아시아 여성의 모임'을 발족해 한일연대운동을 중심으로 섹스 관광 반대에서부터 '위안부' 문제까지, 폭넓게 활약한 저널리스트이며 활동가입니다.

### (1) 한국과 관련하게 된 계기와 그 활동

마츠이 야요리(松井やより)는 1961년에 도쿄 외국어대학 영미과를 졸업 후, 아사히(朝日)신문사에 입사했습니다. 남성 중심의 언론사회 속에서 여성기자로서 차별을 받으며, 공해 · 환경 문제 · 여성 문제 · 차별 문제 등을 중심으로 기사를 써 갔습니다. 그중에서, 공해에 반대하는 주민운동을 뒷받침해 준 것은 여성이었으며, 그로 인해 환경 문제와 여성 문제가 결합되어 있는 것을 알았습니다. 또한 일본의 경제고도성장과 함께 심각해진 공해 문제가 아시아에 대한 공해수출의 문제로 나타났습니다. 한국 · 대만 등 공해물질이 나오는 공장을 아시아에 옮긴 일본의 기업을 찾아 아시아로 취재여행을 떠났으며, 환경 문제는 관광개발 문제와도 관련되어 있다는 것을 알았습니다.

마츠이는 1973년 7월, 한국 서울의 김포공항에서 '매춘관광 반대!'라고 하는 데모 기사를 읽었습니다. 거기에 흥미를 가지고 한국 여성들이 '기생관광(기생은 조선왕궁의 궁기학생을 의미하지만, 이곳에서는 70, 80년대의 일본인 남성들이 관광 명목으로 행한 매춘행위를 뜻함)'에 항의했다고 하는 내용의 기사를 썼고, '기생관광에 반대하는 여성들의 모임'을 만들어 활동했습니다. 이 활동으로, '매춘(賣春)관광 반대'를 '매춘(買春)관광 반대'로, '賣春'을 '買春'이라는 말로 바꾸어, '買春'이라는 새로운 말을 탄생시켰습니다. 이후 일본어 대사전인 『고우지엔(廣辭苑)』에도 실리게 되었습니다. 후에 '기생관광 문제'는 섹스투어로서 국제 문제가 되었습니다. 이러한 활동에 의해 한국의 여성 활동가들과 연결되게 되었습니다.

1977년 3월 1일, 한국의 '3 · 1독립운동'(1919년 3월 1일에 일어난, 항일 독립

민족운동)을 기념하는 그날을 택하여, '아시아 여성들의 모임'을 발족했습니다.
그 이유는, 1919년 3월 1일, 일본의 식민지에 저항해 독립운동 중에 옥사한 16
세의 소녀 유관순의 정신에 보답하기 위해 '일부러' 이날을 택했다고 합니다.
그 무렵, 한국은 군사독재정권하에 있었으므로 민주화운동에 의해서 여성을 포
함한 많은 사람들이 고문을 받거나 투옥되었습니다. 그런 상황 속에서 독재정권
과 싸우고 있는 한국 여성들의 용기에 깊은 감명을 받고 '한일 여성연대운동'을
펼쳐 갔습니다. 한국의 독재정권을 일본이 정치적·경제적으로 지지하고 있다
는 점에서 그 책임을 느꼈기 때문입니다. 또한 『아시아와 여성해방』이라고 하
는 기관지도 펴냈습니다. 이 기관지는 한국문제는 물론, 대만·한국에서부터 동
남아시아에 퍼져 간 섹스투어 등에 관한 '매춘관광'을 비롯해 '문화침략', '전쟁
책임'과 일본과 관련된 아시아 전체의 문제로서 제시해 나갔습니다.

 1980년에 일어난 '광주사건' 때에는, 항의집회와 추도집회를 여는 한편, 비밀
리에 광주에 잠입해 사건 희생자와 그 가족을 만나고 왔습니다. 그 후에도 한국
의 민주화 운동을 짊어지고 있는 많은 여성들과 만나거나, 그러한 문제들을 제
시해 갔습니다. 독재정권하에서 싸우고 있던 한국의 여성들은 일본에서 함께 싸
워 주고 있는 것과 그 격려로 인해 큰 힘을 얻었습니다.

## (2) '위안부' 문제와 '여성국제전범재판'

 90년대에 들어와 전쟁 중에 일본군의 성노예가 된 '군 위안부' 문제가 큰 운
동으로 부상했습니다. 마츠이는 이전부터 그 취재 등으로 관련되어 있었지만
이 '위안부' 문제로 한국의 여성 운동가들과 더 긴밀한 관계가 되었습니다. 한
국만이 아니라 아시아의 다른 나라에서도 옛날 '위안부'였던 사람들이 자신을
당사자라고 밝히고 나서게 되어, 일본에서도 활발히 집회가 열려 옛 '위안부'들
의 증언은 계속되었습니다. 그리고 점점 이 문제는 세계에 널리 알려지게 되었
습니다.

 '위안부'들은 일본정부에 대해 배상을 요구했지만, 샌프란시스코 평화조약과
한일배상협정으로 해결 완료되었다는 얘기만이 되돌아왔습니다. 그래서 이 '위
안부'제도가 '강제 매춘'이 아니라 '성노예제'였다고 평가했고, 또한 도쿄재판에
서 '성노예제'에 관해서는 책임자에 대한 처벌 등이 전혀 다루어지지 않았던 점

을 문제시했습니다. 그것이 마츠이 등이 생각해 도쿄에서 개정하게 된 '여성국제전범법정'이었습니다. 이 법정에서 '성노예제'는 인도(人道)에 반하는 죄라는 것, 당시 일본국가의 책임, 전쟁 중의 책임과 전후의 책임이 추궁되었고 그에 대한 배상책임을 요구했습니다.

과거를 숨기고, 정신적·육체적으로 힘든 인생을 보내고 있던 옛 '위안부'들에게는, 아직도 일본 정부로부터의 배상책임은 완수되지 않았지만, 이러한 운동의 힘은 살아가는 데 큰 버팀목이 될 것입니다.

덧붙여 말하면, 2006년 9월에 미국 정부의 하원은 2차 세계대전 당시의 일본군위안부 동원의 책임에 대해서 결의안을 채택하였고, 2007년 7월 30일에는 미국 하원에서 위안부 문제 결의안이 만장일치로 채택이 되었습니다. 위안부 문제는 20세기에 일어난 군국주의 아래서 파생한 여성 문제로서가 아니라, 인류 보편적 개념에서 보는 비인간적 인신매매 등의 인권 문제로서도 강력히 책임 추궁이 되어야 하고, 앞으로 결코 이런 비극이 되풀이되는 일이 없도록 해야 할 것입니다.


○ **과정표**

1934년 교토(京都) 출생

1961년 도쿄 외국어대학 영미과 졸업(재학 중, 미국 미네소타 대학, 프랑스 파리의 솔본느 대학에 유학)

1961년 아사히(朝日)신문사 입사, 사회부 기자

1981~85년 싱가포르 특파원

1985년 사회부 편집위원

1994년 정년퇴직

1994년 JFC넷트워크 결성

1995년 아시아 여성자료 센터 설립

1998년 VAWW – NET Japan 결성

2000년 여성국제전범법정을 개최

2002년 사망

□ 마츠이 야요리

마츠이 야요리는, 아시아 여성들과의 관계 속에서 일본의 전쟁범죄는 피할 수 없는 문제라고 인식했습니다. 그러나 많은 일본인은, 똑같이 인식을 해도 그것을 행동으로 나타내는 것을 피합니다. 마츠이가, 생각하면 즉시 행동으로 옮기는 것은 다른 사람이 좀처럼 흉내 낼 수 없습니다. '잘못된 것은 바로잡아야 한다.' '약한 입장에 있는 사람 편에 선다.' 이 생각은, 나라와 민족을 넘어 모든 것을 똑같은 인간으로 생각했기 때문이라고 생각합니다. 거기에는 어떠한 이해관계도 없는 순수한 마음만이 느껴집니다. 그러한 삶에 대해 생각해 봅시다.

【참고 문헌】

마츠이 야요리(松井 やより), 『사랑과 싸우는 용기』, 이와나미(岩波) 서점, 2003년.
VAWW - NET Japan 편, 『2000년 여성 국제 전범 법정의 기록』, 료쿠후(緣風) 출판.
마츠이 야요리(松井 やより), 『아시아의 여성들』, 쥰포(旬報)사, 1998년.
마츠이 야요리(松井 やより), 『여성이 만드는 아시아』, 이와나미(岩波) 신서, 1996년.
마츠이 야요리(松井 やより), 『아시아의 관광개발과 일본』, 신칸(新幹)사, 1993년.

(담당: 양예선)

한일 관계가 정상적인 관계를 벗어나기 시작한 19세기 후반, 열강의 각축 속에서 이루어진 불행한 근대역사를 총괄함에 진력해, 그 진실을 추구하는 것에 일생을 바친 역사연구자는 적지 않습니다. 착실하게 인간으로서의 도리를 관철시킬 정도의 신념을 기초로 한 연구 활동을 통해, 일본의 미래와 평화에 대해서 가르쳐, 일본에 의한 근대전쟁의 피해국들과의 꼬인 역사관계의 실태를 명백하게 밝히는 역사연구자가 있음으로써 현대의 동아시아 교류가 가능했다고 해도 과언이 아닙니다. 그 활동은 때로는 외교능력을 이끌어 내고, 국경을 초월한 시민 교류에도 큰 역할을 했습니다. 여기서는 일본 근대사와 한반도 관련에 업적을 가진 연구자의 일부를 소개하겠습니다.

## (1) 창씨개명과 황민화 연구에 노력하는 미야타 세츠코(宮田節子)

창씨개명이라고 하는 것은 한국인의 이름을 일본인처럼 바꾸는 것입니다. 한국 사람들이 사용하고 있는 '성'과 일본인이 사용하고 있는 '씨'는 다릅니다. 한국에서는 '성'은 남자 쪽의 혈통을 나타내고 있으며 그 '성'은 변하지 않습니다. 여성은 결혼해도 성에 변함이 없으며, 그 때문에 어머니와 아이가 다른 성으로, 일가수성(一家數姓)은 일반적입니다. 일본에서 사용하고 있는 것이 집의 칭호인 '씨'입니다만, 그 '씨'를 만들게 하려고 한 것이 '창씨제도'입니다.

창씨개명은, 1940년 2월 11일부터 실시되었습니다. 2월 11일은 휴일을 반납하면서까지 신고에 대비했습니다만, 총독부의 기대가 빗나가 '씨'를 개명하는 신청은 몹시 적었습니다. 일본인과 한국인은 차별 없이 똑같다는 '내선일체'의 명목으로 실행되었지만, 한국인에게 이름을 바꾸는 행위는 지금까지 가장 소중히 생각하고 있던 선조대대 계승해 온 것을 버리는 것과 같은 의미였습니다.

미야타 세츠코(1935년 출생)는 창씨개명을 강제적으로 실시해 가는 과정과 일본인이나 한국인 양쪽 모두의 입장에서 반대의 이유를 자세하게 실증하고 있습니다. 특히 주목할 것은, 한국인의 이름을 일본인처럼 바꾸는 것으로 인해, 일본인과 한국인의 구별이 어려워지지 않겠느냐는, 일본인의 반대의견도 많았다고 하는 것입니다. 일본인과 한국인은 차별이 없다고 하던 '내선일체'란 표면적인 것이었으며, 총독부는 한국인에 대해, 한국과 일본 사이의 호적 이동을 인정하지 않는 것과 한국인의 호적부에는 예부터 전해 오는 '성 및 본관'을 기재하도록 했습니다. 이런 것들을 보면 일본인과 한국인은 당연히 구별될 수밖에 없는 것입니다.

### (2) '황민화'정책에 대해서

미야타는 일본의 식민지 지배로부터 해방되었음에도 불구하고 지금 열정적으로 황민화정책에 대한 내면 싸움을 계속하고 있는 재일 한국인 친구를 보고 식민지정책에 대한 연구를 시작했으며, 지금도 그 연구를 계속하고 있습니다. 완전하게 일본인화된 한국인이 이번에는 한국인으로서의 민족적 주체성을 회복하기 위해서, '피나는 노력'을 하고 있는 모습을 보고, 한국인을 이런 상태로까지 몰아넣은 황민화정책은 도대체 어떠한 실태를 갖고 있었는지에 대해서 연구했습니다.

1937년의 중일 전쟁 전개와 함께, 식민지 한국에서 '내선일체'가 제창되었습니다. '내선일체'의 마지막 목표는, 한국인의 '완전한 황민화'에 있었습니다. 다시 말하면, 천황을 위해서 죽을 수 있는 한국인 병사를 만들어 내는 것을 가리킵니다. 그 때문에 한국인의 '황민화 정도'를 강화시키기 위해, 한국인 '황민화'를 위한 노력은 끊임없이 강요당하게 됩니다. 결국 한국인에 대한 완전한 '민족말살정책'을 의미해, 한국인이 한국인으로서 사는 것이, 즉 '황민화의 적'이었습니다.

민족차별로 괴로워하는 많은 한국인들은, '내선일체' 또는, '내선의 무차별 평등'이라는 말에, 말 그대로 '차별로부터의 탈출'이 가능하리라는 기대를 걸고 있었습니다. 그러나 그 기대와는 정반대로 '내선일체', '내선의 무차별 평등'이라고 하는 말은, 진정 한국인을 위한 것이 아니라, 한국인을 '황민화'시키는 수단에 지나지 않았습니다. 미야타 세츠코는 한·일 관계가 영원한 이웃인 이상, 역사적 사실을 정확하게 인식하는 용기 있는 태도가 필요하다고 역설하고 있습니다.

### (3) 올바른 역사를 통해 미래지향적인 역사관 함양을 주장하는
### 일본 사학자들의 노력

상기 외, 앞에서도 소개한 야마베 겐타로(山辺健太郎, 1905~1977)의 지대한 공적을 잊을 수는 없을 것입니다. 한일강제병합에 관련된 기밀문서 등의 귀중한 자료를 찾아내고 해석하여 일찌감치 『일한 병합 소사』, 『일본통치하의 조선』 등으로 엮어서 일본 사회에 제시한 야마베 겐타로의 연구 활동은 지금도 많은 한일 근대사 관련 연구자들에게 큰 영향을 미치고 있습니다. 또한 한국사와 청일 전쟁, 일본군 관계 등을 통해 일본의 식민지정책의 의도와 전쟁책임 등의 구명에 노력한 하타다 다카시(旗田 巍, 1908~1994), 이노우에 기요시(井上 淸, 1913~2001), 올바른 역사기술을 통한 교육을 주창하고 교과서 재판을 일으킨 불굴의 역사학자 이에나가 사부로(家永三郎, 1913~2002), 군인 출신이었기에 설득력 있는 역사관과 일본의 침략 전쟁 해부로 근대사 청산을 주창했던 후지와라 아키라(藤原彰, 1922~2003), 일본의 근대사와 청, 한국관계를 망라하며 침략의 실태를 규명한 나카츠카 아키라(中塚 明, 1929~), 운노 후쿠쥬(海野福壽, 1931~), 다케다 유키오(武田幸男, 1934~) 등을 들 수가 있습니다. 또, 전시하 관동대지진의 조선인 대학살 규명과 박열 연구로 근대사의 모순을 밝혀낸 야마다 쇼지(山田昭次, 1930~), 강제 연행관계를 조사한 히구치 유이치(樋口雄一, 1940~), 우츠미 아이코(內海愛子, 1941~)를 비롯해 이토 아비토(伊藤亞人, 1943~), 한일 공동 역사 교과서에 진력하고, 현재는 도쿄가쿠게이 대학을 정년퇴임 직전에 사임하고 서울대학 교수로 이적한 기미지마 가즈히코(君島和彦, 1945~), 식민지 문학 연구에 진력하며 한일문학관계사를 정립한 오오무라 마스오(大村益夫, 1933~), 미야지마 히로시(宮嶋博史, 1948~), 모리야마 시게노리(森山茂德, 1949~) 등의 학문적·역사적 업적은 높게 평가받고 있습니다. 그들은 자신을 돌아보고, 자신에 대해 엄격하게, 일본과 세계의 안정을 희망하기 때문에 불합리한 과거를 미화하기보다 밝은 미래를 후세에 남겨 줄 수 있도록 노력하고 있습니다. 그 노력에 의해서 국제 교류의 기반이 구축되고 있습니다.

또한 전시 중의 여성에 대한 성적 폭력과 차별을 행한 소위 '종군위안부'의 위안소에 군이 관여하고 있었던 증거자료를 사회에 고발하여, 지금까지 수치라고 침묵을 강요당해 이중 삼중의 정신적 고통과 정신적 외상으로 고민하고 있던 군위안부의 실태를 밝힌 요시미 요시아키(吉見義明, 1946~)를 들 수가 있습니다. 현재, 대학에서 역사를 가르치고 있는 요시미 요시아키 교수는 15년 전쟁 중의 독가스전 등이 전문이지만, 1991년에 종군위안부 문제와 관련된 후 당시의 실태를 명확히 해야 한다고 자료 찾기에 몰두해, 불리한 역사를 은폐하려고 한 군의 실태를 지적했습니다. 또한 전쟁과 종군위안부·여성 문제 등을 연구하는 스즈키 유코(鈴木裕子, 1949~)도 전쟁의 배경과 실태, 그리고 여성문제와 천황제의 폐단 등을 지적하여 근대사의 잘못과 문제소재에 대해서 명확히 하여 많은 연구자에게 영향을 끼치고 있습니다.

여기에는 극히 일부의 연구자들만 소개했습니다. 그 외에도 수많은 양심적 사학자들의 부단한 노력으로 인해 일본은 전후 65년간, 전쟁에 휘말리지 않고 평화와 복지, 인권의 나라 일본을 자랑으로 생각할 수 있게 되었다고 할 수 있습니다.

그러나 최근에 일부 정치가나 단체들의 우경화로 인해 일본의 무장화가 화제가 되고 있습니다. 군사대국인 일본이기에 항상 무력을 사용할 기회를 만들려고 하는 성향도 배제할 수 없습니다.

정치가들은 '애국'이라는 아름다운 말을 이용하여 민심의 환심 사기를 좋아합니다. 하지만 본질적인 그들의 정치적 야욕 속에서 희생이 되는 것은 항상 일반 시민이며 약자입니다. 현대전에서 잘 보여 주듯이 전쟁을 명령하는 사람은 가장 안전한 장소에 있으며, 자신의 이권을 다양한 명분으로 숨겨 놓고 있습니다. 전쟁이 발발하면 상대방도 상처를 입고, 이쪽에도 그 불똥이 튀게 됩니다. 그 때문에 과거의 전쟁이 얼마나 처참했었는지, 역사를 바로 아는 것이 우리들의 생활과 사회를 지키는 지혜로 연결됩니다. 여러분 주변에서 전쟁의 흔적을 찾아보고, 그 전쟁이 어떻게 일어났는지 한 번 생각해 봅시다.

❑ 유안진 시인과 윤동주 시를 낭독하는
스즈키 유코 교수

❑ 미야타 세츠코

❑ 최근의 역사관계에 대해 말하는 야마다 쇼지

## 【참고 문헌】


미야타 세츠코(宮田節子), 『조선민중과「황민화」정책』, 미래사, 1985년.
미야타 세츠코(宮田節子) 외, 『창씨개명』, 아카시(明石)서점, 1992년.
미야타 세츠코(宮田節子) 외, 『역사와 진실』, 쓰쿠마(筑摩)서방, 1997년.
미야타 세츠코(宮田節子) 편, 『조선사상운동개황』, [복각]후지(不二)출판, 1991년.
미야타 세츠코(宮田節子), 「조선사연구회의 20년과 나」, 『기간(季刊) 삼천리』, 20号.


(담당: 양예선, 이수경)

인간 평등의 실천적 연구자 가지무라 히데키(梶村秀樹, 1935~1989)는 일본에 있어서 한국 근·현대사의 대표적 연구자임과 동시에 재일 한국인의 차별 문제 등 약자의 지위 향상을 위해 다양한 운동을 적극적으로 전개한 사람입니다.

## (1) 한국근현대사 연구에 대해서

가지무라 히데키가 한국사에 관심을 가진 것은 도쿄대학 재학 중의 일입니다. 당시 도쿄대학에는 한국사 전문의 교수가 없었으며 한국 문제에는 별로 관심이 없었던 것 같습니다. 아무도 하지 않는 한국사를 선택하기에는 나름대로의 결심과 신념이 필요했다고 생각합니다. 거의 연구되어 있지 않은 조선 문제를 어떻게 풀어 갔을까요?

가지무라가 처음 배운 한국사의 세계는 그전부터 막연히 품고 있던 '수동적이고 비참한 이미지'와는 다른, 신선한 조선상을 발견할 수 있었고, 그것은 한 마디로 놀라움이었다고 했습니다. '자본주의의 생성의 문제'의 영역에서는 특히 그랬던 것 같습니다. 그는 나중에 사실을 고정관념에 사로잡히지 않고 분석해 가는 과정에서 '놀랄 정도의 발견이 있었다.'라고 했습니다.

그 후의 가지무라 한국사론의 식민지에 대한 역사의식은, '한일합방'이 조선 민족 동의하에서 수용한 것이 아니라, 단지 '일제'가 힘으로 밀어붙인 불의의 행위였다는 것과 같은 알기 쉬운 것이었습니다. 한·일 간 문제가 되고 있는 역사 문제는, 가지무라론에 따르면 대부분 문제가 되지 않으며, 영토 문제가 되고 있는 독도에 대해서도 많은 한일 쌍방의 자료를 근거로 하여 일찍부터 연구에 착수했습니다. 역사 문제의 애매함이 없으며 누구라도 이해하기 쉬운 논리 전개입니다. 역사의 모든 부조리에 대한 벽을 부수는 것이, 가지무라의 역사론이라고 할 수 있겠습니다. 한·일 간의 역사교과서 문제를 포함해, 명확하지 않은 역사 문제에 대해 가지무라가 쓴 역사책은 그 답을 가르쳐 줄 것입니다. 가지무라는 역사만이 아니라, 경제, 문학 등 한국뿐만이 아니라 북한 문제까지 종합적으로 넓게 연구를 해 온 사람입니다. 그는 일본인 속에는 한국문제에 관해서 무의식중에 어떤 뒤틀린 인식이 존재하며, 또한 한국 문제를 정면으로 보려 하지 않는 점이 있다고 합니다. 고정관념으로 한국을 판단하지 말고 진정한 한국을 찾아낼 필요가 있다고 역설하고 있습니다.

## (2) 재일 한국·조선인 문제와 그 운동에 대해서

가지무라 히데키를 한마디로 표현하자면, 한국인에 대해서는 무조건적일 정도로 자상한 사람이었다고 많은 사람들이 말합니다. 그것은 가지무라가 항상 한국에 대해서 책임감을 느끼면서 살았기 때문이라고 생각합니다. 한국사 연구도 이러한 자세를 일관하고 있었지만, 실제 생활 면에서도 그것을 관철시킨 대단히 청렴결백한 일생을 보낸 사람입니다.

가지무라는 한국사 연구 이상으로 재일 한국인 문제에 깊게 관련되어 있었습니다. 식민지시대의 역사를 연구하면 할수록 재일 한국인 문제는 식민지의 연장선이기도 하기 때문에 그것으로부터 등을 돌릴 수 없었던 정직한 사람이었다고 말할 수 있습니다. 가지무라가 관련된 운동은 이 지면에서 다 소개할 수 없을 만큼 많았습니다. 한일회담 반대운동에서부터 김희로 공판대책위원회, 재일 한국인의 실태 조사와 지문날인거부 지원운동, 재일 한국인 정치범 구원운동, 재일 한국인 차별 철폐운동, 재일 한국인 교육운동, 재일 한국인의 교원 채용을 진행시키는 도쿄의 모임, 차별어를 규탄하는 운동, 입국관리법 등에도 적극적으로 임하는 등 독재정권하의 한국 민중의 목소리도 정기적으로 일본에 소개했습니다. 또한 한국어의 보급에도 힘을 쓰는 등 연구자이며, 교육자이며, 실천가이기도 했습니다.

한국 문제에 대해 누구보다 빨리 접해, 전후의 새로운 한국사의 길을 연 그의 공적은 지대합니다. 또, 학문의 세계만이 아니라 일본에서의 여러 차별 문제 등에 대한 시민단체를 지원하면서, 스스로도 일선에서 활동했습니다. 그리고 일본 사회에 많은 문제를 제공해 의식 변화에 기여했습니다. 가지무라의 한국사는 한국인의 입장을 이해하고, 세계사적인 시야로 역사를 해석하도록 노력함과 동시에 다양한 운동도 민중의 입장에서 문제를 생각하도록 하는 것을 기본으로 했습니다. 한국인으로부터, 재일 한국인으로부터, 많은 일본인으로부터, 난제투성이의 역사문제를 연구하는 사람 중에서 이처럼 높은 평가를 받고 존경을 받고 있다는 점에서 가지무라의 업적이 얼마나 대단한 것인지 알 수가 있습니다.


## ○ 과정표

1935년 도쿄(東京)도 세타가야(世田谷)구에서 출생

1958년 한국 근대사료 연구회 창설 준비회에 참가, 회원이 됨

1959년 한국사 연구회 발족, 회원이 됨. 도쿄대학 대학원 박사과정 중퇴

      제1회 한일 교육문제 전국 연구집회 분과회 '한 · 일 간의 전전 · 전후의 역사 교훈과 현재의 과제'에서 간사

      제2회 한일 교육문제 전국 연구집회의 분과회 '한 · 일 간의 전전 · 전후의 역사 교훈과 현재의 과제'에서 간사

      김희로 공판대책위원회 발족, 간사가 됨

1970년 현대 어학학원 발족, 강사 및 운영 위원

1971년 '재일 조선인의 조선국적으로의 변환을 지지하는 성명'을 법무성에 제출

      '재일 조선인의 조국에의 자유왕래 실현을 요청하는 결의'를 법무성에 제출, 입관국 자격 심사과와 교섭

1973년 가나가와(神奈川) 대학 경세학부 소교수, 박종석 취직 차별 재판에서 증언, 출입국 법안 반대로 정부 · 국회에서 요청 행동

1975년 세이큐(靑丘)사의 지역 조사에 관계, 가나가와 대학 경제학부 교수

      물레회 준비회에 출석, 운영 위원이 됨

1981년 81년 한국 민주화 지원, 긴급 세계대회 경제 분과회에 출석

1982년 가와사키(川崎) 재일 한국 · 조선인 교육을 추진하는 모임 결성집회, 대변인

      가와사키 · 교육을 추진하는 모임, 시교육위원회 교섭에 참가, 재일 조선인 학생의 교육을 생각하는 모임과 함께 아사히(朝日)신문에 항의 신청

1983년 가나가와현의 위촉에 의해 현내 거주 외국인 실태 조사에 임함

아시아에 대한 전후책임을 생각하는 모임 설립총회 대변인

농촌조사를 위해 한국 방문

'민족차별의 실태파악을 위한 소위원회'의 위원

오카야마 '강박 씨의 재판을 승리로 이끌자 12 · 4 집회'에 참가해, 그 지문날인 거부 재판에서도 증언

지문날인 거부 예정자 회의의 발족식

아시아 태평양 자료센터(PARC) 발행『세계로부터』의 편집위원

가와사키 임항 경찰서에 '이상호 씨 수사에 관한 제의서' 제출. 가와사키시 시민국장과 면담해 시의 견해를 물음. 이상호 씨 관련 항의집회 참가 등.

외국인등록법에 의한 지문날인제도 철폐를 요구하는 쵸후(調布)시민의 모임 결성, 대표 위원. 지문날인제도 완전철폐 요구 전국행진 관동집회의 대변인

1986년 '강동 · 재일조선인의 역사를 기록하는 운동' 발족 집회에서 고문이 됨

1987년 1987년도 가나가와현 교육청 국제이해교육 연구협의회 위원 · 동 전문부회 위원. 아시아인 노동자 문제 간담회의 운영 위원. 가나가와현 국제인권문제 간담회 멤버. 가와사키시 만남관의 운영협의회 위원. 민족 차별과 맞서는 가나가와 연락협의회 결성집회 고문. 식민지 지배의 사죄 · 청산과 새로운 한일 관계를 요구하는 3 · 1 선언 집회에서 개회사.

1989년 사망

　　어릴 때부터 벌레를 좋아한 가지무라는 학생 시절 그 겉모습으로 간디라는 닉네임이 붙었다고 합니다. 가지무라는 간디에 대해서는 의견의 차이가 있었기에 기뻐하지 않을 것입니다. 그러나 민중을 위해서 살았다고 하는 단순한 평가만으로 본다면 닉네임 그대로 간디였다고 생각합니다. 그것은 일본의 미래를 위해서, 재일 한국인과 같은 약한 입장의 사람들을 위해서 헌신적으로 생애를 바친 사람이기 때문입니다.

　　가지무라의 한국상을 새롭게 하는 계기가 된 것은 역사 전문서가 아니라 살아 있는 한국인의 전기나 회상기였다고 합니다. 예를 들면, 조선사를 하게 된 최초의 계기가 된 책이 있었습니다. 1930년대 중국에서 활약한 무명의 한국인 사회주의자를 그린 작품 『아리랑의 노래』입니다. 또한 가지무라가 직접 번역해 처음으로 한국을 방문하는 계기가 된 심훈의 『상록수』, 가지무라 번역의 한국의 민족주의자라고 불리는 김구의 『백범일지』 등 이곳에서 거론하지 못할 성노도 낳습니다. 가지무라를 감동시킨 서적에 대해 공통적으로 말할 수 있는 것은 자신의 영광을 위해서 산 사람은 아무도 없다고 하는 것입니다. 제각각 민중과 민족을 위해서 생명을 아끼지 않고 바친 사람들입니다. 논픽션을 소설화한 『상록수』는 병으로 쓰러지면서도 생명이 끊어지는 그 순간까지 민중을 걱정하며 죽어 가던 여주인공이 그려져 있습니다. 가지무라 히데키 역시 병으로 쓰러지면서도 끝까지 식민지 지배의 책임을 완수하기 위해 많은 일을 했습니다만, 다 이루지 못한 채 눈을 감습니다. 그러나 많은 사람들이 가지무라 히데키의 삶의 이어 가려 노력하고 있으며, 그 사상이 앞으로의 한 · 일 관계의 장래를 밝혀 줄 것임에 틀림없습니다.

【참고 문헌】

『가지무라 히데키 저작집』(전6권·별권 1), 아카시(明石) 서점, 1994년.
가지무라 히데키, 『조선을 알기 위해서』, 아카시 서점, 1995년.
『조선사 연구회 회보』 제96호, 1989년.
『가지무라 히데키와 쵸후(調布) 물레회 ― 가지무라 히데키씨를 애도』, 쵸후 물레회,
　　　1990년.

(담당: 양예선)

재단법인 일본 국제문화포럼(TJF: The Japan Forum, 1987년 설립)은 국내외의 초중고교생에 대한 외국어교육이나 문화이해·국제이해교육에 관련된 국제문화 교류 사업을 하고 있는 단체입니다. 해외에서는 초등·중등 교육(초중고교)에 대한 일본어 교육 지원, 일본 내에서는 특히 젊은 이들이 이웃나라의 말이나 문화를 배우는 것에 중점을 두어 고교에서의 한국조선어 및 중국어의 교육을 촉진하고 있습니다.

## (1) 일본에서의 한국조선어교육 사정

일본에서는 한반도에서 상용하는 한국말을 조총련계 교포들도 많이 살고 있고, 정치적 이데올로기 문제가 복잡하게 교차하는 상황이므로, '조선어', '한국어', '한글', '한국 조선어', '코리아어' 등 여러 명칭으로 불리고 있습니다. 이 글을 적는 필자도 고심을 하다가 이 글에서는 국제문화포럼이 사용하고 있는 '한국조선어'라고 표기해 두겠습니다.

국제문화포럼(2005)의 조사보고에 의하면 한국조선어 클래스를 가지고 있는 대학은 해마다 증가하고 있습니다. 2002년에 제2외국어로서 한국조선어교육을 실시하고 있는 대학은 전체의 46.9%입니다. 그러나 독일어 84.1%, 중국어 82.8%, 프랑스어 79.2%라고 하는 숫자와 비교하면 반드시 많다고는 할 수 없습니다. 고등학교에서 2003년에 한국조선어 교육을 실시하고 있는 고등학교는 불과 219교(4.03%), 학생 수로 하면 6,416명밖에 없습니다. 그 뒤, 도쿄의 한국문화원 조사에 따르면, 2007년도 한국어 능력시험 수험자 수가 6,808명이고, 2002년부터 대학입시시험인 수능에 해당되는 센터시험의 외국어 시험에 한국어가 추가되어, 2005년도 고등학교에 한국어 수업을 설치한 학교가 247개 고등학교이고, 수강자는 6,960명이라는 통계가 나왔습니다. 현저한 증가는 아니지만 점차적으로 증가하는 추세입니다.

한편 한국의 고등학교에서는 영어 이외의 외국어가 필수 과목이며, 2003년에 제2외국어로서 일본어를 배운 학생은 55만 7674명입니다(교육인적자원부 2003). 한·일 간에는 상대국의 언어를 배우고 있는 숫자에 큰 격차가 있는 것을 알 수 있습니다. 일본의 고등학교에서의 외국어교육은 영어가 중심으로 영어 이외의 외국어의 위치가 한국과 비교해서 꽤 낮으며, 나라의 교육정책의 차이로 인해 이러한 격차가 생기고 있습니다. 또한 일본의 젊은이들이 이웃나라인 한국에 대해서 별로 관심이 없고, 한국에 대해 모른다고 하는 개인의식도 관계되어 있습니다. 젊은이들이 장래 국제사회에서 살아가기 위해서는, 고교시절에 외국의 문화나 말에 대해 배워, 시야를 넓히는 것은 큰 의의가 있다고 생각합니다. 물론 2004년의 폭발적 인기를 몰고 온 한류와 일본의 대학입시시험인 센터시험에 한국어가 등장하여 많이 달라졌고, 지금은 한국어를 배우는 고등학교도 많이 늘어난 것은 사실이지만, 아직도 바로 이웃인 한국이란 나라의 언어는 그렇게 널리 일반적이 되지는 않았습니다.

한국의 젊은이들이 일본에 관심을 가지고 일본어를 공부하듯이 일본의 젊은이들도 한국에 관심을 가지고 말이나 문화를 공부하여 서로를 아는 것은 그만큼 미래를 살아가는 힘이 된다고 생각합니다.

## (2) 국제문화포럼의 한국조선어교육 지원

일본 젊은이들의 한국조선어교육의 중요성을 일찌감치 제창해 고교에서의 한국조선어 교육의 발전에 공헌해 온 곳이 재단법인 일본 국제문화포럼입니다.

우선 1997년에서 1998년에 전국의 고등학교를 대상으로 한국조선어수업에 관한 실태 조사를 했습니다. 그때까지 이처럼 한국조선어교육에 관한 실상이 상세하게 조사 분석되어 공개된 예는 없었기 때문에, 이 조사보고는 귀중한 자료가 되고 있습니다. 이 조사의 결과, '면허를 가진 전임 교원이 적다', '교사가 교수법에 대해 배울 기회가 적다', '교재나 교과서의 부족' 등의 문제점이 밝혀졌습니다.

그래서 국제문화포럼은, 이러한 교육환경을 개선하기 위해서 적극적인 지원을 행해 왔습니다.

주일 한국문화원이나 다른 관계기관과 협력하면서 전국의 고등학교에서 한국조선어를 가르치고 있는 교사에게 적극 요청하여 1998년에 제1회 고등학교 한국어 교사 연수회를 개최했습니다. 거기에서 고등학교 한국조선어교육 네트워크가 설립되었습니다. 연수회나 네트워크를 통해서 교사들 사이에 많은 정보교환이나 교과서·교재개발이 활발하게 이루어지게 되었습니다. 또한 대학과도 제휴해 한국 조선어의 교원 면허를 취득할 수 있는 교사 양성 프로그램도 실시되었습니다.

이와 같이 국제문화포럼이나 고교 교사 등 관계자의 오랜 세월에 걸친 노력과 병행하여, 일본에서는 2000년 전후부터 '한류', '한국어 붐'에 의해, 한국조선어를 배우는 사람이 급증했습니다. 그 배경에는 2002년의 축구 월드컵 한일 공동개최로 인해 한일 교류가 활발해진 것, 2003년에 NHK에서 방영된 '겨울연가'를 시작으로 널리 알려지기 시작한 한국 드라마나 JSA 등의 영화, 동방신기나 비, 보아 등의 K-Pops의 활약 등으로 일본 사회 전체에 문화적 선진국 한국의 이미지가 전해지게 된 것입니다. 국제문화포럼에서는 젊은이들이 이웃나라의 말이나 문화를 배워 상호 이해가 깊어지는 것을 목표로 하여, 특히 일본의 고등학교에서의 한국조선어교육의 환경 개선에 힘을 써 왔습니다. 그 외에도 한일 양국 고교생의 교류 활동도 지원하며 청소년 교류라는 미래의 투자에 아낌없는 노력을 기울여 왔습니다.

한국과 일본은 지리적으로 가깝기 때문에 양국 간을 왕래하는 사람은 향후에도 증가할 것입니다. 일본의 젊은이들이 장래에 한국이나 한국 사람들과 어떠한 형태로든 관련되게 될 것입니다. 알고 보니 이웃에 살고 있는 사람이 한국 사람이었다는 것도 이제는 당연한 시대가 되어 가고 있습니다.

이 책에서도 소개를 하고 있지만, 수많은 학생들의 한국 수학여행이 적극적으로 행해지고 있습니다. 국제화 시대를 살아가는 젊은이들이 보다 다양한 문화적 혜택을 받으며 자신들의 미래를 지구촌 규모의 사회에서 펼치기 위해서는 다양한 공부를 할 필요가 있습니다. 그렇기에 가장 가까운 이웃나라의 현지 사람들과 직접 접하며 일본과 비슷하면서도 다른 문화를 가진 한국의 문화를 체험하는 것은 귀중한 공부가 됩니다. 상호간의 이해를 위해서는 일본 측도 한국조선어 공부를 통한 한국 사회 이해에 노력하지 않으면 안 됩니다. 이러한 한일 양국의 젊은이들의 교류 활동의 축적이 향후의 한·일 관계의 재산이 될 것이고, 국제사회의 든든한 파트너로서의 발전으로 이어질 것입니다.

○ 일본에서의 한국조선어교육의 주요 동향

1973년 고등학교에서 처음으로 '조선어' 수업 실시

1984년 NHK한글강좌 개시

1997–98년 국제문화포럼에 의한 한국조선어교육의 조사를 실시

1998년 제1회 고등학교 한국어 교사 연수회 개최

1999년 고등학교 한국조선어교육 네트워크 발족

2001~03년 고등학교 교원면허 취득을 위한 강좌 개최

2002년 대학입시 센터시험에 외국어 과목의 하나로서 '한국어' 도입

2003~04년 국제문화포럼에 의한 고등학교와 대학 등의 한국조선어교육의
        조사를 실시

2004년 고교생을 위한 교과서 출판

### 생각해 봅시다

(1) 일본에서 한국조선어를 배우는 고교생과 한국에서 일본어를 배우는 고교생의
수에는 상당한 차이가 있습니다. 이것은 향후의 한일 교류에 있어서 어떠한
영향을 끼칠 것이라고 생각합니까?

(2) 일본 학교에서 영어나 한국조선어와 같은 외국어를 학습하는 것은 왜일까요?
외국어를 이해할 수 있으면, 어떠한 이점이 있는 것일까요?
효과적인 외국어의 학습 방법 또는 즐겁게 학습할 수 있는 방법에 대해 서로
이야기해 봅시다.

(3) 야마다라는 일본 사람이 한국이나 한국조선어 학습에 매우 흥미를 가지고 있
습니다. 한국인인 유학생 김 씨가 만약 야마다 씨의 이웃에 살고 있다고 한다
면, 야마다 씨는 어떠한 친분관계를 만들면 좋을까요? 여러분이 야마다 씨라
면 어떻게 하겠습니까?

□ 국제문화포럼통신 **45**호

□ 국제문화포럼 **60**호

# 【참고 문헌·자료】


오오에 다카오(大江孝男), 「일본에 있어서의 한국어(조선어) 교육」, 『아시아 아프리카 언어문화 연구』, 도쿄 외국어대학 아시아·아프리카 언어 문화 연구소, 1991년.

교육인적자원부, 『교육통계연보』, 교육 인적자원부, 2003년.

한국문화원 제공 통계.

국제문화포럼 「일본의 고등학교에 있어서의 한국조선어교육 — 중국어교육과의 비교로 보기 —」, 국제문화포럼, 1999년.

국제문화포럼 「특집 한국조선어교육을 어떻게 평가할까?」, 국제문화포럼통신 no.65, 2005년.

국제문화포럼 「일본의 학교에 있어서의 한국조선어교육 — 대학등과 고등학교의 현상과 과제 —」, 국제문화포럼, 2005년.

국제문화포럼 「재단법인 국제문화포럼 사업보고」(2004~2005), 2005년.

후지나가 다케시(藤永 壯), 「일본의 고등교육에 있어서의 조선어교육의 역사와 현상」. 『오사카(大阪) 산업대학 인간환경론집』 2호, 오사카 산업대학학회, 2003년.

재단법인 국제문화포럼 http://www.tjf.or.jp

주일 한국문화원 http://www.koreanculture.jp

고등학교 한국조선어교육 네트워크 http://jakeshs.org


(담당: 가도와키 가오루, 일부 이수경 가필)

## 40년을 한결같이 한반도 알리미를 하는 히다 유이치(飛田雄一)

일본 속에서도 재일 동포가 많이 사는 관서지방, 그중에서도 고베(神戶)에서 근대의 불행한 역사관계를 극복하고 공생의 길을 걷기 위해 근대조선사 연구와 학습회, 유학생 지원 등을 통해 한·일 관계의 우호를 위한 다양한 활동을 전개해 오고 있는 히다 유이치(飛田雄一, 1950년~)를 소개합니다. 고향 고베를 사랑하기에 환경 문제나 각종 사회문제, 인권옹호에 진력하는 그는 한국관련의 연구자로서도 익히 알려져 있는 인물이기도 합니다.

### (1) 히다의 성장과 이웃에 대한 이해

관서지방의 항구도시인 고베의 나다(灘)구 야마타(山田)에 있는 고베 학생 청년센터의 히다 유이치 관장은, 고베 주변의 환경 문제나 식품공해 문제, 재일교포 혹은 한국과의 교류 기획 등 국제도시·고베에서 각종 사회 활동에 여념이 없습니다.

1950년 5월 10일, 아버지 히다 미치오(飛田 道夫)와 어머니 이츠코(溢子)의 장남으로서 고베에서 태어난 유이치는 고베의 시립 미나토야마(湊山) 초등학교 및 미나토 중학교에 진학하지만, 교회학교(일요일학교)에 참가하거나 어린데도 불구하고 농업에 관해 관심이 많았고, 목장이나 양계장 등을 동경하면서, 언젠가 대학의 농학부에 진학하려고 마음먹습니다. 그 꿈의 실현을 위해서 현립효고(縣立兵庫) 고등학교를 거쳐, 19세인 1969년 4월에 고베대학 농학부에 입학합니다. 그러나 젠교토(全共鬪) 운동이 격렬해져서 입학 직후 대학 전체 파업으로 인해 자택 대기를 명령받습니다. 자신이 흥미를 가진 분야의 실현을 위해서 입학했기에 공부도 마음대로 못 하는 상황에 유이치는, 클래스 토론회를 돌보면서 대학에 발길을 옮깁니다. 그리고 때때로 열리는 학생대회나 대중단체교섭 등에도 출석하지만, 점차 사회과학 쪽에 흥미를 가지기 시작해 7월부터 고베대학 내에 있던 '베헤렌(베트남에 평화를 바라는 연맹단체)' 고베 사무소에 출입하게 되

어, 매주 산노미야(三の宮)에서 열리는 데모나 집회에 갔기 때문에, 어머니로부터 "유이치는 농학부에 들어간 것이 아니라, 베헤렌 학부에 들어갔다."라는 말을 들을 정도였습니다.

'베헤렌'이란, 격화되는 베트남전쟁에 의해서 미증유의 사람들이 억울하게 살해당하는 것에 반대해, 철학자의 츠루미 슌스케(鶴見俊輔), 작가 오다 마코토(小田 實), 가이코 다케시(開高 健), 사회학자 다카하타 미치토시(高畠通敏) 등이 「뉴욕타임즈」에 전면 반전광고를 내는 등 미국의 전쟁철퇴를 호소하기 위해 조직된 단체였습니다. 전쟁이 장기화되자 희생자와 난민이 증가하여 전쟁에 반대하는 많은 사람들이 그들의 취지에 공감해 일본 전국에서 수백 개의 베헤렌이 조직되었습니다. 모인 사람들은 사회의식도 높았고, 활발한 활동을 하고 있었기 때문에, 유이치도 수업보다 사회활동에 소비하는 시간이 늘어나 결과적으로 2년간 유급됐습니다. 베헤렌 고베 사무소에서는 재일 코리안이 많이 살고 있는 지역 특성도 있어서인지 전국에서도 자주 조선관련의 내용을 채택했습니다.

유이치는 2학년 때부터 한국에 대한 관심이 커져, 졸업논문도 한국의 농업정책사에 관한 '토지조사사업'을 테마로 했습니다. 그리고 1975년 3월에 고베대학 대학원의 농학연구과에 진학하여, 일본의 식민지 지배하에서 활동한 천도교계의 농업협동조합의 자료 등을 연구해, 한국농민사의 논문을 씁니다. 그 연구 성과는 후에 『일제하의 조선농민운동』으로 출판되었습니다. 또한 대학원 수료 후인 1978년 4월부터, 현재 관장을 맡고 있는 재단법인 고베 학생청년센터의 주사로 근무하면서 센터에서의 기획에도 적극적으로 참가합니다.


## (2) 사랑하는 고베, 그 풍요로운 환경보존과 국제화를 위해서

1970년 베헤렌 고베에서는 일본에서의 여러 차별 문제를 채택하여, 어떻게 하면 차별을 없애고, 풍부한 문화를 함께 창조하면서 공생할 수 있을까를 과제로 해, 부락 차별, 재일 외국인, 오키나와(沖繩) 문제 등에 대해서 학습회를 열었지만, 연말의 학습회에서는 하나의 테마를 추구하는 것이 낫다고 판단하여, 한국 문제를 중심으로 한 연구회 개최로 의견이 일치합니다. 그리고 1971년 1월, 한국의 항일운동의 상징인 꽃 이름을 따서 '무궁화회'를 발족해, 한·조·일 관계에 있어서의 여러 문제나 재일 코리안의 현상, 정기적인 한국사 연구회의 개최나 관련강연회의 개최, 한국의 풍습과 문화, 한국어 학습에 이르기까지 폭넓은 내용을 취급하게 됩니다. 그리고 그러한 학습 내용이나 연구 성과를 기록한 『무궁화통신』을 현재까지 2개월에 한 번씩 발행을 계속하고 있습니다. 1974년부터 매년 계속 발행해 온 『무궁화통신』은 2005년판(200~215호)까지 발행되었습니다. 다양한 한국 관련의 문화나 당시의 사건, 각양각색의 시민 교류, 한국의 시사문제나 예술 활동, 근대일본과 아시아 관계의 역사에 관한 정보나 자료, 차별 문제의 재판사정이나 강제연행에 관련되는 증언, 식민지 지배하의 한국사회와 참전자의 증언 등 여러 가지 장르에서 근대부터 현대까지의 한국의 역사·문화·사회 등이 소개되고 있어 한일 관계를 알기 위해서는 실로 귀중한 자료가 되고 있습니다.

### (3) 고베 학생청년센터와 함께

1974년 5월부터는 무궁화회에서의 한국어강좌를 모체로 하여 고베 학생청년센터의 한국사 세미나의 일환으로 조선어 초급강좌를 개강해, 그 후 중급과 상급강좌를 개강, 2006년 현재, 31년째 수강자를 계속 맞이하고 있습니다.

롯코(六甲) 크리스트교 학생센터가 전신인 재단법인 고베 학생청년센터가 발족한 것은 1972년입니다. 그리고 주사를 맡아 온 히다 유이치가 1991년, 관장으로서 센터의 전반적인 업무를 담당하고 있습니다. 센터에서는 수많은 세미나나 사진전의 개최, 문화 활동의 기획, 그것들을 위한 장소 제공, 도서관에 충실하여, 국내외에서 고베를 방문하는 사람들에게 염가로 방을 제공하는 등 폭넓은 업무를 실시하고 있습니다. 또한 기부금에 의한 롯코 장학금을 설립해 경제적 원조가 필요한 유학생들을 지원하고 있습니다. 센터에서는 한국사 세미나를 주최하는 것 외, 세이큐(靑丘) 문고연구회, 재일한국인 운동사연구회의 관서부회, 한국근현대사연구회의 사무국을 담당하여 이미 300회에 달하는 역사를 가지고 있습니다. 그러한 연구 활동은 고베의 작은 연구회에 그치지 않고, 한일 역사연구자의 학술적 활동과 교류로 연결되고 있으며 한국에서의 공동연구회도 활성화되고 있습니다.

이러한 한국과의 관계와 연구 활동은, 태어나 자란 고향 고베를 살기 좋은 환경으로 만들기와 국제도시로서의 발전을 바라는 강한 신념에 의해 계속되어 왔다고 말할 수 있습니다. 결코 짧다고는 말할 수 없는 40년 세월의 조선·재일 코리안 연구는, 무엇보다도 부조리·불평등의 차별 문제를 없애고, 대화와 평등 사회를 구현하기 위해 아시아의 연대와 세계평화를 간절히 바라는 히다 유이치 와 그 취지에 공감하는 사람들의 협력과 노력의 결과이기도 합니다.

같은 생명을 받고 태어나 인류사상 종교 전쟁이 없었던 동아시아라는 하나의 지붕 아래에 사는 사람들이 과거의 불행한 역사의 실태를 인식해 두 번 다시 무력적 침략 전쟁의 괴로움을 반복하지 않기 위해서도, 히다는 바쁜 시간을 할 애해 교단에도 서서 많은 젊은이에게 미래지향을 위한 강한 제언을 계속 호소 하고 있습니다. 그 생각은 이미 한·일 관계에 그치지 않고, 고베에서의 재일 외국인의 인권옹호는 물론, 대기오염 등의 환경 문제가 심각화되고 있는 현실을 근거로 해 농업에 관한 식품재료 문제나 공해문제 등에도 주의를 재촉하고 있 습니다.

## (4) 히다 유이치의 끊임없는 노력

우리가 선조로부터 이어받은 이 지구 사회에는 헤아릴 수 없는 피와 눈물의 역사가 있습니다. 그 역사를 헛되게 하지 않기 위해서라도 우리는 모든 지혜를 결집해 더 이상 유혈행위가 일어나지 않도록 노력하지 않으면 안 됩니다. 그리 고 평화 속에서 함께 사는 사회실현을 위해서 시민문화 교류를 계속해 가지 않 으면 안 됩니다. 그때 이웃의 문화에 대한 이해와 교류 활동에 진력해 온 히다 유이치 등의 실적은 시내의 큰 나침반이 되어 줄 것입니다.

노력을 아끼지 않는 히다는 지금까지 꾸준히 연구해 온 성과를 『조선인·중 국인 강제연행·강제노동 자료집』(고·김영달과 공동편찬, 1990년판~1994년 판)에 종합 정리하는 한편, 1995년 1월에 갑자기 닥친 고베·한신(阪神)대지 진 때의 현상과 전후의 일본에 대해 쓴 『진재의 사상 — 한신 대지진과 전후 일본 —』을 발행했습니다.

또한 2004년 한국 정부 산하에서 강제동원 진상구명위원회가 발족되어 과거 식민지 역사의 청산이 본격화되는 가운데, 히다는 우에스기 사토시(上杉 聰) 등 과 공동대표가 되어 2005년 7월 18일에 도쿄의 재일한국 YMCA에서 일본의 강 제동원 진상구명네트워크를 결성해, 일본에서의 전쟁 총괄 활동에도 진력하고 있습니다. 또, 고베 항에 있어서의 전시하 한국인·중국인 강제 연행을 조사하는 모임, NGO 고베 외국인구원 넷을 통해서 사랑하는 고향인 고베를 과거의 역사를 넘어 주민들이 밝고 평등하게 살 수 있는 삶터로 만들기 위한 활동을 계속하고 있습니다.

**생각해 봅시다**

우리들은 눈에 띄지 않는 많은 사람들의 활동에 의해서 현대 사회를 향유하고 있습니다. 과학 발달로 인해서 인류의 이동이 쉬워진 오늘날, 다문화 출신 사람들과의 만남도 이전보다 훨씬 많아지고 있습니다. 다민족·다문화 사회를 부정하는 것은 이미 시대 역행이며, 얼마나 현명하게 서로 공존 공생을 위한 노력을 하느냐가 이 지구촌 시대의 중요한 과제가 되고 있습니다. '외국인'이 아니라, '같은 시대를 살아가는 사람'으로서 서로 다가서고, 서로 이해하며 양보하는 삶이 이 지구 사회를 지켜 가게 됩니다.

여러분의 이문화 경험과 만남에 대해서 생각해 봅시다.

## 【참고 문헌】


히다 유이치(飛田雄一)·김영달 공편, 『조선인·중국인 강제연행·강제노동 자료집』,
　　　1990년~1992년판, 고베 학생청년센터 출판부.
히다 유이치(飛田雄一), 「무궁화회의 일 등」, 『기간 삼천리』 제16호, 1978년 11월호.
むくげの會 編, 『新コリア百科』, 아카시쇼텐(明石書店), 2001年.
『무궁화통신』, 1974년판~2005년판.
강제동원 진상규명 네트워크 http://www.ksyc.jp/sinsou－net/
재단법인 고베 학생청년센터 http://www.ksyc.jp/
오다 마코토(小田 實) 공식 사이트
http://www.odamakoto.com/jp/Article/hitori3.html
http://www.taminzoku.com/news/kouen/kou0308_hida.html


(담당: 이수경)

# 관련연표

| 서기(元号) | 일본 | 한국(53년 이후는 한국 · 북한으로 분리) | 세계정세 |
| --- | --- | --- | --- |
| 1905(明治38 光武9) | 9/5 러일 강화 조약 조인. 12/21 한국 통감부 설치. 초대 통감으로 이토 히로부미. | 1/1 경부선 철도 완전개통. 11/17 제2차 한일협약(을사보호조약). | 1/22 러시아 제1차 혁명. |
| 1906(明治39 光武10) | 1/7 제1차 사이온지(西園寺) 내 각성립. 8/7 새 군율 발포. | 2/1 한국 통감부 업무개시. 3월, 항일 의병 각지에서 봉기. 4/1 경의선 전 구간 개통. | 인도에서 반영 운동 고양. 11/26 일본 남만주 철도 설립. |
| 1907(明治40 光武11 · 隆熙元) | 7/3 헤이그만국평화회의에 밀사를 파견한 것에 대해서 이토 한국통 감이 고종 황제에게 책임 추궁. | 6/15 고종이 헤이그만국평화회 의에 밀사를 보내어 을사조약이 무효임을 호소하려 함. | 일본인 노동자 미국 입국 금지. 6/10 불일협약. 8/31영러 협약 |
| 1908(明治41 隆熙2) | 4/30 신문법 개정. 7/14 제2차 가츠라(桂) 내각 성립. 10/31 어 업 관계 한일협정. | 3/23 전 한국정부의 외교 고문 친일파 미국인 스티븐즈를 암살. 6/18 『대한매일신보』 사장 베셀 을 금고 처분. /20 송병준 내각 대신 임명. | 11/3 미국 대통령 선거에서 태 프트 당선. /15 청나라 서태후 사망. |
| 1909(明治42 隆熙3) | 2/23 출판법(사전 검열제). 4/10 가츠라(桂) 수상과 고무라(小村) 외상, 이토 통감이 조선 합방 실 시 방침 협의. 7/6 내각회의에서 조선 합방을 결정. 10/26 안중근 이토 히로부미를 하얼빈에서 암살. | 7/31 군부 폐지. 12/22 이완용 이재명에게 저격당함. | 9/4 간도지역에 관한 일청 협약. 12/18 미국이 일본, 영국, 독일, 프랑스, 러시아 각국에게 만주 철 도 중립화를 제의. |
| 1910(明治43 隆熙4) | 5월 대역사건으로 다음 달 고우토 쿠 슈우스이(幸德秋水)를 체포. 5/30 데라우치 마사타케(寺内正 毅)가 조선의 제3대 통감으로 취 임함 .8/22 한국병합에 관한 한일 조약 조인(8/29 공포). | 3/26 안중근 뤼순에서 처형당함. 8/22 한일합병조약. /29 일본이 한국의 국호를 조선으로 고치고, 조선총독부를 두는 것을 공포. 10/1 조선총독부 설치. 초대총독 으로 데라우치 마사타케(寺内正 毅) 취임. | 중국 각지에서 혁명운동 고양. 7/4 제2차 일러 협약. |
| 1911(明治44) | 1월 대심원 고우토쿠 슈우스이(幸 德秋水) 등 대역사건 피고에게 사 형 판결. 4월 조선토지수용령 공포. | 1/1 민주주의자 대검거(안악사 건). 제1차 교육령을 공포하고 식 민지 교육 제도를 만듦(동화교육 개시). | 신해혁명이 일어남. 제2차 모로 코 사건 발생. |
| 1912(明治45) | 유아이카이(友愛会: 노동조합) 창 립. 7월 제3회 일러협약 조인. 메 이지 천황 서거. 9월 노기마레스 케(乃木希典) 부처 자살. | 동양척식회사의 주도로 조선으로 일본인 집단 이민이 개시됨. 조선 민사령 공포. | 1/1 중화민국 성립. 10/8 제1차 발칸 전쟁. |
| 1913(大正2) | 헌정옹호운동으로 가츠라(桂) 내각 퇴진. 2/11 다이쇼(大正) 정변. 9/1 남경사건. | 조선 · 타이완 · 사하린에 관한 사항이 내무성 소관으로 옮겨 감. 9월 서울에서 독립 의군부 조직. | 윌슨 미국 대통령으로 취임. 5/30 제1차 발칸 전쟁 종결. 6/29 제 2차 발칸 전쟁. 8/10 부쿠레슈 티조약에 의거하여 제2차 발칸 전쟁 종결. |

| 1914(大正3) | 8/23 독일에게 선전포고.(제1차 세계대전 참전). 9/2 산둥성에 상륙 개시. | 3/1 행정구역 개정.(12府, 218郡, 2,517面) | 6/28 오스트리아 황태자 사라예보에서 암살됨. 7/28 오스트리아가 세르비아에게 선전포고. (제1차 세계대전 발발) |
|---|---|---|---|
| 1915(大正4) | 1/18 중국 대총통 위안스카이(袁世凱)에게 21개조의 요구서를 제출. | 8월 각지에서 독립운동이 일어남. 총독부 박물관(경복궁 내) 개관. | 이탈리아 터키 공략. 불가리아 세르비아 공략. 프랑스 불가리아 공략. |
| 1916(大正5) | 1월 요시노 사쿠조우(吉野作造) 민본주의 제창. 헌정회 결성 『오사카 아사히(大阪朝日)』게재 개시. 나츠메 소우세키(夏目漱石) 사망. | 교원의 수칙을 공포. 고적 조사위원회를 설치. | 독일이 런던을 공습. 미국 대통령 교전국들에게 화평 조건 제시안을 요청. |
| 1917(大正6) | 11/2 이시이(石井)·R.Lansing 협정. | 6/9 면제 공포. 8월 신규식 등 상해에서 조선사회당 결성. | 3월 러시아 2월 혁명. 제정 멸망. 4/6 미국이 독일에게 선전포고. 11/2 밸푸어 선언. |
| 1918(大正7) | 8월 시베리아 출병. 미국 소동. 하라 타카시(原敬) 내각 총사퇴. | 토지 조사 사업 완료. 조선 척식 은행 설립. 12월 천도교주의 유지를 이어받아 독립운동을 꾀함. | 2/20 러시아 혁명. 미국 참전. 11/11 독일이 휴전 협정에 조인하여 제1차 세계대전 종결. |
| 1919(大正8) | 4/30 강화회의 .산둥성의 독일이권에 관한 일본의 요구승인. 9/2 경성에서 사이토우 마코토(齊藤実) 총독 저격당함. | 고종 서거. 3/1 조선독립선언문 발표(3·1운동). /15 길림, 간도에서 독립요구 데모. 4/10 상해에 대한민국 임시정부 수립. 9월 제3대 총독 사이토우 마코토(齊藤実) 임지 도착. | 1월 독일 노동자당 결성. 1/18 파리 강화 회의 개최. 3월 공산주의 인터내셔널 코민테른 결성. 5/4 중국에서 5·4운동이 일어남. 6/28 베르사유 조약 조인. 8/11 바이마르 헌법 공포. |
| 1920(大正9) | 10/2 훈춘 영사관, 조선인들의 습격으로 소실. 일본군이 조선인 다수를 학살(간도사건) | 4월 《조선일보》, 《동아일보》, 《시사신문》 민간지 발행. 『개벽』 창간. 조선 노동 공제회 결성. | 미국이 시베리아 철병. 간디가 인도의 국민운동을 지도. 1/10 국제 연맹 발족. |
| 1921(大正10) | 일본 노동총동맹. 일영 동맹 폐기. 하라(原) 수상 암살됨. | 최초의 조선인 기자 단체 '무명회' 발족. | 11/12 해군 군축과 극동문제 해결을 위한 워싱턴 회의 개최. |
| 1922(大正11) | 6/24 시베리아 파견군 철퇴. | 12/18 조선 총독부가 조선 호적령을 제정. | 12/30 소비에트 사회주의 공화국 연방 성립. |
| 1923(大正12) | 9/1 관동대지진. 12/27 토라노몬 사건. | 4/16 백정의 해방을 호소하는 형평사결성. 7/1 조선 호적령 시행. | 11/8 히틀러가 뮌헨반란을 일으킴. |
| 1924(大正13) | 제2차 헌정 옹호 운동. 츠키지(築地)소극장 개장. | 경성제국대학 예과를 개강. 조선 총독부 국장에 첫 조선인 채용. | 5/26 미국이 일본을 배척하는 이민법 성립. /31 중소 국교 수립. |
| 1925(大正14) | 1/20 일소 기본 조약 조인. 3/19 치안 유지법 성립. /29 보통 선거법 성립. | 4/17 조선공산당 창립. 제1차 공산당탄압사건이 일어남 .미츠야(三矢)협정 조인. | 손문 사망. 상해에서 5·30사건 일어남. |
| 1926(大正15) | 교토(京都)학련사건에서 최초로 치안 유지법을 적용. 노동 농민당 결성. 박열 괴사진 사건이 일어남. | 6/10 서울에서 만세 운동. 제2차 공산당 탄압 사건이 일어남. KAPF 강령 발표. | 9/8 독일이 국제 연맹 가입. |
| 1927(昭和2) | 다이쇼(大正) 일왕 서거. 아쿠다가와 류노스케(芥川龍之介) 자살. 3/14 금융 공황. 6/1 제1차 산동 출병. | 신간회 창립. 근우회 결성. | 중국의 국민혁명군이 상해·남경을 점령. 영소 단교. |
| 1928(昭和3) | 6/4 장쮜린 관동군에게 피살. | 12/27 코민테른이 조선공산당의 재건을 지지. | 미국에서 첫 텔레비전 방송 개시. 12/29 중국 통일(미국 승인). |
| 1929(昭和4) | 4·16사건으로 공산당 탄압. 고바야시 타키시(小林多喜二) 『가니코우센(蟹工船)』 발표. | 원산 노동자 총파업. 광주 학생 항일운동. 민요 '아리랑' 금지령. | 이탈리아 바티칸 시국 승인. 9/24 뉴욕에서 주가 대폭락. 대공황 시작. |

| 연도 | | | |
|---|---|---|---|
| 1930(昭和5) | 금 수출 해금. 스우미츠인(枢密院)이 런던 조약 승인. 카네보오의 대쟁의. 오하라(大原) 미술관 개관. | 간도에서 농민·공산주의자의 반일 운동이 일어남(5·30운동). 지방 제도의 개정 | 1/21 런던에서 해군 군축 회의 개최. 9/14 독일에서 나치스가 제2당이 됨. |
| 1931(昭和6) | 9/18 류조호의 만주 선로를 폭파(만주사변). 관동군이 (錦州 : 사천성)을 폭격. | 조선·중국농민의 충돌사건(만보산 사건)이 일어남. 신간회 해산 결의. | 스페인 공화 혁명. 미국 엔파이어 스테이트 빌딩 완성. 유엔이 만주사변 조사 위원회 설치. |
| 1932(昭和7) | 1/8 사꾸라다몬(桜田門) 사건 발생. 2/29 리턴 조사단 방일. 3/1 만주국 건국 선언. 5/15 이누카이(犬養) 수상 사살. | 조선 소작 조정령 공포. 3/21 조선총독부가 평양의 기독교계 학교에게 신사 참배 강요. | 만주국 성립. 제네바군축회의. 국제반전대회가 암스테르담에서 개최. 8/2 5소련이 발트3국 및 폴란드와 불가침조약 체결. /31 독일에서 나치스가 제1당이 됨. |
| 1933(昭和8) | 고바야시 타키지(小林多喜二) 고문으로 사망. 타키카와(滝川) 사건이 일어남. 2/24 국제 연맹 총회에서 만주국 불승인. 3/27 국제 연맹 탈퇴. | 조선 농지령 공포. | 1/30 독일에서 히틀러 내각 성립. 10/14 국제 연맹 탈퇴. |
| 1934(昭和9) | 3/1 만주국 제정 실시 (국왕은 푸의). | 3/1 한국 독립당, 신한 독립당, 조선 혁명당, 의열단 등 남경에서 대일전선 통일 동맹 대회 개최. | 히틀러 총통으로 취임. 소련이 유엔 가맹. 1/26 독일과 폴란드 불가침조약 조인. |
| 1935(昭和10) | 2/18 미노베타 츠키치(美濃部達吉) 천황기관설을 주창. 8/3 제1차 코꾸타이메이초(国体明徴) 성명 발표. | 각 학교에 신사참배 강요. 심훈의 「상록수」가 ≪동아일보≫의 소설 현상에 당선. KAPF 해산. | 독일이 재군비 선언. 소련이 중동철도를 만주국에 매각. 이탈리아 에티오피아를 침공. |
| 1936(昭和11) | 히로타 코우키(広田弘毅) 내각 발족. 메이데이 금지. 일독 반공 협정. 2/26 황도파 청년 장교 쿠데타(2·26사건) | 재만주 한국인 조국 광복회 결성. 손기정 선수가 베를린 올림픽에서 우승. ≪동아일보≫의 일장기 말소 사건. | 8월 베를린 올림픽 개최. 12/12 중국의 장쉐량이 장제스를 구금하고 항일 통일에 박차를 가함(서안사건). |
| 1937(昭和12) | 7/7 루거우차오(盧溝橋)에서 일본과 중국 양국군이 충돌(일중 전쟁.) 11/6 일본과 독일, 이탈리아 반공 협정. 12/13 일본군이 남경을 점령. 중국 군민과 부녀자를 폭행 학살(남경대학살 사건). | 조선 중앙 정보 위원회 설치. 언론 통제 강화. 7/30 광복 전선 결성. 12/23 각급 학교에서 천황 사진 경배가 강요됨. | 독일이 스페인의 게르니카 폭격. 8/21 중국과 소련이 불가침 조약 조인. 일본과 독일은 방공 협정에 참가, 국제 연맹을 탈퇴. |
| 1938(昭和13) | 후생성 설치. 4/1 국가 총동원법 공포. 11/3 고노에(近衛) 수상이 동아시아 신질서 건설을 성명. | 4/1 조선 총독부가 중학교의 조선어 시간을 다른 과목으로 대체할 것을 통첩. | 3월 독일이 오스트리아를 병합. 11/9 독일에서의 유태인 박해가 격화됨(수정의 밤) |
| 1939(昭和14) | 5/12 노몬한에서 만주와 외몽고 양군 충돌(노몬한 사건). 제로센 시험 비행. 히라누마(平沼) 내각 총사직. | 12/26 조선인 창씨개명에 관한 성명 공포. 일본 이름을 강요. | 9/1 독일이 폴란드를 침공. 제2차 세계대전 발발. |
| 1940(昭和15) | 서양식 예명 금지. 생활필수품배급제. 10/12 다이세이 요쿠산카이(大政翼賛会) 발족. 사이온지킨모치(西園寺公望) 사망. | 조선 민간지 폐간. 2/11 창씨개명을 실시. 9/17 대한민국 임시 정부가 중경에서 한국광복군을 창설. 10/7 황민화 강화. | 소련이 핀란드와 강화 조약 조인. 6월 독일군이 파리 점령. 트로츠끼 암살됨. |
| 1941(昭和16) | 12/1 어전 회의에서 미국, 영국, 네덜란드와의 개전을 결정. /8 일본군이 말레이반도 상륙. 하와이 진주만 공격. 미국과 영국에게 선전포고. | 조선 총독부 조선 사상범 여방을 구금령. 국방보안법을 공포. 12/9 대한민국 임시 정부가 대일 선전 포고. | 미국 무기 대여법 성립. 크로아티아 독립. 독일 소련을 침공. 영국과 소련 양군 이란을 침공. 런던 대공습 개시. 6/22 독일과 소련 개전. 7/31 유태인의 '최종적 해결'을 요청 |

| 1942(昭和 17) | 6/5 미드웨이 해전에서 패전. | 7월 김과봉. 최창익 등 연안에서 조선 독립 동맹 결성. | 1/1 연합국(26개국). 워싱턴에서 연합국 공동 선언 조인. 8/12 모스크바에서 미·영·소 3국 회담. |
|---|---|---|---|
| 1943(昭和 18) | 10월 학도병 출진. 11/5 대동아회의 개최. | 학도전시동원체계 확립요강 발표. 해군특별지원병령 공포. 학도병제를 공포. | 이탈리아 항복. 카이로 선언. 4/13 독일이 카틴숲 사건을 발표. |
| 1944(昭和 19) | 6/15 미군 사이판 상륙(7/7 일본 수비대 전멸). | 전면 징용을 실시. 건국 동맹 결성. 여자 정신대 근무령 공포. 농민의 저항운동 거세짐. | 6/6 연합군 노르망디 상륙작전. 8/1 바르샤바 봉기. /24 파리에서 독일군 항복, 파리 해방. |
| 1945(昭和 20) | 4/1 미군 오키나와(沖縄)에 상륙. 8/6 히로시마. 8/9 나가사키에 원폭 투하. 8/15 포츠담선언 수락으로 종전. 8/18 만주국 황제 퇴위. 만주국 패망. 9/9 일본 항복문서에 서명. 30일 GHQ(연합국총사령부)의 맥아더 최고사령관 아츠키(厚木)에 도착. | 9/2 맥아더. 미국과 소련에 의한 조선분할점령정책을 발표. /8 미군, 조선의 38도선 이남을 점령. 미국과 소련에 의한 남북 분할. 10/12 서울에서 조선 공산당 재건 대회. /14 조선 인민공화국 중앙 인민 위원회 선언. 12/12 미군정부가 조선 인민공화국을 인정하지 않는다고 성명. /16(~26) 조선 임시 정부 수립·미소합동위원회설치·5년간의 신탁통치 등 조선처리안에서 합의. | 2/4(~/11) 미·영·소 얄타회담. 6/7 독일군 무조건 강복. 7/17 포츠담회담. 10/24 국제연합 성립. 11/20 뉘른베르크에서 국제군사재판 개시. |
| 1946(昭和 21) | 1/1 일왕. 신격 부정의 조서(인간선언). 5/3 극동 국제 군사 재판 개정. 11/3 일본국 헌법 공포. | 6/3 이승만, 남조선 정부 수립 발언. 8/28 조선 노동당 창립(위원장 김일성). | 7/29 파리 강화 회의. 10/1 뉘른베르크의 국제군사재판 최종판결. |
| 1947(昭和 22) | 2/20 GHQ, 수출품에 'Made in Occupied Japan'(미 군정하의 일본제)의 기호 기재를 지령. 4/17 지방 자치법 공포. | 7/19 남조선의 민주주의민족전선 의장 여운형이 암살됨. 11/14 유엔총회. 조선에서의 미소동시철병안을 부결. | 8/14 파키스탄 독립. 8/15 인도 독립. 11/29 유엔 총회, 팔레스티나 분할 결의. 12/30 루마니아, 왕제를 폐지하고 인민공화국을 성립. |
| 1948(昭和 23) | 11/12 극동 국제 군사 재판소, 25명의 피고에게 유죄 판결. | 8/15 대한민국 수립 선언. 초대 대통령 이승만. 9/9 조선민주주의인민공화국 성립. 초대 수상 김일성. | 5/15 제1차 중동 전쟁. 6/24 소련이 베를린 폐쇄 개시. 12/10 유엔 총회에서 세계 인권 선언 채택. |
| 1949(昭和 24) | 9/8 단체 등 규정에 따라 재일 조선인 연맹에 해산 명령. 10/19 조선 총련게 조선인 힉교에 폐쇄 명령. 12/24 소련, 세균전 계획을 이유로 전 일본군 장교 12명을 고발. | 5/18 한국정부, 통일파의원의 체보를 개시. 6/25 김구, 암살당함. 평양에서 남북정당·사회단체의 조국통일민주주의전선을 결성. | 4/4 북대서양 조약 기구(NATO) 빌족. 6/12 베를린 봉쇄 해제. 9/7 독일 연방 공화국 성립. 10/1 중화 인민공화국·중앙 인민 정부 성립. |
| 1950(昭和 25) | 특수 경기. 7/24 GHQ, 신문 협회 대표 등에게 공산당원 동조자의 추방을 권고. 8/10 경찰 예비대령 공포. | 5/30 한국에서 총선거 실시. 6/25 한국전쟁 발발. 9/15 유엔군, 인천과 군산에 상륙. 10/1 유엔군이 38도선 돌파, 북진. /20 평양 점령. /25 중국 인민 의용군이 한국전에 참가. 조선 전쟁 시작됨. 12/5 조선·중국군 평양 탈회. | 6/27 트루먼, 한국군원조를 위해 해공군에게 출격을 명령. /28 북한군, 서울을 점령. 12/16 트루먼, 국가 비상사태 선언을 발령. |
| 1951(昭和 26) | 9/8 샌프란시스코 강화회의에서 대일평화조약과 일미안전보장조약 조인. | 7/10 한국전쟁 휴전 회의가 개성에서 열림. | 2/1유엔 총회, 조선 전쟁과 관련하여 중국을 침략자로 하는 비난 결의안을 채결. 12/30 마셜 플랜을 종료. |

| 1952(昭和27) | 2/15 제1차 한일회담 개시. 5/1 메이데이사건. 8/13 IMF·세계은행에 가맹. | 1/18 이승만 대통령이 해양 주권 선언을 선포하고 이승만 라인을 설정. 5/7 거제도 사건. 8/7 한국 대통령 선거에서 이승만이 재선. 12/15 조선 노동당 중앙 위원회. 제5차 전원회의에서 당내 숙청이 본격화. | 11/1 미국이 에니위톡환초에서 수폭실험 성공. /4 미 대통령선거에서 아이젠하워 장군이 당선. |
|---|---|---|---|
| 1953(昭和28) | 2/11 문부성이 조선인 자녀의 취학조건을 일반외국인과 동일하게 취급할 것을 통보. 4/1 5 제2차 한일회담 개시. 10/6 제3차 한일회담. | 4/9 한국 대통령 이승만, 휴전교섭에 관해서 미국에게 항의. 5/30 이승만, 한미상호방위조약체결을 조건으로 공산·유엔군의 동시철퇴를 제안. 미국은 이승만 설득을 개시. 6/18 반공포로 27,000명을 석방. 7/12 이승만, 미국에게 협력 약속. /27 조선휴전 협정 조인. 10/1 한미 상호방위조약. | 3/5 소련 수상 스탈린 사망(79세). 4/8 유엔총회에서 군비규제·제한·강화의 삭감결의를 채택. 6/15 세계평화평의회 개최. 9/12 소련공산당 제1서기로 흐루쇼프 선임. /19 소련·북조선 수뇌회담 종료. |
| 1954(昭和29) | 7/1 방위청 자위대 발족. 9/25 정부는 다케시마(한국·북한에서는 독도) 영유권문제의 국제사법재판소의 제소를 한국에게 제안(10/28 한국 거부) | | 3/1 미국이 비키니 수역에서 수폭 실험. 4/26 제네바회의 개최. 6/27 소련에서 원자력 발전소 운전 개시. 9/8 동남아시아 집단방위 조약(SEATO) 서명. 10/23 서독 주권 회복. |
| 1955(昭和30) | 5/25 재일 조선인 총연합회(조선 총련) 결성. | 2/25 북조선의 외상 남일이 대일국교수립과 경제·문화 교류를 위한 토의를 할 용의가 있음을 발표. 12/28 김일성이 주체사상을 제기. | 3/1 영국 수상 처칠이 수폭제조계획 발표(4/5 사임). 3/16 프랑스 수상 인포올, 원폭제조계획 발표. 7/9 러셀이 수소원자폭탄전쟁의 위험을 각국 수상에게 경고(러셀·아인슈타인 선언). |
| 1956(昭和31) | 10/19 일본과 소련, 국교 회복에 관한 공동 선언. 12/18 유엔 총회에서 일본의 가맹안이 가결. | 북한에서 '천리마'운동이 시작됨. 국민 경제 발전 5개년 계획을 2년 반만에 달성. | 1/1 수단 독립. 10/29 이스라엘군 이집트를 침공(수에즈 전쟁). |
| 1957(昭和32) | 2/2 이시바시 탄잔(石橋湛山) 수상이 병으로 사의를 표명. 2/25 기시 노부스케(岸信介) 내각 성립. 10/1 유엔 총회에서 안보 이사회 비상임 이사국에 당선 | 7/15 미국 정부가 주한 미군의 핵무장화를 발표. | 1/18 중국과 소련이 공동 선언. 7/6 캐나다에서 '과학과 국제 문제에 관한 회의'(퍼그워시 회의) 개최. |
| 1958(昭和33) | 4/15 제4차 한일전면회담 개최. | 1/13 한국 진보당의 간부 7명이 체포됨. 2/19 평양에서 중국과 북한이 공동 성명. | 9/7 흐루쇼프 수상이 미대통령에게 중국 공격은 소련을 공격하는 것과 같다는 경고의 서간을 보내어 미국의 타이완 철퇴를 요구. 10/2 기니 공화국 독립 선언. 12/21 드골 수상이 프랑스 대통령에 당선. |
| 1959(昭和34) | 8/13 재일 조선인의 북한귀환에 관한 조·일협정 조인. 12/14 북한으로 출발하는 재일 조선인의 귀국선 제1편이 니이카타(新潟) 항에서 출항. | | 1/1 쿠바혁명. 8/25 중국·인도 국경분쟁. 9/15·12/19 소련원자력쇄빙선레닌호가 시운전, 취역. |

| 1960(昭和35) | 1/19 일미 신안보조약·지위협정 조인. 10/2 5제5차 한일회담 개시. /27 일본과 북한 적십자대표, 북한귀환협정 연장에 조인. | 4/19 한국에서 반정부 운동 전국으로 확대. /27 이승만 대통령 사임. 8/12 윤보선을 대통령으로 선출. | 12/14 유엔 총회에서 식민지 독립 선언 채택. |
|---|---|---|---|
| 1961(昭和36) | 10/20 제6차 한일회담 개시. 11/12 한국최고회의의장 박정희가 이케다(池田) 수상과 회담. | 5/16 한국에서 군사 쿠데타. 7/3 박정희가 한국 국가 재건 최고 회의 의장 으로 취임. /6 북한과 소련. 우호 협력 상호 원조 조약 조인. | 1/3 미국과 쿠바국교 단절. 4/11 이스라엘에서 아이히만의 재판 개시. 8/13 동독. 동서 베를린 간의 장벽을 구축. 9/20 미소 군축 공동 선언. |
| 1962(昭和37) | 3/19 미국 케네디 대통령이 오키나와(沖縄) 원조증액 등을 성명. 5/15 방위청설치법개정 공포. | 3/22 한국 윤 대통령이 정치정화법에 반대하여 사임. /24 박정희 대통령 대행 취임. 12/10 북한, 전인민무장화·전국토요새화 결정. | 1/8 IMF, 10개국 60억 달러의 보조 자금 차입 협정 발표. 10/22 쿠바 위기. |
| 1963(昭和38) | 2/10 기타큐슈시(北九州市) 발족. 12/7 동경 지방 재판소가 원폭 피폭자의 국가를 상대로 한 손해 배상 지불 요구에 대해서 원폭 투하는 국제법 위반이지만 청구권은 없다고 판결. | 6/28 북한 정부가 한국의 식량부족난을 도와주기 위해 백미 10만 석의 무상 제공을 신청함. 7/1 한국 정부가 이를 거부. 12/17 박정희(민주공화당) 대통령 취임. | 11/20 유엔총회가 인종차별 철폐에 관한 유엔선언을 채택. /22 미국의 케네디 대통령 암살당함. |
| 1964(昭和39) | 사토우(佐藤) 내각 성립. 3/27 한국의 박정희 대통령이 학생데모를 수습하기 위해 일본에 체류 중인 김종필에게 귀국을 명령. 10/10 도쿄(東京)올림픽 개최. 12/3 제7차 한일회담. | 3/9 야당 정치가와 지식인들. 대일 굴욕 외교 반대 범국민 투쟁위원회 발족. 6/3 회담 반대 데모대가 대통령 관저를 포위. 서울 지구에 비상 계엄령 포고. | 5/28 예루살렘에서 팔레스타인 해방기구(PLO) 설립. |
| 1965(昭和40) | 6/22 한일기본조약 등에 조인. 12/11 참의원본회의에서 자민·민사 양당이 한일기본조약 등을 가결함. | 1/8 한국이 남베트남 파병을 결정. 6/29 한일기본조약 반대데모 격화. 대학·고교의 강제휴교 조치령. 8/14 한국국회, 한일조약을 여당 단독으로 비준(/26 서울에 계엄령). | 2/7 미국, 북베트남 폭격개시. 11/27 워싱턴에서 베트남 반전 평화 행진. 12/21 유엔 총회에서 인종 차별 철폐 조약안 채택. |
| 1966(昭和41) | 1/18 와세다(早稲田) 대학에서 수업료인상 반대 데모. 계속된 농성으로 4월에 오하마(大浜) 총장 및 이사진 전원이사의 표명. 5/30 미국원자력잠수함이 요코스카(横須賀) 첫 입항. | 2/23 박 대통령. 한국군 2만 명을 증파할 것을 미국 부대통령 험프리에게 약속. 7/9 한미행정협정 조인. | 7/12 미국 대통령 존슨이 미국을 태평양 국가로 규정한 대아시아 장기 정책을 발표. 9/28 인도네시아 유엔에 복귀. |
| 1967(昭和42) | 2/8 나가노켄(長野県)의 마츠시로(松代町)의 기상청 지진 관측소 내에 마츠시로 지진 센터를 설치. 6/23 이에나가 사보로우(家永三郎)가 재차 국가의 교과서 불합격 처분 취소에 관한 행정 소송을 제기함. | | 6/17 중국 첫 수폭 실험 성공. 7/1 유럽 공동체(EC) 성립. 8/8 동남아시아 국가 연합(ASEAN) 결성. |
| 1968(昭和43) | 1/19 미국 원자력 함공모함이 처음으로 일본 사세보(佐世保)에 기항. 6/26 오가사와라제도(小笠原諸島) 복귀. | 1/23 북한 미해군의 정보수집함선 프에브로호를 나포. | 7/1 핵확산방지조약 조인. 8/20 소련·동유럽군이 체코슬로바키아 공략. |

| 연도 | 일본 | 한국 | 세계 |
| --- | --- | --- | --- |
| 1969(昭和44) | 11/21 사토우(佐藤)·닉슨, 회담 공동성명을 발표(오키나와(沖繩) 72년 반환·안보견지·한국의 평화는 일본의 안전에 긴요). |  | 6/10 남베트남 임시혁명정부 수립 선언. 7/2 닉슨·독트린. 10/15 미국 전역에 베트남반전데모. |
| 1970(昭和45) | 2/3 일본, 핵 확산 금지 조약 서명. /11 일본 최초의 인공위성 발사 성공. 3/31 요도호 사건. 10/20 제1회 방위 백서 『일본의 방위』 발표. 11/25 미시마 유키오(三島由紀夫), 육상 자위대의 동부 방면 총감부 이치가야(市ケ谷)에서 할복자살. | 4/5 평양에서 저어언라이(周恩来)·김일성회담. 일본군국주의 반대 ./22 새마을운동 개시. | 1/24 바르샤바 조약 기구 통합군 결성. 3/5 핵 확산 금지 조약 발효. |
| 1971(昭和46) | 6/17 오키나와(沖繩)반환협정 조인. | 12/6 한국, 국가 비상사태 선언 발령. /27 국회 보안법 강행 채결. | 12/3 인도·파키스탄전면전쟁. /16 파키스탄군 항복. /18 스미소니언 체제 발족. |
| 1972(昭和47) | 2/19 아사마(浅間) 산장사건. 5/15 오키나와(沖繩)시 정권 반환. 오키나와켄(沖繩県) 부활. 복권령. | 7/4 남북 공동 성명. 12/27 북한 조선민주주의인민공화국 사회주의 헌법 발포. | 12/21 동·서독일기본조약 조인. |
| 1973(昭和48) | 8/8 한국인 5명이 김대중 신민당 전 대통령 후보를 대낮에 도쿄의 호텔에서 납치. /13 눈을 가린 채 자택에 연행(한일 관계 긴장). /24 한일 정기 각료 회의 연기 결정. 10/25 제1차 오일 쇼크. 11/2 한국 수상 방일 김대중사건에 대해 사과. 12/26 한일 정기 각료 회의 끝에 4,500만$ 대한 차관 결정. | 6/23 박 대통령이 유엔 남북 동시 가맹을 제창. | 1/27 베트남 화평 협정 조인. 3/29 미국, 남베트남에서 철수 완료. 10/6 제4차 중동 전쟁 발발 (~/24) 12/21 제네바 중동 화평 국제회의. |
| 1974(昭和49) | 4/25 방위 의과대학 개교. 12/9 미츠키(三木) 내각 성립. | 4/3 서울에서 반정부 데모. 8/15 박 대통령 저격당해 영부인 사망. 재일 동포 문세광이 범인으로 밝혀짐. /17 문세광의 배후에 북한과 조선총련이 있음을 발표. /18 조총련 관계없다는 성명. | 5/18 인도, 첫 핵실험. 11/22 유엔 총회에서 팔레스티나 민족 자결권과 PLO의 옵서버 자격을 승인. |
| 1975(昭和50) | 8/29 미일 방위 수뇌 회담. | 1/1 북한 김일성이 사회 전체를 주체사상으로 일색화할 것을 지시. 2/12 유신 헌법의 찬반 국민투표. | 4/30 사이공 함락. 베트남 무조건 항복으로 전쟁 종결. 11/15 제1회 선진국 수뇌 회의. |
| 1976(昭和51) | 6/7 제2회 『방위백서』를 발행, 이후는 매년 발행. /8 핵 확산 금지 조약이 일본에서 발효. /27 다나카(田中) 전 수상을 록키드사건으로 체포. 12/24복전 내각 성립 | 3/1 김대중, 민주 구국 선언. 8/18 판문점에서 미군 장교 살해 사건. | 4/5 천안문사건. 7/2 베트남 사회주의 공화국(통일 베트남) 성립. 9/9 모택동 중국 공산당 서기 사망. |
| 1977(昭和52) | 8/10 방위청에서 유사법제 연구에 착수. | 7/25 한미안보협의회. 8/18 북한 황해에 군사 경계선을 설정. | 6/30 SEATO 해체. |
| 1978(昭和53) | 8/12 베이징에서 중일평화우호조약 조인. 11/27 공군 첫 일미공동훈련. 12/7 오히라(大平) 내각 성립. |  | 12/16 미국과 타이완 상호방위조약 파기. /25 베트남군이 캄보디아 침공. |

| 1979(昭和54) | 1/11 'E/2C도입' 국방회의 · 각의에서결정. 7/25 방위청의 야마시타(山下) 장관이 현직 장관으로는 처음으로 방한(~7/26). 11/9 제2차 오오히라(大平) 내각 성립. | 7/20 미국, 주한미군의 철수 동결. 10/4 한국 국회, 신민당 총재 김영삼의 제명을 여당 단독으로 가결. /16 부산에서 반정부 데모 격화, 각지에 확산(10/18 비상 계엄령). /26 박정희 대통령, KCIA 부장의 저격으로 사망. 12/8 정치범 석방. /12 군사 쿠데타. | 1/1 미국과 중국국교 수립. /7 베트남군 프놈펜 장악, 폴포트 정권 해체. /27 아프가니스탄에서 쿠데타 발생, 소련군 개입. 12/27 소련이 아프가니스탄을 침공. |
|---|---|---|---|
| 1980(昭和55) | 7/17 스즈키(鈴木) 내각 성립. 12/1 종합 안전 보장 관계 각료 회의 설치. | 5/15 한국계엄령 철폐 · 민주화를 요구하는 학생데모 확대. /18 한국 전역에 비상 계엄령. 김대중 등 체포. /21 광주 민중 항쟁. /31 전두환, 국가 보위 비상 대책 위원회 위원장이 됨(8/27 대통령 선출). 9/17 김대중에게 사형 판결. | 1/4 미국이 아프가니스탄문제로 소련에게 보복조치. 5/18 중국, 첫 남태평양에서의 ICBM 실험. 9/9 이란 · 이라크전쟁. /22 폴란드 자주 노동조합 '연대' 결성. |
| 1981(昭和56) | 10/1 육군 첫 일미 공동훈련. 11/30 스즈키(鈴木) 개조 내각 발족. | 1/23 김대중 등 감형. 12/15 야간 외출 금지령 해제. | 12/13 폴란드에서 계엄령 포고, 구국 군사 평의회를 설치. |
| 1982(昭和57) | 6/8 생물 병기 금지 조약이 일본에서 발효. 11/27 나카소네(中根) 내각 성립. | 5/12 거액의 어음 사기 사건 발각. 12/16 김대중, 병원으로 이송(/23 워싱턴으로 출국) | 4/2 포클랜드 분쟁. 6/6 이스라엘군이 레바논 침공. 10/16 중국, SLBM의 수중 발사 성공. |
| 1983(昭和58) | 1/11 나카소네(中根) 수상, 첫 정식방한. 전두환 대통령과 회담 '한일신시대' 성명. /18 나카소네(中根) 수상 방미. 레이건 대통령과 미일 '운명공동체' 성명. | 9/1 대한 항공기, 사할린 부근 상공에서 영해 침범으로 소련 전투기의 공격을 받아 추락. | 9/1 소련, 사할린상공 부근에서 대한항공을 격추. 10/9 미얀마의 아웅산에서 북한의 폭파암살로 한국의 각료 19명이 사망. |
| 1984(昭和59) | 7/4 아베(安倍) 외상, 외무성에 재중 한국인의 성명을 현지 읽기 방식으로 할 것을 채택. 9/6 전두환 한국 대통령 방일, 도쿄 엄중 경계. 일왕이 '양국 간의 불행한 과거'라고 표명. | | 11/10 유엔 총회, 고문 및 기타 잔학 행위, 비인도적이거나 품위를 손상시키는 형벌 금지에 관한 조약을 채택. |
| 1985(昭和60) | 8/12 일본 항공기 추락 사고 발생. 9/18 플라자 합의. 12/28 제2차 나카소네(中根) 개조 내각 성립. | | 3/11 소련, 고르바초프 당서기장 선출. 4/26 소련의 체르노빌에서 원자력 발전소 사고 발생. |
| 1986(昭和61) | 5/4 도쿄에서 정상회담(서밋). 7/22 제3차 나카소네(中根) 내각 성립. 10/27 첫 일미 공동통합실동 연습. | 서울에서 첫 아시안 게임을 개최. | 4/26 체르노빌의 원자력 발전소에서 대사고. 9/22 스톡홀름에서 유럽 군축 회의(CDE) 최종 문서를 채택. |
| 1987(昭和62) | 11/6 다케시타(竹下) 수상, '고향 창생론', '간접세 도입'의 소신 표명. | 5/1 통일민주당 결성(총재 김영삼). 10/30 신민주공화당 창립(총재 김종필). 11/1 2평화민주당 창립(총재 김대중) 12/16 대통령선거에서 민정당 노태우 후보 당선. | 7/20 유엔안보리, 이란 · 이라크 전쟁의 즉각적인 정전요구 결의를 내용으로 한 598호를 채택. |
| 1988(昭和63) | 1/26 대한 항공기 사고로 북한에 인적 교류 억제 등의 제재 조치. 3/13 세이칸(青函) 터널을 개통. 12/27 제 2차 다케시타(竹下) 내각 발족. | 9/17 서울 올림픽 개최. | 4/14 아프가니스탄과 소련, 화평합의문서에 조인. 8/20 이란 · 이라크전쟁의 정전이 발효. 11/15 팔레스티나 독립선언. |

| 연도 | | | |
|---|---|---|---|
| 1989(平成元) | 1/7 쇼와(昭和) 일왕 서거. 4/1 소비세 3% 실시. 4/12 리펑(李鵬) 중국 수상 첫 방일. 천황은 '근대에 있어서 불행한 역사'라고 유감을 표명. 6/3 가이후(海部) 내각 성립. 8/10 해부 내각 성립. | | 6/4 중국, 민주화 운동을 무력 탄압 (천안문 사건). 11/9 '베를린 장벽' 실질적으로 철폐. |
| 1990(平成2) | 5/24 노태우 대통령 방일. /29 정부, 조선인 강제 연행자의 명부 조사 등을 결정. 9/24 자민·사회 양당 대표단이 북한을 방문. /26 김일성 주석과 회담. /27 자민·사회·조선노동당의 삼당공동성명 발표. | 9/30 소련과 국교 수립. | 4/12 러시아공화국, 주권선언. 5/18 천안문사건. 7/1 동서독 간의 통화·경제·사회동맹조약이 발효. 9/2 아이들의 권리조약 발효. 10/3 독일 통일. |
| 1991(平成3) | 1/10 한국을 방문한 가이후(海部) 수상이 노 대통령과의 회담에서 재일 한국인의 지문날인제도를 2년 이내에 폐지할 것을 합의. /24 정부·자민당,이라크전쟁의 지원책으로서 다국적 군에게 90억 달러를 지원할 것과 자위대 수송기의 파견 등을 결정. /30 조선민주주의인민공화국과의 국교 정상화를 위한 제1회 정부 간 교섭 개시. 11/5 미야자와(宮沢) 내각 성립. 12/3 중의원본회의에서 PKO 협력법안·국제긴급원조대 파견 개정법안 가결(참의원에서 성립 부결). | 9/17 유엔 총회에서 남북한 유엔 동시 가맹을 승인. 12/13 남북한 제5회 수상 회담에서 '불가침'합의서에 서명. | 1/16 미국을 중심으로 하는 '다국적군', 이라크 공습 개시. 1/27 쿠웨이트 시내에 다국적군 진입. 같은 날 미국 대통령이 전투중지를 선언. 5/21 인도의 간디 전 수상테러로 사망. 6/12 러시아공화국 대통령 선거에서 옐친이 압승. /17 남아프리카에서 인종 차별 정책의 종결 선언. 8/19 소련에서 쿠데타. /24 고르바초프 대통령 공산당의 해산을 권고하고 당서기장 사임. 12/25 소련 고르바초프 대통령이 사임을 표명, 소련 해체. |
| 1992(平成4) | 1/16 미야자와(宮沢) 수상 방한. 1/17위안부 문제를 사죄. 6/9 참의원본회의에서 自·公·民의 3당 찬성으로 PKO법안 가결. /16 중의원 본회의에서 PKO 협력법·국제긴급원조파견법개정 가결 (8/10 시행). 9/17 PKO에 의거해 자위대의 캄보디아파견부대 제1진 출발. | 1/21 한국 정부, 일본에 대해 전시 강제 동원 노동자들의 진상 규명과 배상을 요구(7/6 일본 정부, 강제연행은 부정). 8/24 중국과 국교 수립. 12/19 대통령 선거에서 민자당의 김영삼 당선. | 1/7 WHO의 '에이즈보고서'에서 세계의 에이즈환자가 45만 명이라고 발표. /28 미국 부시 대통령이 연두 연설에서 '냉전의 승리'를 선언. 12/19 유엔 안보리가 이스라엘을 비난 결의. |
| 1993(平成5) | 8/9 호소가와(細川) 내각 성립. 11/5 호소가와(細川) 수상이 한국의 김영삼 대통령과의 회담에서 과거 식민지 지배를 진사. | 3/12 북한이 NPT 탈퇴 선언. 5/29 木太町sね, 탄도미사일의 발사실험. 7/2 한국 옛 조선총독부(현 국립중앙박물관)건물철거계획 발표(96/11/13 종료). | 1/1 EC 12개국, 단일 시장 발족. 9/13 이스라엘 수상과 PLO 의장, 워싱턴에서 오슬로 합의에 조인. 11/1 유럽 연합 조약(마스트리흐트 조약, EU 발족)이 발효. |
| 1994(平成6) | 4/28 하타(羽田) 내각 성립. 6/30 무라야마(村山 : 사회당 당수) 내각 발족. | 6/14 북한, IAEA를 탈퇴 표명. 7/8 김일성 서거. 11/9 서울에서 제1회 한·일방위실무자 대화. 12/1 미군, 평시작전통제권을 한국에 위양. | 6/17 카터 전 미국 대통령, 북한에서 김일성과 회담. |

| | | | |
|---|---|---|---|
| 1995(平成7) | 1/17 한신(阪神)·아와지(淡路) 대지진. 3/20 지하철에서 맹독성 가스사린살포로 인한 재해 발생. 9/4 오키나와(沖縄) 주둔 미국병사에 의한 여학생성폭력사건 발생. 12/14 옴진리교에 대해 파괴활동방지법 적용에 착수. | 3/9 한반도 에너지 개발 기구의 KEDO 발족. 10/13 한국 국회 통일 외교위, '한일 합병' 등의 무효를 결의. 11/16 한국 최고 검찰, 노태우 전 대통령, 재임 중의 비자금 조성 혐의로 체포. 12/3 전두환 전 대통령 군사 쿠데타의 주동자로 체포. | 12/15 ASEAN 수뇌, ASEAN 10개국 체제를 목표로 방콕 선언을 채택하고, 동남아시아 비핵지대 조약에 조인. |
| 1996(平成8) | 1/11 하시모토(橋本) 내각 성립. 5/31 국제축구연맹(FIFA), 월드컵 한·일공동개최를 결정. | 9/18 무장 간첩을 태우고 한국 영토에 침입하려던 북한의 소형 잠수함이 한국의 동해안에서 좌초. 10/11 OECD, 한국 가맹을 승인. | 1/27 프랑스 핵실험 실시. 3/23 타이완 첫 총통 직접 선거, 리덩후이 재선. 11/5 미국 대통령 선거에서 클린턴 대통령이 재선. |
| 1997(平成9) | 4/29 화학 무기 금지 조약이 발효됨. 9/11 제2차 하시모토(橋本) 내각 성립. 12/11 온난화방지 교토(京都)회의. /3 일본, 대인 지뢰 금지 조약 서명. | 10/8 북한 김정일, 노동당 총서기에 취임. 11/8 북한의 일본인처 15명 첫 고향 방문. 12/3 한국, IMF와 금융구제를 합의. /18 대통령 선거에서 김대중 당선. | 12/1 일본 교토(京都)에서개최된 기후변화협약에 따른 온실가스감축목표에 관한 의정서를 제3차 당사국총회에서 채택함. /3 대인 지뢰 전면 금지 조약 조인식. |
| 1998(平成10) | 8/31 방위청, 북한이 발사한 탄도미사일이 산리크오키지(三陸沖)에 떨어졌을 가능성이 있다는 것을 발표(9/1 정부. 국교정상화교섭재개 동결. 일본·북한 간 전세편의 불허가 결정. /4 북한 인공위성을 쏘아 올리는 데 성공했다고 발표). 12/25 11월의 완전실업률이 55년 이래 최악. | 6/22 북한 잠수함, 한국 동해안에 침입. 7/12 한국 동해안에서 북한 공작원의 사체 등을 발견. 9/5 김정일 조선 노동당 총서기, 국방위원회 위원장에 재임. 10월 한국의 김대중 대통령이 방일하여 미래지향의 양국 관계를 촉구. /10 한국에서 일본 영화 해금. | 7/27 중국, 첫 종합적 국방백서 『중국의 국방』을 발행. 10/23 팔레스티나, 이스라엘과 PLO, 서쪽 연안 지구의 이스라엘군 추가 철퇴. 자치정부에 의한 치안 대책 강화 등을 정한 '와이 합의'에 조인. |
| 1999(平成11) | 8/12 통신도청법 등 조직범죄대책 3개 법안 개정. 주민기본대장법 성립(/18 공포). 12/1 초당파 국회의원단 북한을 방문 ./3 의원단·조선노동당, 국교정상화교섭의 조기재개를 양국 정부에 촉구할 것을 공동성명 발표. | 12/1 무라야마(村山) 방북단, 북한으로 출발. 방북단은 조선 노동당과 공동 발표에 조인(~12/3). | 4/30 캄보디아 가맹으로 ASEAN 10개국 체제로. 12/17 독일 슈레이더 수상, 나치시대의 강제 노동 피해자 보상을 위한 기금 창설을 발표. |
| 2000(平成12) | 8/5 해상자위대와 한국해군과의 첫 공동훈련. 9/30 이바라키켄(茨城県) 토우카이무라(東海村)의 민간우라늄가공시설에서 임계점 이하 폭발 사건 발생. 10/5 제2차 오부치(小渕) 개조 내각 성립. | 6/13 한국 김대중 대통령과 북한 김정일 총서기가 남북수뇌회담, 공동성명을발표. 8/15 한국·북한, 제1회 남북이산가족 재회. 10/13 김대중 대통령, 노벨평화상 수상. | 3/12 로마교황, 십자군·이단심문·반유다주의 등 가톨릭교회의 과오를 인정. |
| 2001(平成13) | 4/1 정보 공개법 시행. 5/3 김정일 총서기의 장남(김정남) 구속, 국외 퇴거처분. 10/29 테러 관련 3법이 성립. 11/9 해상자위대, 인도양으로 출항. | 1/15 북한의 김정일 총서기, 비공식으로 방중. 5/14 북한, EU와 외교 관계 수립. | 3/28 미국, '교토 의정서' 이탈. 9/11 미국에서 동시 다발 테러. 10/7 미국, 아프가니스탄 공습 개시. 11/10 WHO, 중국의 가맹 승인. |
| 2002(平成14) | 5/31 한일월드컵 개막. 8/5 주민기본대장네트워크 가동. 9/17 고이즈미(小泉) 수상이 북한을 방문. 13명의 납치를 인정하고 사죄. '일·북한평양선언'에 서명. 10/15 북한납치피해자 5명 귀국. | 5/31 한일월드컵 대막(서울에서 개막식). 8/30 한국과 북한 남북 철도 연내 착공에 합의. 12/12 북한이 '핵'개발 재개를 선언. /19 한국 제16대 대통령에 노무현 당선. | 1/1 EU의 공통통화, 유로유통개시. 1/29 부시 미국 대통령, 북한·이라크·이란에 대해 테러를 지원하고 대량 파괴무기 개발을 계속하는 '악의 축'이라고비난. 12/13 EU 25개국 체제 결정. |

| 2003(平成 15) | 6/6 유사법제 관련 3개 법안 성립. 7/26 이라크 복구 지원 특별조치법 성립. 11/29 이라크에서 일본 대사관원 2명 살해당함. | 1/10 북한, 핵확산 금지 조약(NPT) 탈퇴 선언. 2/24 북한, 지대함 미사일을 동해의 공해상에 발사. /25 노무현, 한국 대통령에 취임. 9/16 한국, 일본의 대중문화를 확대 개방할 것을 발표. | 2/15 이라크 전쟁 반대 데모. 3/19 미국과 영국군, 이라크를 공격 개시. 8/27 북한의 핵문제를 둘러싸고, 6자 회담이 개시(미국, 중국, 일본, 러시아, 한국, 북한). 12/13 미군, 후세인 전 대통령을 구속. |
| 2004(平成 16) | 1/9 육군자위대선발대와 공군자위대본진에 이라크 파견 명령. /16 정부, 독도 우표 발행으로 한국에 엄중 항의. 10/23 니이가타(新潟) 추에츠(中越) 지진. | 3/12 한국 국회가 노무현 대통령을 탄핵 가결. 4/16 한국 총선거, 여당인 우리당이 대승, 과반수 의석 차지. 5/14 한국 헌법 재판소, 노무현 대통령 탄핵 기각. | 10/29 EU 25개국 수뇌, EU 헌법에 조인. 11/5 푸친 러시아 대통령, 교토 의정서 비준서에 서명. 12/26 스마트라에서 M9지진. |
| 2005(平成 17) | 1/25 한일우정의 해 개막. 3/16 시마네켄(島根県) 의회가 '독도의 날'을 조례로 제정. 4/1 인정보보호법시행. 10/26 테러대책특별조치법이 연장. 12/8 자위대의 이라크파견 연장 결정. /25 북한과 일본 정부 간 협의로 국교 정상화 교섭 등의 병행 협의 개시 합의. | 2/10 북한이 6자 회담 참가의 '무기한 중단'을 성명. 5/1 북한, 동해에서 단거리 미사일을 발사. 6/10 한미 수뇌 회담. /21 서울에서 남북 각료급 회담 개최. 9/13 평양에서 남북 각료급 회담 개최. 12/13 제주도에서 남북 각료급 회담. /16 북한 인권 상황에 대해서 유엔 총회는 비난 결의안을 채택. | 4/9 베이징에서 1만 명 규모의 반일 데모. 5/29 프랑스 국민 투표에서 유럽 헌법 비준을 부결. 7/26 북한의 핵문제를 둘러싸고 6자 회담이 베이징에서 재개. 9/19 북한, 핵 포기를 확인. 6자 회담, 첫 공동 성명. 12/12 ASEAN 플러스 3수뇌회의. |

【참고 문헌】

역사학연구회, 『일본사연표제4판』, 이와나미쇼텐(岩波書店), 2001년.
역사학연구회, 『세계사연표제2판』, 이와나미쇼텐(岩波書店), 2001년.
이수경, 『근대한국의 지식인과 국제평화운동』, 아카시쇼텐(明石書店), 2003년.
간다후미히토(神田文人)·고바야시히데오(小林英夫), 『전후사연표』, 쇼우각칸(小學館),
        2005년.
김덕진, 『연표로 보는 한국의 역사』, 후지이마사아키(藤井正昭) 역, 아카시쇼텐(明石
        書店), 2005년.
『근대일본종합연표』, 이와나미쇼텐(岩波書店), 1968년.
『헤이세이(平成) 18년 일본의 방위백서』, 2006년.
≪중국신문≫, 2005년 12월 30일.

(담당: 고이케미하루(小池美晴)·이수경)

# 집필자 소개(가나다순)

### 가네코 데츠야(金子哲也)

니가타(新潟) 시 출신. 1984년부터 현재까지 도쿄 공립중학교 사회과 교사. 2001년에 국제이해교육학회에서「중학교의 벨기에 학습 ― 벨기에 일본인학교에서의 실천으로부터 ―」를 발표. 도쿄 가쿠게이 대학교 대학원 아시아연구과 졸업.

### 가도와키 가오루(門脇薫)

오사카(大阪) 외국어대학교 대학원 일본어학 과정 졸업. 동덕여자대학교 대학원 졸업(문학박사, 일본어 교육). 1998년부터 2001년까지 주한 일본대사관 일본어 교육전문가로 근무. 재단법인 해외기술자연수협회(AOTS) 및 국립 야마구치 대학교를 거쳐, 현재, 세츠난(攝南) 대학교 외국어학부에서 일본어 교사 양성과 외국인 유학생 대상의 일본어 교육을 담당하고 있다. 저서로는『MOVIE JAPANESE』(일본어뱅크),『모두의 일본어 쉬운 작문(みんなの日本語やさしい作文)』(공저, 쓰리에 네트워크) 등 다수.

### 김정애(金貞愛)

츠쿠바(筑波) 대학교 대학원 석·박사 과정 수료. 현재, 기타규슈(北九州) 시립대학 준교수. 전문은 재일코리안문학 한국어교육. 다양한 문화교류 행사를 주최 중. 저서에「디아스포라 작가 이회성과 아이덴티티 ―「진달래꽃」에서「세이큐(青丘)의 여관」에 ―」(『사회문학』 22호, 2005년 6월),『しっかり初級韓國語』(공저, 하쿠스이샤) 등 다수.

### 고이케 미하루(小池美晴)

야마구치(山口) 현 출신. 야마구치 현립대학교 대학원 국제문화학연구과 졸업.「스기하라 치우네(杉原 千畝)」와 인권문제를 연구. 야마구치 시립 중앙도서관을 거쳐서 현재, 하기시 시립도서관 소속. 논저로는「네오나치즘의 대두에 관한 연구」(『한국사회론집』 2003년호),『국제 인권문제』(공저) 외.

### 나미가타 츠요시(波潟剛)

이바라키(茨城) 현 출신. 츠쿠바(筑波) 대학교 대학원 박사과정 문예·언어연구과 졸업(문학박사). 현재, 규슈(九州) 대학 대학원 비교사회문화연구과 준교수. 한일 비교문학 전문. 논저에『월경의 아방가르드』(NTT출판, 2005

년), 「서울·다다와 다카하시 신키치(高橋 新吉)」(『비교문학』 43호, 2001년 3월) 등 다수.

## 마츠무라 히로유키(松村博行)

리츠메이칸(立命館) 대학교 대학원 국제관계연구과 박사후기과정 졸업(국제관계학 박사). 현재, 국제일본문화연구센터 기간연구원. 전공은 군수산업론, 미국 경제론. 저서에 『이라크 전쟁 후의 세계평화와 아메리카의 전략』, 『평화학을 개척한다』(안자이 이쿠로(安齊育郎), 이수경 외 공저) 외 다수.

## 마에다 요코(前田陽子)

사이타마(埼玉) 현 출신. 페리스 여학원대학 국제교류학부 및 도쿄 가쿠게이 대학교 교육학연구과 졸업(한국의 식민지시대 유학생 및 장학제도 연구). 2005년도 한국 나눔의 집 주최의 Peace Road에 참가. 2006년 3월부터 2007년 3월까지 한국 서울시립대학교 대학원에 유학. 현재, 교사를 하면서 유학생 장학재단 설립 준비 중.

## 박경수(朴庚守)

현재, 부산외국어대학교 한국어문학부 교수. 부산대학교 대학원 박사과정 졸업(문학박사). 한국학중앙연구원 연구원 역임. 2005년도 이주홍 문학상 수상.

주요 저서로 『한국 근대 민요시 연구』, 『한국 현대시의 정체성 연구』, 『한국 민요의 유형과 성격』, 『한국 근대문학의 정신사론』, 『일제강점기 재일문학인의 문학활동과 문학의식 연구』 등 다수.

## 양예선(梁禮善)

메이지(明治) 대학 졸업 후, 메이지 대학 대학원 박사후기과정 수료. 현재, 호세이(法政) 대학 겸임강사. 도쿄 가쿠게이 대학 출강 중.

주요 저서로 「유아사 가츠에(湯淺克衛) 시대와 그 틈새에서」(『36명의 일본인 한국·조선에 대한 시선』(공저, 아카시(明石)서점, 2005년)), 「유아사 가츠에(湯淺克衛)론」(『만수진혼』(공저, 임팩트 출판회, 2001년)) 등.

## 오비나타 에츠오(大日方悅夫)

나가노(長野) 현 출신. 전쟁유적의 조사·연구·보존운동에 종사. 연구 분야는 일본 근현대사, 교육사, 역사교육. 공동편찬 저서는 『전쟁유적에서 배운다』, 『전쟁유적은 말한다』, 『가이드북 마츠시로(松代) 대본영』, 『필

드워크 마츠시로(松代) 대본영』,『사
료가 말해주는 나가노(長野)의 역사
60화』,『환영이 아니었던 본토결전』,
『호두요새(虎頭要塞)』,『정·속 전쟁
유적 사전』 등 다수.

## 오오와다 시게루(大和田茂)

도쿄 출신. 호세이(法政) 대학교 대학
원 수료. 현재, 도쿄 도립공예고등학교
교사. 1910～1920년대의 일본근대문
학, 특히 노동문학, 프롤레타리아문학
을 연구. 저서로『사회문학·1920년
전후』(후지(不二)출판),『평전 히라사
와 게이시치(平澤計七)』(공저, 코분샤
(恒文社)),『프런티어 문학─「씨뿌리
는 사람」의 재검토』(공저, 론소우사(論
創社)) 등 다수.

## 오카노 유키에(岡野幸江)

도쿄 호세이 대학교 강사. 최근에는
한류문화 전문가로도 활약 중.
저서로는 공저『매매춘과 일본문학』
(도쿄도(東京堂) 출판, 2002년),『여
성들의 전쟁책임』(도쿄도(東京堂) 출
판, 2004년), 논문「木下尙江 ─ 조선
지배를 간파한 투철한 눈」(『한국·조
선과 마주한 36명의 일본인』(아카시
서점, 2002년),「『형제 이야기』를 넘
어서 ─ 한국영화의 매력과 그 심층」

(『기간 하늘하우스』 2006년 1월),「준
상에게서 보는 남성상의 새로움」(『한
류 서브 컬처와 여성』(시분도(至文
堂), 2007년) 등 다수.

## 유노 유우코(湯野優子)

야마구치(山口) 시 출신. 야마구치 현
립대학교 재학 중에 교환유학생으로
서 한국의 경남대학교에 유학. 그 뒤
한국 중앙대학교 대학원 신문방송학
연구과에 유학하여 한류연구논문으로
대학원 졸업. 2005년의 춘천 한류 국
제포럼에서 VIP 통역·번역 업무 담
당. 부산일보 일본어판 뉴스의 감
수·번역, 부산시 관광가이드북의 번
역 업무를 담당.「한국의 일본어 학
습자의 학습동기 고찰」(한국사회론집
2003년호) 등. 아사히신문사 근무를
거쳐, 현재 번역·통역 업무 중.

## 이자오 토미오(井竿富雄)

구마모토(熊本) 현 출신. 1991년 구마
모토 대학 법학부 졸업 후, 1996년
규슈(九州) 대학교 대학원 법학연구
과 박사후기과정 졸업(법학 박사). 현
재, 야마구치 현립대학교 국제문화학
부 준교수. 저서로『초기 시베리아
출병 연구』(규슈(九州) 대학 출판회,
2003년),『끝나지 않는 20세기(終わ

らない二十世紀)』(공저, 법률문화사, 2004년), 『지역에서 사회로』(공저, 야마구치신문사, 2002년), 고바야시 다키지 관련 논문 등 다수.

### 이창엽(李昌樺)

국립 가노야(鹿屋) 체육대학 대학원 졸업. 석사논문은 한일대표팀의 시합분석을 연구, 한국의 스포츠 신문 등에서 화제를 모았다. 국립 가노야 대학 축구팀 코치, 한국 남해유스 축구팀, K리그 삼성 Blue Wings 프로축구팀을 거쳐서, 남미 아르헨티나에서 피지컬자격증 취득. 숭실대학교 피지컬코치와 K리그 대전 시티즌 코치를 역임. 2010년 1월부터 일본 프로축구 J리그 1부 베갈타 센다이 탑팀 코치로 활동 중.

# 번역자 소개(가나다순)

### 나성은(羅誠恩)

성신여자대학교 일어일문학과 졸업 후, 일본 도쿄 가쿠게이 대학교 대학원에서 일본고전문학 전공으로 박사학위 취득. 현재, 성신여자대학교 인문과학연구소 연구원으로 재직 중. 「題詠に關する考察(4) ―「螢」詠歌を中心に―」 『일본학보』 외. 『일본어 작문노트(Ⅰ)』(한국학술정보(주)), 『일본어 작문노트(Ⅱ)』(한국학술정보(주)), 『한국어 2』(번역, 국제교육진흥원), 후쿠다 세이지의 『핀란드 교육의 성공』 공역 등.

### 도기연(都奇延)

일본 교린대학(杏林大學) 외국어학부 졸업 후, 도쿄 가쿠게이(東京學芸) 대학교 대학원에서 일본의 「東勝寺鼠物語の語彙資料としての特徵」으로 석사학위 취득(교육학 석사). 동 대학원 다언어 다문화 코스 연구생 수료. 讀賣・日本テレビ文化センター 한국어 강사 역임. 허영수의 『金さんの慰靈碑』(번역, 하늘 하우스 제19호), 『알기 쉬운 한국어(わかりやすい韓國語)』(공저, 白帝社), 이성환 저, 『근대일본과 전쟁(近代日本と戰爭)』(공동번역, 光陽出版社) 등.

# 편저자 및 감역자 소개

## 이수경(李修京)

교토 리츠메이칸(立命館) 대학교 대학원 사회학연구과 박사과정 졸업(사회학 박사, 역사사회학 전공). 리츠메이칸 대학교 및 야마구치 현립대학교를 거쳐 2005년부터 도쿄 가쿠게이대학교(東京學芸大學) 및 동대학원 교육학부 준교수. 전문은 역사사회학, 국제인권교육론, 한일 근대사/사회/문화교육론 등을 담당. 일본 사회문학회 평의원 및 전국 이사. 13회 한국어 변론대회 심사위원장 역임. 2005년도 제9회 일본 여성문화상 수상. 일본 사이버 대학교 객원교수 겸직 중.《서울 문화 투데이》문화 컬럼니스트. 일본 시사 계간지『季論 21』편집위원.

저서로는『한국의 근대 지식인과 국제 평화운동(韓國の近代知識人と國際平和運動)』(明石書店, 2003),『제국의 협간에 산 일한 문학자(帝國の狹間に生きた日韓文學者)』(綠陰書房, 2005),『この一冊でわかる韓國語と韓國文化 ― 總合韓國文化』(明石書店, 2005) 등이 있고, 공편저로『「種蒔く人」の潮流』(文治堂, 1999),『クラルテ運動と「種蒔く人」』(御茶の水書房, 2000),『地域から世界へ』(山口新聞社刊, 2001), 『小林多喜二生誕100年・沒後70周年記念シンポジウム記錄集』(東銀座出版社, 2004),『ハングル讀本基礎から讀解まで』(明石書店, 2004),『変動社會における子どもの社會化に關する國際比較研究』(瞬報社, 2004),『世界史の中の關東大震災』(日本経濟評論社, 2004),『フロンティアの文學』(論創社, 2005), *Cram Schools (After School Schooling) and Expectations of Academic Progress(China, Japan and Korea)* (Japan, Jyunpousha, 2005),『「種蒔く人」の精神』(DTP出版, 2005),『いま中國によみがえる小林多喜二の文學』(東銀座出版社, 2006),『平和を拓く』(かもがわ出版, 2006),『韓國と日本の交流の記憶: 日韓の未來を共に築くために』(白帝社, 2006),『体驗なき「戰爭文學」と戰爭の記憶』(晧星社, 2007),『알기 쉬운 한국어』(白帝社, 2008),『國際社會で活躍した先驅者たち』(弘文堂, 2009),『社會科教育の再構築をめざして ― 新しい市民敎育の實踐と學力 ―』(東京學芸大學出版會, 2009) 등이 있다.

주요 논문으로는「가미고우치에 방황하는 조선인 노동자들의 영혼」(『月刊조선』 2006年 1月号), Resolving Issues of War and Japan's Future Role(ISUD學會

2007年度), 「金熙明の反帝國主義思想と社會運動」(『日本語文學會』 第36輯, 2007), 「金斗鎔の思想形成と反帝國主義社會運動」(『日本語文學』 第38輯, 韓國日本語文學會, 2007), 「宇部の長生炭鉱と戰時中の朝鮮人勞働者」(『東京學芸大學人文社會科學系Ⅰ』 第59集, 2008), 「戰爭と文學 ― クラルテの思想と知識人の役割 ―」(『季論』 創刊号, 本の泉社, 2008), 「韓國の近代文學者と日本」(季刊誌『文學と意識』 秋号, 2008), 「小林多喜二の時代認識と同時代のプロレタリア作家についての考察(On Understanding the Era of Kobayashi Takiji and Porletarian Novelists who were his Contempories)」(『東京學芸大學紀要 人文社會科學系Ⅰ』 第60集, 2009), 「韓國の首都圈新都市における高級教育の格差問題に關する考察: 盆塘新都市を事例として」(『東京學芸大學紀要 人文社會科學系Ⅰ』 第60集, 2009), 「日本の近代史の課題(독도 관련 근대 역사 교과서 총정리 등, Issues in modern history: The perspective from Japanese text books regarding history, geography and cartography before the War(WWⅡ))」(『東京學芸大學紀要 人文社會科學系Ⅰ』 第60集, 2009), 「韓國の教育事情」(『季論 21』 冬号, 2009), 「大和地方の百濟の名殘から現代の韓流文化へ」(『第2回百濟文化國際シンポジウム 大和・飛鳥・奈良時代から未來へ』, 奈良敎育大學, 2009), 「歴史の書き換えに抗する責任 近代史と女性文學作品からの考察」(『社會文學』 第30号, 2009), 「武力に抵抗し、平和を希求した若き文學者たち: 尹東柱、小林多喜二、鶴彬、槇村浩を中心に」(『東アジアにおける平和的共生の模索』 國際シンポジウム論集, 경원대학 아세아문화연구소, 2009) 등 다수.

# 한일
## 교류의 기억
근대 이후의 한일 교류사

초판인쇄 | 2010년 4월 9일
초판발행 | 2010년 4월 9일

편 저 자 | 이수경
번   역 | 나성은 · 도기연
펴 낸 이 | 채종준
펴 낸 곳 | 한국학술정보㈜
주   소 | 경기도 파주시 교하읍 문발리 파주출판문화정보산업단지 513-5
전   화 | 031) 908-3181(대표)
팩   스 | 031) 908-3189
홈페이지 | http://www.kstudy.com
 E-mail | 출판사업부  publish@kstudy.com
등   록 | 제일산-115호(2000. 6. 19)

ISBN   978-89-268-0898-6 (Paper Book)
       978-89-268-0899-3 (e-Book)


내일을여는지식 은 시대와 시대의 지식을 이어 갑니다.